Höhn

Postsäkular

Hans-Joachim Höhn

Postsäkular

Gesellschaft im Umbruch – Religion im Wandel

Ferdinand Schöningh
Paderborn · München · Wien · Zürich

Umschlagabbildung:
Michael Blößer, Festspielhaus Hellerau (1993)

Bibliografische Information der Deutschen Nationalbibliothek

Die Deutsche Nationalbibliothek verzeichnet diese Publikation in der Deutschen Nationalbibliografie; detaillierte bibliografische Daten sind im Internet über http: //dnb.d-nb.de abrufbar.

Einband: Anna Braungart, Tübingen

Gedruckt auf umweltfreundlichen, chlorfrei gebleichtem und alterungsbeständigen Papier ∞ ISO 9706

(Verlag Ferdinand Schöningh GmbH & Co. KG, Jühenplatz 1, D-33098 Paderborn)

Internet: www.schoeningh.de

Printed in Germany. Herstellung: Ferdinand Schöningh, Paderborn

ISBN 978-3-506-76328-0

Inhalt

Vorwort

Am 25. Februar 1803 leitete der Reichsdeputationshauptschluss über die Säkularisation des Kirchengutes eine neue Epoche im Verhältnis von Kirche und Staat in Deutschland ein. Dieses Datum hat auch den wissenschaftlichen Diskurs über das Schicksal der Religion in der modernen Gesellschaft nachhaltig geprägt. Aus einer rechtstechnischen Kategorie, die den Übergang kirchlichen Besitzes bzw. kirchlicher Herrschaftsrechte in „weltliche" Hände beschreibt, ist sehr bald – mit einer kleinen semantischen Verschiebung – der Containerbegriff „Säkularisierung" geworden. In der Soziologie, aber auch in der Philosophie und in der Geschichtswissenschaft hat er als Interpret für den Lauf der modernen Welt Karriere gemacht. Er bezeichnet zum einen den empirisch beobachtbaren Prozess eines Relevanz- und Funktionsverlustes religiöser Weltbilder und Wertmuster für die individuelle Lebensführung. Ebenso benennt er die sozio-kulturelle Marginalisierung organisierter Religion, deren öffentliche Wahrnehmung und Anerkennung schwindet. Zum anderen offeriert er einen Ausblick auf den Zielpunkt von jenen „Modernisierungen", die sich als Emanzipation von religiösen Weltbildannahmen und Handlungsprämissen sowie als Umstellung auf nicht-religiöse Deutungsmuster beschreiben lassen. Das Entstehen einer „postreligiösen" Kultur schien den Verfechtern des Säkularisierungstheorems unausweichlich, wenn man die Modernisierungsprozesse im Bereich der Wissenschaft und Technik, Wirtschaft und Politik, Kultur und Moral hochrechnet.

Im Oktober 2001 hat Jürgen Habermas seine Rede bei der Entgegennahme des Friedenspreises des Deutschen Buchhandels unter die Überschrift „Glauben und Wissen" gestellt, für seine Zeitdiagnose den Begriff der „postsäkularen Gesellschaft" eingeführt und diesen mit einer deskriptiven und zugleich prognostischen Note versehen. Gegen alle Erwartungen einer religionslosen Zukunft stellt er den Befund einer Gesellschaft, die sich auf das Fortbestehen religiöser Gemeinschaften in einer sich fortwährend säkularisierenden Umgebung einstellen muss. Habermas schränkt diesen Fortbestand nicht auf folkloristische Bestände ein, sondern hält ihn auch für politisch und sozialethisch belangvoll, indem er darauf hinweist, dass ungeachtet zahlreicher Entmythologisierungs- und

Säkularisierungswellen religiöse Sinnsysteme eine wichtige „vorpolitische“ Ressource eines liberalen Gemeinwesens bilden können. In der Politischen Philosophie hat Habermas mit diesen Thesen eine Abkehr vom Säkularisierungstheorem der Moderne vollzogen, die in der Religionssoziologie schon seit geraumer Zeit beobachtbar ist. Der empirische Befund einer neuen sozialen Antreffbarkeit von Religion mit einer enormen Streuungsbreite, die von radikalen Fundamentalismen bis hin zu den Ausläufern einer spirituellen Wellnessbewegung reicht, macht hier Neubestimmungen von Ort und Funktion des Religiösen und seiner Zukunftschancen in spätmodernen Gesellschaften unausweichlich. Ebenso erforderlich werden Innovationen auf der Theorieebene. Dabei kommt es entscheidend darauf an, sowohl den „postreligiösen“ als auch den „postsäkularen“ Anteilen dieses Befundes Rechnung zu tragen. Andernfalls wird die alte Einseitigkeit des „klassischen“ Säkularisierungstheorems lediglich ersetzt durch eine ebenso verengte Sichtweise auf die Rückkehr des Religiösen.

Überwinden lässt sich diese Verengung nur, wenn sowohl auf der Theorieebene als auch bei der Auswertung des empirischen Befundes gegenläufige und einander widerstreitende Entwicklungen auf den Begriff gebracht werden. Denn hinsichtlich der religiösen Signatur moderner Gesellschaften lassen sich sowohl Prozesse einer fortschreitenden Säkularisierung als auch Phänomene einer Respiritualisierung ausmachen. Mit dem Begriffs- und Methodeninstrumentar einer „Theorie religiöser Dispersion“ kann gezeigt werden, dass sich der postsäkulare Fortbestand des Religiösen als ein mehrfacher Transformationsprozess vollzieht, der die Vermittlungsbedingungen religiöser Traditionen, die Sozialformen und öffentliche Präsenz gelebter Religion sowie die Verwendung ihrer semantischen und ästhetischen Ausdrucksformen außerhalb religiöser Kontexte umfasst. Diese Transformation geht mit Enteignungen zahlreicher bisheriger Kompetenzen und Funktionen einher. Wir leben insofern in einer „postreligiösen“ Zeit, dass Religion in einer weltanschaulich pluralen Gesellschaft nicht mehr als soziales Bindemittel oder moralische Letztinstanz gelten kann. Aber dieses Ende bedeutet nicht das Ende alles Religiösen. Vielmehr ist sein Fortbestand außerhalb religiöser Institutionen (mit nunmehr nichtreligiösen Funktionen) zu registrieren. Das „postsäkulare“ Moment dieses Prozesses der Dispersion des Religiösen besteht darin, dass sich eine kulturelle Permanenz der Religion an den nicht-religiösen Aneignungen und Verwertungen religiöser Stoffe und Traditionen in den nicht-religiösen Segmenten der Gesellschaft (Politik, Wirtschaft, Medien) festmachen lässt (Kap. 1).

Ob die These vom nicht-religiösen Fortbestand der Religion plausibel ist, kann nicht allein vom Beibringen passender Beispiele abhängig gemacht werden, sondern bedarf auch kriteriologischer Abklärungen. Im Kontext der Frage, was die zuvor skizzierten postsäkularen Konstellationen tatsächlich an spezifisch Religiösem aufzuweisen haben, sind Klärungen des jeweils verwendeten Religionsbegriffs unabdingar (Kap. 2). Von ihnen her lässt sich in entsprechenden Fallstudien zeigen, dass die „Wiederkehr" religiöser Traditionen und ihre Bedeutung für die gesellschaftliche Konstruktion der Wirklichkeit weitgehend in den zivilreligiösen Adaptionen, ökonomischen Instrumentalisierungen und medialen Dekonstruktionen religiöser Motive und Traditionen, ihrer semantischen und ästhetischen Potenziale besteht. Bei diesen Feststellungen stehen zu bleiben hieße jedoch, der entscheidenden theologischen Herausforderung auszuweichen. Daher folgt auf jede Fallstudie zur Dispersion der Religion jeweils eine Erörterung der Selbstbehauptungschancen des Christlichen im Säkularen - allen säkularen Verzweckungen und Instrumentalisierungen des Religiösen zum Trotz (Kap. 3).

In modernen Gesellschaften gibt es Religion nur noch im Plural. Ob und inwieweit sich das Christentum als religiös pluralitätsfähig erweisen kann, ist für das Projekt einer theologischen Hermeneutik religiöser Pluralität eine zentrale Frage (Kap. 4). Nicht weniger gilt dies für seine Diskursfähigkeit. Auch in postsäkularen Zeiten ist nur das religiös zumutbar, was vor der Vernunft verantwortet werden kann (Kap. 5).

Die durchlaufende Perspektive des Buches ist der Versuch eines Brückenschlags zwischen kriteriologischen und empirischen Ansätzen in philosophischen und soziologischen Religionstheorien und einer Theologie, die sich kulturwissenschaftlich neu positionieren will. Das „Zentrum für Moderneforschung" (ZfMod) der Universität zu Köln bot mir mehrfach Gelegenheit, in Workshops, Symposien und Ringvorlesungen einige Vorstudien zur Diskussion zu stellen. Bei der Endredaktion hat mich Andrea Lange tatkräftig unterstützt. Für die unkomplizierte Zusammenarbeit sei ihr herzlich gedankt.

Köln, im Herbst 2006 Hans-Joachim Höhn

I. Auf dem Weg in eine postsäkulare Kultur? Herausforderungen einer kritischen Phänomenologie der Religion

Geraume Zeit bestimmte ein lineares Verständnis von wissenschaftlich-technischem Fortschritt, von ökonomischem Wachstum und politischer Selbstbestimmung die Selbstdeutungsmuster moderner Gesellschaften. Es sollte in allen Belangen ständig vorwärts und aufwärts gehen. Der Lauf der Welt hat diese Erwartung nicht bestätigt. Das 20. Jahrhundert ist zum Säkulum der Extreme geworden, das ein „hin und her" von Utopien und Apokalypsen, ein „auf und ab" von Hoffnungen und Enttäuschungen regiert.[1] Der Anfang des 21. Jahrhunderts hat diese Tendenzen in den „Megatrend" der gegenläufigen Gleichzeitigkeit überführt: Was überwunden schien, kehrt zurück. Was als veraltet galt, macht dem Neuen den Rang des Aktuellen streitig. Nahezu alle Bereiche von Kultur und Gesellschaft sind von dieser Dialektik geprägt. Auch die Religion ist darin verwickelt.

Die Prognose eines modernisierungsbedingten Komplettverschwindens des Religiösen hat sich im globalen Maßstab als unzutreffend erwiesen. Die Annahme, dass wissenschaftlich-technischer Fortschritt und die Emanzipation des Politischen vom Religiösen in Gestalt einer Trennung von Kirche und Staat sowie die Umstellung der Lebensführung auf Prinzipien zweckrationalen Handelns das Religiöse zum Verschwinden bringen, ist am prominentesten Fall einer derart „modernisierten" Gesellschaft - USA - eindeutig falsifiziert worden. Dies gilt auch für die Erwartung, ein wissenschaftlich-technischer Fortschritt führe über die Entmythologisierung von Weltbildern zur Irrelevanz des Religiösen für Formen und Inhalte kultureller Selbstverständigung. Diese Vermutung wird weltweit durch religiöse Fundamentalismen entkräftet, die zwar als Gegenbewegungen zur westlichen Moderne auftreten, aber sich dabei aller Errungenschaften ihrer High-Tech-Kultur be-

---

[1] Vgl. E. HOBSBAWM, Das Zeitalter der Extreme. Weltgeschichte des 20. Jahrhunderts, München 1995.

dienen.[2] Als politische Motivations- und Gestaltungskraft haben die Religionen ohnehin niemals völlig abgedankt.[3] Aber erst die ausdrückliche Berufung auf eine göttliche Mission seitens der sich zum Islam bekennenden Terroristen vom 11. September 2001 wie seitens der US-Regierung für ihren Kampf gegen den Terrorismus hat für die Sprache und Sache der Religion wieder globale Aufmerksamkeit gebracht.

Sie spielt auch in aktuelle Debatten der Alten Welt hinein, in denen es um die ‚essentials' der liberalen westlichen Kultur geht: Biopolitik und Menschenbild, europäische Identität und ‚christliches Abendland'. Wo im politischen Diskurs Wertfragen anstehen, gibt es zahlreiche Anleihen bei der religiösen Semantik. Religionen kehren aber auch selbst als Akteure auf die Bühne zivilgesellschaftlicher Öffentlichkeit zurück.[4] In Ländern, die einen hohen Bevölkerungsanteil mit Migrationshintergrund aufweisen, gewinnt die Herkunftsreligion der Zuwanderer zunehmend an Bedeutung, was zuweilen öffentlich kontrovers ausgetragen wird, wenn es um den Bau von Moscheen (mit und ohne Minarett) oder um die Erlaubnis zum Schächten geht. Hier hat sich die Erwartung nicht erfüllt, dass spätestens die dritte Generation der Zuwanderer unter dem Druck eines säkularen Umfeldes ihre religiösen Traditionen relativieren und vielleicht sogar selbst säkularisieren wird.[5]

---

2 Vgl. G. KÜENZLEN, Die Wiederkehr der Religion. Lage und Schicksal der säkularen Moderne, München 2003, 41-63; M. RIESEBRODT, Die Rückkehr der Religionen. Fundamentalismus und der »Kampf der Kulturen«, München ²2001; H. BIELEFELDT/W. HEITMEYER (Hg.), Politisierte Religion. Ursachen und Erscheinungsformen des modernen Fundamentalismus, Frankfurt 1998.

3 Vgl. T. MÖRSCHEL (Hg.), Macht Glaube Politik?, Göttingen 2006; W. RÖHRICH, Die Macht der Religionen, München ²2006; P. NORRIS/R. INGLEHART, Sacred and Secular, Cambridge/Mass. 2004.

4 D. HERBERT (Hg.), Religion and Civil Society. Rethinking Public Religion in the Contemporary World, Hampshire/Burlington 2003 (Lit.).

5 Das Bochumer Forschungsprojekt „Religiöse Vielfalt in Nordrhein-Westfalen" (Leitung: V. Krech) hat im Frühjahr 2006 landesweit 230 religiöse Denominationen ermittelt, deren Spektrum von den beiden christlichen Großkirchen und dem Judentum über islamische Verbände und Moscheevereine bis hin zu fernöstlichen Gemeinschaften und Esoterikgruppen reicht. Diese religiöse Vielfalt resultiert in hohem Maß aus der Migration sowohl im Blick auf die Zunahme islamischer Vereinigungen als auch hinsichtlich der orthodxen Kirchen, des Judentums (mit Zuwanderern aus Osteuropa) und fernöstlicher Religionen (z.B. Hindu-Tamilen aus Sri Lanka und Buddhisten aus Vietnam). Von den Zuwanderern und Aussiedlern engagieren sich 43% in religiösen Organisationen und damit mehr als doppelt so viel wie in den beiden christlichen Großkirchen. Das ausführliche Datenmaterial ist abrufbar unter „www.religion-plural. org".

Dass auf diesen sehr facettenreichen empirischen Befund religionssoziologische Theorien entsprechend reagieren müssen und an die Stelle des „klassischen“ Säkularisierungsparadigmas[6] neue Erklärungsmuster zu setzen sind, bedarf keiner langen Begründung. Längst sind etliche religionstheoretische Verdunstungstheorien verdunstet, nicht aber „die“ Religion.[7] Kein Soziologe vertritt noch die Pauschalbehauptung, dass die Zeit der Religion abgelaufen ist, so dass man über sie am besten im Stile eines Nachrufes reden sollte oder – je nach dem Grad der persönlichen Betroffenheit – die Totenklage anzustimmen habe. Vielmehr verzeichnen geistes- und sozialwissenschaftliche Publikationen zur „Wiederkehr der Religion“ und zur „Entsäkularisierung der Kultur“ beträchtliche Zuwachsraten.[8]

Besondere Aufmerksamkeit hat in diesem Kontext Jürgen Habermas‘ Zeitdiagnose gefunden, welche die religiöse Signatur der Gegenwart als „postsäkular“ identifiziert.[9] Mit diesem Stichwort ist nicht nur die Tatsache gemeint, „dass sich die Religion in einer zunehmend säkularen Umgebung behauptet und dass die Gesellschaft bis auf weiteres mit dem Fortbestehen der Religionsgemeinschaften rechnet.“[10] Vielmehr verbindet sich damit auch die Herausforderung einer kooperativen Aufarbeitung von Säkularisie-

---

6 Zur Begriffs- und Ideengeschichte vgl. etwa G. MARRAMAO, Die Säkularisierung der westlichen Welt, Frankfurt/Leipzig 1999.

7 Der Religionsbegriff wird zunächst lediglich als Sammelbegriff benutzt für (symbolische) Sinnsysteme, die bestimmte Weltdeutungen enthalten, mit praktischen Handlungsorientierungen und rituellen Praktiken einhergehen, welche mit Annahmen über eine „letzte Wirklichkeit“ verbunden sind. Zu den näheren Problemen einer „Religionsdefinition“ vgl. J. FIGL (Hg.), Handbuch der Religionswissenschaft, Darmstadt 2003, 62-80.

8 Vgl. u.a. St. KNOBLOCH, Mehr Religion als gedacht! Wie die Rede von Säkularisierung in die Irre führt, Freiburg/Basel/Wien 2006; W. GRÄB, Sinnfragen. Transformationen des Religiösen in der modernen Kultur, Gütersloh 2006; R. POLAK, Religion kehrt wieder. Handlungsoptionen in Kirche und Gesellschaft, Ostfildern 2006; U. H. J. KÖRTNER, Wiederkehr der Religion? Das Christentum zwischen neuer Spiritualität und Gottvergessenheit, Gütersloh 2006; M. FRANZMANN u.a. (Hg.), Religiosität in der säkularisierten Welt, Wiesbaden 2006; F. W. GRAF, Die Wiederkehr der Götter, München 2004; M. HILDEBRANDT u.a. (Hg.), Säkularisierung und Resakralisierung in westlichen Gesellschaften, Wiesbaden 2001. Siehe auch den Literaturbericht von J. DIERKEN, Ist die Säkularisierung am Ende?, in: ThLZ 130 (2005) 128-140.

9 Vgl. J. HABERMAS, Glauben und Wissen, Frankfurt 2001; DERS., Zwischen Naturalismus und Religion, Frankfurt 2005; DERS./J. RATZINGER, Dialektik der Säkularisierung. Über Vernunft und Religion, Freiburg/Basel/Wien 2005.

10 J. HABERMAS., Zwischen Naturalismus und Religion, 116.

rungsfolgen, die einer „entgleisenden Modernisierung" zuzuschreiben sind.

Die Kategorie der „Säkularisierung" hat sich offensichtlich verbraucht, weil sie die Ambivalenz der mit ihr bezeichneten Modernisierungsprozesse ausblendete. Sie hat in sozialgeschichtlicher Perspektive einen höchst facettenreichen Vorgang der Entflechtung von Religion und Gesellschaft sowohl bündeln als auch in seinem Verlauf linear bestimmen wollen: die Relativierung von Religion als Medium sozialer Integration, der Bedeutungsverlust religiöser Gehalte im Ensemble der individuellen und kollektiven Lebensführungsgewissheiten, die Verdrängung religiöser Autorität aus dem Bereich politischer Herrschaft und deren Legitimation, eine Erosion im Bereich der Weitergabe religiöser Daseinsorientierung auf dem Wege der Tradition und in der Zuständigkeit religiöser Institutionen, die Entdeckung und Wahrung der Autonomie des „Profanen" gegenüber dem Religiösen sowie die „Konvertierung" ursprünglich religiöser Sinngehalte in Elemente profanen Denkens.

Obwohl in westlichen Gesellschaften diese Prozesse unbestritten ablaufen, hat sich dennoch die prognostische Hochrechnung dieser Trends auf ein säkularisierungsbedingtes Ende der Religion nicht bestätigt. Religion besteht fort, ihre kulturelle Marginalisierung scheint nicht irreversibel zu sein. Sie transformiert sich, sie wandelt Gestalt und Funktion, aber sie vergeht nicht. Anscheinend hat sie sogar ihr säkularisierungsbedingtes Ende überlebt. Sie ist hinweggegangen über jene Zeit, die meinte, über Religion einfach hinweggehen zu können: die Moderne.

Heißt dies nun, dass sich für die Religion eine zweite Chance als Instanz der Sinnstiftung und Identitätsfindung auftut, nachdem szientistische Weltentwürfe und politische Ideologien ihren Anspruch auf letzte Wahrheiten aufgeben mussten und die Leitideen der Moderne in eine Tradierungskrise geraten sind? Steht die Rehabilitierung religiöser Weltbilder an? Wird aus einem chronischen Modernisierungsverlierer ein moderner Krisengewinnler? Hat sich Religion als säkularisierungsresistent erwiesen? Oder ist die Moderne nur deswegen genötigt, noch einmal auf Religion Bezug zu nehmen, weil der erste Versuch ihrer Überwindung vergeblich war?

1. Die Ambivalenz der Säkularisierung: Religion – nach ihrem Ende

Die Moderne versteht sich als die Epoche der Verabschiedung aller kulturellen Bestände, die sich auf metaphysische Illusionen gründen. Sie erkennt in religiösen Traditionen lediglich archaische Denkformen, die durch den Erkenntnisfortschritt der neuzeitlichen Wissenschaft generell überholt und entwertet sind. Die Moderne ist überzeugt, man müsse nur über den illusionären Charakter religiöser Heilsversprechen aufklären und an die Stelle ihrer Jenseitsträumereien säkulare Fortschrittsverheißungen setzen, dann würde unweigerlich das Ende der Religion kommen.[11] In der Tat sind viele Fortschrittsversprechen der Moderne erfüllt und nicht wenige Vertröstungsanteile des Religiösen entlarvt worden. Und dennoch hat Religion, die einmal überholt schien, sich am Leben erhalten. Sie behauptet sich nach etlichen Rationalisierungs- und Entmythologisierungswellen immer noch. Die Moderne hat offenkundig nicht die Religion hinter sich, sondern nur bestimmte Formen einer Säkularisierung der Religion, und kann sich ihrer eigenen Säkularität nicht mehr sicher sein. Dass die Moderne selbst einmal von der Religion ganz loskommen könnte, gehört offensichtlich zu den Illusionen, von denen sie loskommen muss.

Vor allem die von ihr ausgelösten Rationalisierungsprozesse haben sich als höchst ambivalent herausgestellt und die aufklärerische Gleichsetzung von Vernunft und Fortschritt bzw. von Religion und Rückschritt als voreilig erwiesen. Bei dem Versuch, Geschichte zu machen, wurden von der Vernunft stets auch das Un- und Widervernünftige mitproduziert. Vermutlich hat sich die Moderne zuviel vorgenommen. Ihre Leitidee hat sich verbraucht, wonach eine ständig weiter ausgreifende Naturbeherrschung, eine permanente Erweiterung des Wohlstands durch ökonomisches Wachstum sowie eine selbstbestimmte Identität des Subjekts durch die Emanzipation von überkommenen Traditionen je für sich und gemeinsam auf einem ungehemmten Geradeausweg zu realisieren sind.[12]

---

[11] Vgl. hierzu auch H. SEIWERT, Religion in der Geschichte der Moderne, in: ZfR 3 (1995) 91-101.

[12] Vgl. K. IMHOF, Die Diskontinuität der Moderne, Frankfurt/New York ²2006. Dass die Leitideen der Moderne in eine Krise geraten sind, hat ihre Ursache im „internen" Vorgang einer entgleisenden Modernisierung und nicht in einer fun-

Offensichtlich ist die Moderne von Voraussetzungen ausgegangen, die auf Dauer nicht erfüllt sind. Sie war angetreten, eine Formation von Kultur und Gesellschaft hervorzubringen, die sich ihre normativen Grundlagen selbst legt und dabei keine andere Instanz anzuerkennen hat als die der autonomen Vernunft. Sie hat dabei nicht bedacht, ob es diesseits und jenseits der Vernunft Ressourcen für den Aufbau und Erhalt einer vernunftgemäßen Sozialordnung gibt, die auf einem regenerativen Niveau gehalten werden müssen. In Verkennung dieses Umstands muss ihr Projekt einer Weltbeherrschung als uneingeschränkter Ausführung menschlicher Autonomie, die sich unabhängig macht von Bedingungen und Folgen, die sich menschlicher Selbstbestimmung und Verfügung entziehen, unvollendet bleiben.

Längst ist klar, dass Fortschritt nicht bedeutet, man müsse alles Überkommene hinter sich lassen, um voranzukommen. Für ein vernunftgemäßes Modell humaner und zukunftsfähiger Entwicklung braucht es mehr und anderes als nur die instrumentelle und emanzipatorische Vernunft.[13] Es gibt offenkundig technisch Unableitbares, ökonomisch Unverrechenbares und politisch Unverfügbares, das im Verlauf der Säkularisierung verkannt, verdrängt oder unterschlagen wurde und dessen Leerstellen zunehmend deutlich werden. So braucht es in der Tat mehr und anderes als den Vergemeinschaftungsmodus des Marktes, der alle zwischenmenschlichen Beziehungen in das Kalkül der Primärorientierung am aufgeklärten Selbstinteresse presst. Das soziale Band menschlichen Miteinanders, das aus gegenseitiger Anerkennung geknüpft wird, geht in den Begriffen der gegenseitigen Unterstellung einer Präferenz von Eigeninteressen und der zweckrationalen Organisation von Vor-

---

damentalistischen Gegenmoderne: „Die Arbeitsteilung zwischen den integrativen Mechanismen des Marktes, der Bürokratie und der gesellschaftlichen Solidarität ist aus dem Gleichgewicht geraten und hat sich zugunsten wirtschaftlicher Imperative verschoben, die einen am je eigenen Erfolg orientierten Umgang der handelnden Subjekte miteinander prämieren. Die Eingewöhnung neuer Technologien, die tief in die bisher als »natürlich« angesehenen Substrate der menschlichen Person eingreifen, fördert zudem ein naturalistisches Selbstverständnis der erlebenden Subjekte im Umgang mit sich selbst“, J. HABERMAS, Zwischen Naturalismus und Religion, 247 f.

[13] Am deutlichsten hat die ökologische Krise gezeigt, wie sehr die Moderne geprägt wird vom Wettlauf zwischen technisch-wissenschaftlichen Anstrengungen, die naturwüchsigen Gefährdungen des menschlichen Lebens zu entschärfen, mit immer weiter ausschlagenden Risiken, die von Technik und Wissenschaft hervorgebracht werden, aber mit ihren eigenen Mitteln nicht mehr zu bewältigen sind. Vgl. dazu H.-J. HÖHN, Ökologische Sozialethik, Paderborn/München/Wien 2001.

teils- und Nutzenmaximierungen nicht auf. Hier gilt: sola ratione numquam sola. Die ökonomische Vernunft vermag im Umgang mit der Welt stets nur die „halbe Wahrheit“ ans Licht zu bringen. Gesucht werden daher Wahrnehmungsformen, welche das Nicht-Ökonomische der Ökonomie vergegenwärtigen können. Ebenso gilt es angesichts der neuen Biotechnologien, welche ein naturalistisches bzw. szientistisches Selbstverständnis des Menschen befördern, auch das Nicht-Technische der Technik und gegenüber einer Biopolitik das Nicht-Politische der Politik bewusst zu halten, sollen die Errungenschaften der humanistischen Moderne nicht verspielt werden.

Es liegt nahe, in den von der Moderne verkannten und verdrängten „Weltanschauungen“ jene Anregungen zu suchen, welche für die Aufarbeitung der negativen Folgen des Säkularisierungsprozesses hilfreich sein können.[14] Gerade religiöse Weltbilder stehen für ein Krisen- und Lebenswissen, das neu an Relevanz gewinnen kann, sofern es nach J. Habermas gelingt, seine Bedeutungspotentiale aus seiner religiösen Codierung zu entbinden. „Im Gegensatz zur ethischen Enthaltsamkeit eines nachmetaphysischen Denkens, dem sich jeder generell verbindliche Begriff vom guten und exemplarischen Leben entzieht, sind in heiligen Schriften und religiösen Überlieferungen Intuitionen von Verfehlung und Erlösung, vom rettenden Ausgang aus einem als heillos erfahrenen Leben artikuliert, über Jahrtausende hinweg subtil ausbuchstabiert und hermeneutisch wachgehalten worden“.[15] Wo die Fortschritte der kulturellen und gesellschaftlichen Rationalisierung abgründige Zerstörungen angerichtet haben, könnten religiöse Überlieferungen „immer noch verschlüsselte semantische Potentiale enthalten, die, wenn sie nur in begründende Rede verwandelt und ihres profanen Wahrheitsgehaltes entbunden würden, eine inspirierende Kraft entfalten“.[16]

Für J. Habermas ist somit das Fortbestehen der Religion in einer sich fortwährend säkularisierenden Umgebung nicht bloß eine so-

---

[14] Vgl. H.-J. HÖHN (Hg.), Krise der Immanenz. Religion an den Grenzen der Moderne, Frankfurt 1996.

[15] J. HABERMAS, Zwischen Naturalismus und Religion, 115. Vgl. auch DERS., Glauben und Wissen, 29: „Moralische Empfindungen, die bisher nur in religiöser Sprache einen hinreichend differenzierten Ausdruck besitzen, können allgemeine Resonanz finden, sobald sich für ein fast schon Vergessenes, aber implizit Vermisstes eine rettende Formulierung einstellt. Eine Säkularisierung, die nicht vernichtet, vollzieht sich im Modus der Übersetzung.“

[16] DERS., Zwischen Naturalismus und Religion, 13.

ziale Tatsache. Sie stellt für die Vernunftkultur der Moderne auch eine kognitive Herausforderung dar, der sie gleichsam „von innen" gerecht werden muss, denn die großen Religionen gehören zur Geschichte der Vernunft selbst. Auch ein postmetaphysisches Denken „kann sich selbst nicht verstehen, wenn es nicht die religiösen Traditionen Seite an Seite mit der Metaphysik in die eigene Genealogie einbezieht."[17] Dieser Umstand motiviert zusätzlich dazu, sich gegenüber religiösen Überlieferungen lernbereit zu verhalten, wollen sich die Vernunftsubjekte im Prozess der ethisch-politischen Selbstverständigung nicht von wichtigen Ressourcen menschlichen Miteinanders abschneiden. Denn „religiöse Überlieferungen besitzen für moralische Intuitionen, insbesondere im Hinblick auf sensible Formen eines humanen Zusammenlebens, eine besondere Artikulationskraft."[18] Sie artikulieren ein Bewusstsein von dem, was in Säkularisierungsprozessen verloren gegangen ist; sie bewahren eine Sensibilität für Versagtes und Unabgegoltenes, hinreichend differenzierte Ausdrucksmöglichkeiten und Sensibilitäten für verfehltes Leben, für gesellschaftliche Pathologien, für das Misslingen individueller Lebensentwürfe und die Deformation entstellter Lebenszusammenhänge."[19] Sollen diese Einsichten ihren kognitiven Gehalt zu erkennen geben, müssen sie in die säkularen Kontexte ethisch-politischer Selbstverständigung übersetzt werden. Dies ist nach Habermas nicht eine Aufgabe, die einseitig den Religionsgemeinschaften aufzubürden ist. Auch säkularen Bürgern ist zuzumuten, „religiöse Beiträge zu politischen Streitfragen ernst zu nehmen und in kooperativer Wahrheitssuche auf einen Gehalt zu prüfen, der sich möglicherweise in säkularer Sprache ausdrücken und in begründender Rede rechtfertigen lässt."[20]

In einer postsäkularen Gesellschaft sind die Säkularisierungsfolgen somit nicht mehr ungleich verteilt. Auch in diesem Punkt holt sie die „Ambivalenz" der Moderne ein. Sie zeitigt zwiespältige Folgen, die mehr als nur einer Kategorie zu subsumieren sind. Sie sind von widersprüchlicher Vieldeutigkeit: es gehen einher Emanzipation und Erosion von Zugehörigkeiten, technisch-wissenschaftlicher Fortschritt und kulturelle Regression, Optionensteigerung und Wahlzwänge. Es ist unmöglich, Gewinner und Verlierer dieser Prozesse auseinanderzuhalten. Auf allen Seiten sind stets

[17] Ebd., 13.
[18] Ebd., 137.
[19] Ebd., 115.
[20] Ebd., 145.

auch Verluste zu verbuchen.[21] Das Bemühen, sie möglichst wieder auszugleichen, mündet darum in einen komplementären Lernprozess. Dies gilt auch für das Verhältnis zwischen säkularem und religiösem Denken, wenn es um die Bewahrung eines humanen Miteinanders geht. Der Vernunftkultur ist die Aufgabe gestellt, das semantische Erbe religiöser Traditionen auf dem Wege einer „rettenden Aneignung" aus der religiösen Sphäre in eine allgemein zugängliche Sprache zugänglich zu machen. Die Bringschuld, welche die Vertreter religiöser Traditionen zu erfüllen haben, besteht in einer kognitiven Reorganisation ihrer Glaubensüberzeugungen, wobei sie sich den Erfordernissen der kommunikativen Vernunft zu stellen haben und sich im Kontext einer liberalen Demokratie als diskurs-, toleranz- und pluralitätsfähig erweisen müssen. Damit wird allen kulturkritischen Positionen widersprochen, welche die ehedem mit Modernisierungsprozessen verbundene Erwartung einer unausweichlichen Verabschiedung des Religiösen einfach umkehren und die Krisenphänomene der technisch-industriellen Moderne zum Anlass nehmen, dass die Moderne wieder Platz macht für dasjenige, an dessen Stelle sie sich setzen wollte.

Wenn die Überzeugung derer schwindet, die Religion für um so entbehrlicher und verzichtbarer halten, je moderner die Moderne wird, scheinen die Chancen zu steigen, dass sich religiöse Traditionen auch in Zukunft kulturell behaupten können. Allerdings darf auch nicht unterschlagen werden, dass J. Habermas mit einer Fortdauer von Säkularisierungsprozessen rechnet und die „rettende Aneignung" des kulturellen Erbes der Religionen weitgehend auf deren moralisch relevante Bestände bezieht. Damit ist keineswegs ihr Fortbestand als religiöse Traditionen, sondern ihre Anverwandlung in moralische Traditionen impliziert. Es stellt nur eine andere Form der Säkularisierung der Religion dar, wenn diese nicht mehr als Hypothek, sondern als Erbmasse verstanden wird, aus der man noch verwertbare Teile für moralische Lernprozesse übernimmt. Zwar ist Habermas bemüht, dem religiösen Glauben einen eigenen epistemischen Status zuzuschreiben, welcher von der Vernunft als nicht schlechthin irrational zu respektieren ist. Dennoch hält er in religionskritischer Absicht daran fest, dass die Grenze zwischen Religion und Vernunft von der Philosophie so gezogen werden muss, dass der erkenntnisleitende Rekurs des Glaubens auf eine

---

[21] Vgl. Z. BAUMAN, Moderne und Ambivalenz. Das Ende der Eindeutigkeit, Frankfurt 1996; P. KOSLOWSKI/R. SCHENK (Hg.), Ambivalenz – Ambiguität – Postmodernität, Stuttgart 2004.

Offenbarungsquelle „für sie eine kognitiv unannehmbare Zumutung bleibt. Die Perspektiven, die entweder in Gott oder im Menschen zentriert sind, lassen sich nicht ineinander überführen."[22] Die Vernunft muss allein daran interessiert sein, aus religiösen Überlieferungen kognitive Gehalte zu bergen. Dazu zählen alle semantischen Potentiale, „die sich in einen vom Sperrklinkeneffekt der Offenbarungswahrheit entriegelten Diskurs übersetzen lassen. In diesem Diskurs zählen nur ... Gründe, die auch jenseits einer partikularen Glaubensgemeinschaft überzeugen können."[23]

Angesichts eines solchen Arrangements erhebt sich die Frage, ob hier die Philosophie entgegen Habermas' Intention weniger die Aufgabe übernimmt, kognitive Gehalte der Religion aus ihrer religiös-metaphysischen Verkapselung zu entbinden und in den rationalen Diskurs zu übersetzen, als dass sie den religiösen Akteuren aus dem Buch der Vernunft souffliert. In der wohlmeinenden Absicht, der Religion zu attestieren, wieviel ethische Rationalität in ihr enthalten sei, legt sie in die religiöse Semantik etwas hinein, was das Religiöse dieser Semantik noch gar nicht erfasst.[24] Damit bleibt ein entscheidendes Moment, das Religion *als* Religion konstituiert, außen vor.

Unberücksichtigt bleibt auch der Umstand, dass jede Religion nicht primär in der Semantik einer Doktrin oder Moral begegnet, sondern in Ästhetiken und Praktiken, in Ritualen und Symbolen. In diesen Ausdrucksformen zeigt sie nicht nur sich, sondern auch, wie sie gesehen werden will. Über diese Formen der ästhetisch-rituellen (Selbst-)Darstellung ebnet sich auch ein direkter Zugang zu den Geltungsansprüchen, zum sozialen Ort und zur lebensweltlichen Bedeutung von Religion. Wer das religiöse Sprachspiel verstehen will, muss darum mehr als eine religiöse Semantik erfassen, sondern muss sich mit der Lebensform auseinandersetzen, die sich in religiöser Praxis und Ästhetik manifestiert.

---

[22] J. HABERMAS, Zwischen Naturalismus und Religion, 252.

[23] Ebd., 255.

[24] Zur Verdeutlichung dieser Anfrage sei hingewiesen auf einen Vorwurf, den L. Feuerbach gegen G.W.F. Hegels idealistische Philosophie und deren Verhältnis zur Religion erhebt: „Die Spekulation läßt die Religion nur sagen, was *sie selbst* gedacht und weit besser gesagt hat als die Religion. Sie bestimmt die Religion, ohne sich von ihr bestimmen zu lassen; sie kommt nicht *aus sich* heraus. Ich aber lasse die Religion *sich selbst aussprechen*; ich mache nur ihren Zuhörer und Dolmetscher, nicht ihren Souffleur", L. FEUERBACH, Das Wesen des Christentums, Stuttgart 1969, 21 f.

Für die emphatische Redeweise von einer „Wiederkehr“ der Religion *als* Religion in philosophischen und soziologischen Diskursen ist bei J. Habermas (noch) keine zureichende Basis gelegt. Bei ihm bleibt unklar, ob die Kategorie „postsäkular“ eine historische Zäsur bezeichnet oder ob sie einen Perspektivenwechsel auf seiten der Gesellschaftstheorie meint. Im letzten Fall beschreibt sie nicht eine Rückkehr der Religion in die Gesellschaft, aus der sie ohnehin nie gänzlich verschwunden war, sondern ihre Rückkehr in eine Gesellschafts- und Kulturtheorie, die ihre säkularistischen Grundannahmen revidiert.[25]

Hinsichtlich des empirischen Befundes bleibt bei Habermas schließlich unberücksichtigt, dass außerhalb religionsphilosophischer Seminare nicht eine rettende, sondern eher eine ausbeuterische Aneignung religiöser Überlieferungen stattfindet. Wo „postsäkulare“ Konstellationen von Religion und Gesellschaft empirisch auszumachen sind, ist weniger eine kulturelle Permanenz von Religion *als* Religion nachweisbar. Vielmehr lässt sich zeigen, dass diese überwiegend an den nicht-religiösen Verwertungen religiöser Semantiken, Symboliken und Praktiken in den nicht-religiösen Segmenten der Gesellschaft festzumachen sind.

Und letztlich bleibt zu fragen, ob das Vermögen der in Europa etablierten Kirchen und Konfessionen und die Bereitschaft der hinzukommenden Religionen und Weltanschauungen zu einem weiteren „Reflexionsschub“ ausreicht, der nach Habermas nötig ist, damit sie produktiv die Tatsache des religiösen Pluralismus, das Wissensmonopol der modernen Wissenschaft und die „profane“ Vernunft als Legitimationsinstanz sozialer Ordnungsmuster anerkennen und verarbeiten können. Bei manchen mag stattdessen die Einstellung dominieren, die Moderne sei nur eine Zwischenzeit gewesen, ein Intermezzo der Vernunft, nach dessen Ende man die alten Herrschaftsverhältnisse von Religion und Vernunft wieder etablieren könne. Sie nehmen die Tatsache, dass sich die säkularen Fortschrittsmächte übernommen haben, bereits als Zeichen dafür, dass sie den Platz wieder räumen sollen für dasjenige, dessen Stelle sie eingenommen haben. Sie vermögen nicht zu unterscheiden, dass die Pathologien der Moderne zwar auf dem Boden gewachsen sind, den die Aufklärung bereitet hat, dass diese aber nicht in den Prin-

---

[25] Vgl. H. JOAS, Braucht der Mensch Religion?, Freiburg/Basel/Wien 2004, 124: „»Postsäkular« drückt dann nicht eine plötzliche Zunahme an Religiosität nach ihrer epochalen Abnahme aus – sondern eher einen Bewußtseinswandel derer, die sich berechtigt gefühlt hatten, die Religionen als moribund zu betrachten“.

zipien der Aufklärung selbst angelegt oder deren Frucht sind. Dass die Aufklärung über die Aufklärung wiederum ein aufklärerisches Postulat ist, wollen religiöse Dunkelmänner nicht zugestehen, um sich der Forderung zu entziehen, ihre eigenen modernitätskritischen Positionen rational auszuweisen.

2. Postreligiös *und* postsäkular: Religionstheorien im Widerstreit

Für Europa scheint angesichts massiver Entchristlichungs- und Entkirchlichungsprozesse immer noch viel dafür zu sprechen, dass Modernisierung mit religiösen Erosionsprozessen einhergeht. Allerdings wird in der Religionssoziologie gerade aus dieser Beobachtung immer öfter ein Argument gegen die weitere Verwendung des Säkularisierungstheorems als Standardmodell zur Erklärung sozialer Evolution gemacht. Hatte man sich bisher darauf verständigt, den europäischen Weg einer Marginalisierung der Religion als die modernisierungstheoretisch gesetzte Regel und alles andere als deren Ausnahme zu betrachten, so geht es jetzt um die Frage, wie die europäische Ausnahme einer gesellschaftlich marginalisierten Religiosität von der globalen Regel politisch wirksamer und öffentlich antreffbarer Religion zu erklären sei.[26] Außerdem deutet das Aufkommen neuer religiöser Phänomene diesseits und jenseits der etablierten Kirchen und Konfessionen seit geraumer Zeit auch in Europa darauf hin, dass die Moderne offensichtlich auch „religionsproduktiv“ sein kann, d.h. sie produziert Fragen, auf die Religion die Antwort sein und geben kann.

Zwar tritt Religion in den weitgehend säkularisierten Gesellschaften (West- und Mittel-)Europas vor allem in ihren lebenspraktischen Äußerungen, im Bereich lebensweltlicher Sinnfindung und Daseinsgestaltung wieder in Erscheinung. Je unübersichtlicher und unvertrauter eine von ständigen Innovationen geprägte Gesellschaft wird, umso notwendiger werden offenkundig kulturelle Widerlager, die Wirklichkeitsvertrautheit, Biographiekohärenz und Identitätsvergewisserung ermöglichen.[27] Die Bandbreite reicht von Heilsangeboten der Psychoszene, von Feng Shui und Ayurveda, über die Neo-Gnosis der Esoterik bis hin zur Adaption fernöstli-

---

[26] Vgl. H. LEHMANN, Säkularisierung. Der europäische Sonderweg in Sachen Religion, Göttingen 2004; G. DAVIE, Europe: The Exceptional Case. Parameters of Faith in the Modern World, London 2002; D. HERVIEU-LÉGER, Religion as a Chain of Memory, Cambridge 2000.

[27] Vgl. hierzu etwa P. M. ZULEHNER u.a., Kehrt die Religion wieder? Religion im Leben der Menschen, Ostfildern 2001; DERS. (Hg.), Spiritualität – mehr als ein Megatrend, Ostfildern 2004; R. POLAK, Religion kehrt wieder, a.a.O.; DIES. (Hg.): Megatrend Religion? Neue Religiositäten in Europa, Ostfildern 2002.

cher Versenkungslehren.[28] Aber immer öfter gelingt ihr auch die Rückkehr in die politische und mediale Öffentlichkeit.[29] Religion ist hier nicht mehr nur eine Sache des privaten Erlebens, „sondern auch ein Medium der Darstellung sozialer Differenzen und des Austragens sozialer Konflikte“[30] bzw. des Kampfes um öffentliche Anerkennung und den Respekt religiöser Überzeugungen, wie die muslimischen Proteste gegen blasphemische „Mohammed-Karikaturen“ im Februar 2006 belegen. Die Aufarbeitung islamistischer Terrorakte, die Debatten um den Gottesbezug in der Verfassung Europas oder der Streit um das Tragen religiöser Symbole an staatlichen Schulen („Kopftuchstreit“), aber auch hohe Einschaltquoten bei der Berichterstattung kirchlicher Großereignisse (Papstwahl, Weltjugendtag 2005) manifestieren eine neue Wertigkeit der öffentlichen Kommunikation über das Religiöse.

Unbestreitbar sind in Westeuropa allerdings auch die Funktions- und Bedeutungsverluste auf gesamtgesellschaftlicher Ebene für die institutionellen Ausprägungen religiöser Weltdeutungen. Die Tendenzen einer Entkirchlichung des Christentums und einer Entchristlichung des Religiösen sind nach wie vor ungebrochen. Unmittelbaren Anschauungsunterricht bietet die hinreichend bekannte Krise der kirchlichen Sozialformen des Christentums in Westeuropa.[31] Symptome dieser Krise sind im Bereich der katholischen Kirche dramatische Einbrüche bei Taufen, Firmungen und Eheschließungen, abnehmende Zahlen bei der Teilnahme an Gottesdiensten, aber auch eine allmähliche Austrocknung von traditionellen Formen katholischer Volksfrömmigkeit als Folge des Abschmelzens kirchlicher Sozialmilieus.[32] Diese Verluste werden keineswegs wettgemacht durch den Zulauf, den neue religiöse Bewegungen

---

[28] Vgl. als Überblick R. HEMPELMANN (Hg.), Panorama der neuen Religiosität. Sinnsuche und Heilsversprechen zu Beginn des 21. Jahrhunderts, Gütersloh [2]2005; H. BAER u.a. (Hg.), Lexikon neureligiöser Gruppen, Szenen und Weltanschauungen, Freiburg/Basel/Wien 2005.

[29] Vgl. K. GABRIEL (Hg.), Religionen im öffentlichen Raum: Perspektiven in Europa (JCSW 44), Münster 2003; M. MINKENBERG/U. WILLEMS (Hg.), Politik und Religion (PVS Sh 33), Wiesbaden 2002.

[30] K. EDER, Europäische Säkularisierung – ein Sonderweg in die postsäkulare Gesellschaft?, in: Berliner Journal für Soziologie 12 (2002) 336.

[31] Vgl. en detail die religionssoziologischen „Länderberichte“ in Ch. GÄRTNER u.a. (Hg.), Atheismus und religiöse Indifferenz, Opladen 2003, 171-336.

[32] Vgl. hierzu auch F.-X. KAUFMANN, Gegenwärtige Herausforderungen der Kirchen durch die Säkularisierung, in: Essener Gespräche zum Thema Staat und Kirche 38 (2004) 103-129; M. N. EBERTZ, Erosion der Gnadenanstalt. Zum Wandel der Sozialgestalt von Kirche, Frankfurt 1998; K. GABRIEL, Christentum zwischen Tradition und Postmoderne, Freiburg/Basel/Wien [7]2000.

und alternative religiöse Angebote (von Astrologie bis Zenbuddhismus) verzeichnen. Attraktiv sind sie nicht für die bisher Kirchenfernen oder Konfessionslosen, sondern überwiegend für die (ehemaligen) Mitglieder der (ehemaligen) Volkskirchen, welche ihre bisherigen religiösen Überzeugungen mit neuen Inhalten und Praktiken kombinieren und zu Patchworkspiritualitäten verarbeiten.

Ebenso unstrittig ist, dass für nahezu alle Funktionen, für die in vormodernen Gesellschaften eine religiöse Zuständigkeit bestand, im Zuge der Säkularisierung funktionale Äquivalente etabliert wurden.[33] Weder für das Problem der *Affektbindung oder Angstbewältigung,* der *Handlungsführung im Außeralltäglichen* (wobei eine Orientierung im Umgang mit außergewöhnlichen Situationen angeboten wird, die durch moralische Konventionen und Pragmatismus allein nicht zu regeln sind), der *Verarbeitung von Kontingenzerfahrungen* (z.B. von Unrecht, Leid und Schicksalsschlägen) noch für das Problem der *Legitimation von Gemeinschaftsbildung und sozialer Integration,* oder der *Kosmisierung von Welt,* (d.h. der Begründung eines Deutungshorizonts aus einheitlichen Prinzipien, der die Möglichkeit von Sinnlosigkeit und Chaos ausschließt) sowie der *engagierten Distanzierung* von gegebenen Sozialverhältnissen (d.h. der Ermöglichung von Widerstand und Protest gegen einen als ungerecht oder unmoralisch erfahrenen Gesellschaftszustand) besteht noch ein religiöses Kompetenzmonopol.[34]

Von keiner dieser Funktionen wird man heute noch sagen können, dass Religion hier alternativenlos zuständig ist. Für manche Funktionen ist sie sogar obsolet geworden - z.B. als metaphysisches Bindemittel der Gesellschaft oder Legitimationsinstanz für Herrschaftsausübung. Auch die alte These, Religion diene der gesellschaftlichen Integration, ist nicht mehr ohne deutliche Abstriche haltbar. „Eher könnte, zumindest für volkskirchliche Formen der Religion, das Gegenteil gelten: dass die Religion selbst auf ein hohes Maß an gesellschaftlicher Integration angewiesen ist."[35]

---

[33] Die folgende Auflistung ist übernommen von F.-X. KAUFMANN, Religion und Modernität, Tübingen 1989, 84 f.

[34] Inzwischen räumt auch F.-X. KAUFMANN selbst ein, dass Phänomene, die im Sinne seines o.a. Rasters den Anforderungen gleichzeitiger Erfüllung der meisten der genannten Funktionen genügen, immer seltener werden; vgl. DERS., Wo liegt die Zukunft der Religion?, in: M. Krüggeler u.a. (Hg.), Institution, Organisation, Bewegung. Sozialformen der Religion im Wandel, Opladen 1999, 71-97, bes. 79-81, 86 f.

[35] N. LUHMANN, Die Religion der Gesellschaft, Frankfurt 2000, 125.

Deutlichster Beleg hierfür ist die regelmäßig aufflammende Diskussion über Bestand und Erhalt des schulischen Religionsunterrichtes. Besonders an berufsbildenden Schulen ist seine Absicherung zunehmend abhängig von einem immer öfter zu erneuernden Konsens zwischen Kirche, Wirtschaft und Schulverwaltung. In religiös „multikulturellen" Gesellschaften fällt Religion als Integrationsmedium ohnehin aus. Ähnliches gilt für ihre Bedeutung als „Generator" einer Sozialmoral in weltanschaulich pluralen Gesellschaften, wenn man dabei mehr im Auge hat als den kleinsten gemeinsamen Nenner aller antreffbaren Ethosformen.

Explizit religiöse Kommunikation ereignet sich nur noch in den Bereichen expliziter Religion, nachdem im Zuge der funktionalen Differenzierung moderne Gesellschaften ihre Aufgaben und Zuständigkeiten in verschiedene Teilsysteme ausgegliedert haben. Im Theorem der funktionalen Differenzierung scheint das grundlegende Entwicklungsmuster der Moderne auf: Verschiedene Handlungsbereiche eines sozialen Systems konstituieren sich nach dem Prinzip der Arbeitsteilung mit jeweils eigenen Zuständigkeiten (Wirtschaft, Wissenschaft, Politik, Technik). Jedes Teilsystem weist im Rahmen seiner Zuständigkeit eine Eigengesetzlichkeit auf, die in andere Teilsysteme nicht übersetzbar ist. Kriterien der technischen Machbarkeit sind nicht zugleich Kriterien ökonomischer Rentabilität; Maßstäbe wirtschaftlicher Effizienz sind nicht identisch mit Maßstäben politischen Erfolgs. Es gibt hier keinen Generalschlüssel, der überall passt. Es existiert auch kein archimedischer Punkt, auf den alle Teilsysteme ausgerichtet werden können. Der Zusammenhalt einer Gesellschaft mit verteilten Zuständigkeiten wird allein gewährleistet durch eine Rahmenordnung. Diese beschränkt sich auf die formale Regelung des störungsfreien Zusammenspiels der einzelnen, autonomen Teilsysteme.[36] Religion wird hierbei als Regelgröße nicht mehr benötigt.

Dem faktischen Verlauf der funktionalen Differenzierung moderner Gesellschaften wird man jedoch nicht gerecht, wenn dieser Vorgang derart hochgerechnet wird, dass die Ausbildung funktionaler Teilsysteme zwangsläufig zu einem immer schärferen Hervortreten ihrer Eigengesetzlichkeit führt, so dass die Gesamtgesellschaft ebenso zwangsläufig in Sphären zerfällt, die nichts miteinander teilen außer dem abstrakten Konzept solcher Rationalisierung. „Diesem soziologischen Bild der Ökonomisierung der Öko-

[36] Zu den verschiedenen Ausprägungen des Differenzierungstheorems siehe U. SCHIMANK, Theorien gesellschaftlicher Differenzierung, Opladen 1996.

nomie, Politisierung der Politik, Intellektualisierung der Kultur, Artifizierung der Kunst ... widerspricht jedoch die Realität der modernen Gesellschaften erheblich."[37] Typisch für die Moderne ist vielmehr eine gleichzeitige „Interpenetration", d.h. wechselseitige Durchdringung und Überschneidung der sich ausdifferenzierenden Teilsysteme. Es kommt dabei zu einer Kommerzialisierung von Kunst und Kultur, zu einer Politisierung von Wissenschaft und Wirtschaft und zu einer Verrechtlichung des Bildungswesens. Der Trend geht sogar zu einer Gesellschaft, in der sich Wesentliches und Entscheidendes immer mehr in den Zonen der Interpenetration der Teilsysteme und immer weniger in den Reservaten ihrer Eigenlogik abspielt.

Allerdings spielen sich diese Überschneidungen und Überlappungen vielfach als „feindliche Übernahmen" ab, d.h. es kommt zu Unterwerfungen, Eingliederungen anderer teilsystemischer Bereiche unter die Regie jeweils eines Funktionssystems. Auch wenn hierbei Religiöses in diesen Teilsystemen vorkommt, so bleibt es dabei, dass die funktionalen Teilsysteme nach jeweils eigener Logik agieren und einen möglichen religiösen Input nur nach Maßgabe dieser Logik (d.h. nicht-religiös) verarbeiten können. So wird Religion gegenüber der Ökonomie lediglich relevant und interessant als eine Quelle zur Bildung und Vermehrung jenes Vertrauenskapitals, ohne das Märkte nicht funktionieren können. Die Politik interessiert sich für Religion, sofern sie kommunitäre Bindungskräfte besitzt, die man als sozialmoralische Ressourcen einer Gemeinwohlorientierung gegen einen liberalistischen Individualismus und gegen die Logik der Nutzenegozentrik aufbieten muss, soll ein demokratisches Gemeinwesen Bestand haben.[38]

---

[37] R. MÜNCH, Die Struktur der Moderne. Grundmuster und differentielle Gestaltung des institutionellen Aufbaus moderner Gesellschaften, Frankfurt 1984, 12. Zum Folgenden siehe auch DERS., Dialektik der Kommunikationsgesellschaft, Frankfurt 1991, 332 f., 356 f., 371; DERS., Die Kultur der Moderne. 2 Bde., Frankfurt 1986/1993.

[38] Ihren wissenschaftlichen Reflex finden diese Tendenzen nicht in einer ethischen Theorie der Ökonomie, sondern in einer ökonomischen Theorie der Moral. In der Religionssoziologie ist es unter dem Eindruck der heuristischen Kraft ökonomischer Begriffe und Modelle (vor allem) im englischen Sprachraum zur Ausbildung einer *religious economics* für die Wahrnehmung und Deutung religiösen Wandels in der Moderne gekommen. Vgl. hierzu R. STARK/R. FINKE, Acts of Faith. Explaining der Human Side of Religion, Berkeley/Los Angeles 2000; D. SCHMIDTCHEN, Ökonomik der Religion, in: ZfR 8 (2000) 11-43; L. R. IANNACCONE, Introduction to the Economics of Religion, in: Journal of Economic Literature 36 (1998) 1465-1495; DERS., Religious Markets and the Economics of Religion, in: Social Compass 39 (1992) 123-131.

Kurzum: Religion hat in Theorie und Praxis aufgehört zu existieren als gesellschaftliche Primärinstanz sozialer Identitätsbildung und als kulturelles Lebenssinndepot, als Legitimationsbüro sozialer Ordnung, als Lieferant von Erklärungen zu Herkunft und Zustand der Welt. Unter dem Aspekt der abnehmenden Bedeutung organisierter Religion als eines Mediums sozialer Koordination und Integration sowie hinsichtlich der Entdeckung der autonomen Funktionslogik der sozialen Teilsysteme bestehen hier „postreligiöse" Verhältnisse. Daher ist es offensichtlich voreilig, den Begriff der Säkularisierung als eine kulturdiagnostische Schlüsselkategorie zu verabschieden. Ihn ebenso angestrengt zu vermeiden, wie seine Anwendbarkeit auf die Verlaufsform sozialen Wandels früher als selbstverständlich unterstellt wurde, ist vom empirischen Befund her nicht gedeckt. Wer das Säkularisierungstheorem als einen modernen Mythos abstuft, sollte darauf achten, mit der Rede von der Wiederkehr der Religionen nicht einem modernen Gegen-Mythos zu erliegen.[39]

Angezeigt ist für eine mythenkritische Religionstheorie stattdessen, das um das Säkularisierungsparadigma entstandene „Theorieknäuel" zu entwirren. Der amerikanische Religionssoziologe José Casanova hat darauf hingewiesen, dass verschiedene, ungleichartige und kein Ganzes bildende Beobachtungen zu einer scheinbar geschlossenen Säkularisierungstheorie legiert wurden. Dazu gehört die Ablösung und Emanzipation weltlicher Bereiche von religiösen Einrichtungen und Normen, der Niedergang religiöser Überzeugungen und Verhaltensweisen und die Beschränkung der Religion auf den Privatbereich.[40] Casanova hält es für einen Kurzschluss, aus dem gleichzeitigen Auftreten dieser drei Prozesse in Europa zu folgern, sie seien nicht nur historisch, sondern auch strukturell und ihrer Logik nach miteinander zu verbinden. Er bestreitet die geschichtstheoretische und normative Unterstellung, den Relevanz- und Funktionsverlust der Religion für unausweichlich zu halten, als „fortschrittlich" zu begreifen und darin ein Telos sozialer Evolution zu sehen. Lediglich für den Prozess funktionaler Differenzierung will er die analytische und prognostische Bedeutung der Säkularisierungskategorie akzeptieren. Der öffentliche Geltungs-

---

[39] Vgl. hierzu ausführlich D. POLLACK, Säkularisierung – ein moderner Mythos?, Tübingen 2003, bes. 1-27, 132-148.

[40] J. CASANOVA, Der Ort der Religion im säkularen Europa, in: Transit 27 (2004) 86-107; DERS., Chancen und Gefahren öffentlicher Religion, in: O. Kallscheuer (Hg.), Das Europa der Religionen, Frankfurt 1996, 181-210; DERS., Public Religions in the Modern World, Chicago/London 1994, 11-38.

verlust von Religion und ihre Privatisierung ist für ihn jedoch davon unabhängig zu sehen und auch als reversibel anzunehmen. Das Säkularisierungsparadigma kann darum keine Alleinerklärung für das Schicksal der Religion in der Moderne leisten, zumal es für die Phänomene ihrer „Religionsproduktivität" bzw. der kulturellen Permanenz des Religiösen eine Erklärung schuldig bleibt.

Folgt man Casanovas Kritik, ist anstelle einer Säkularisierungstheorie, die als religionssoziologische „Supertheorie" (N. Luhmann) auftritt, ein Theoriedesign zu entwerfen, das höchst divergente und heterogene Transformationsprozesse des Religiösen erfasst und sie in Korrespondenz zu Prozessen kultureller, sozialer und politischer Modernisierung bzw. als Reaktion darauf beschreibt. Dazu bedarf es eines religionsphänomenologischen Ansatzes, der auch die gegenläufigen und einander widerstreitenden Tendenzen der „Exkulturation" und „Inkulturation" der Religion in ihrer Gleichzeitigkeit zu erklären vermag.[41] Produktive Anregungen hierzu liefern soziologische Untersuchungen, welche die Kategorien der Differenzierung, Pluralisierung und Individualisierung nicht nur zur Beschreibung gesellschaftlicher Modernisierungsprozesse verwenden, sondern auch auf die Sondierung des religiösen „Feldes" einer modernen Gesellschaft anwenden. Etliche Vorgänge einer Erosion religiöser Kulturbestände erweisen sich bei näherem Hinsehen als Prozesse des individuellen Neuarrangements bzw. der privaten Neukomposition. Daher wird man eher von einer Pluralisierung und Individualisierung des Umgangs mit Religion zu reden haben als von ihrer „Verflüchtigung".[42] Allerdings kommt damit noch nicht die gesamte Bandbreite „postreligiöser" und zugleich „postsäkularer" Konstellationen von Religion, Kultur und Gesellschaft in den Blick. Hierzu gehören vor allem Phänomene

---

[41] Vgl. zu dieser Forderung auch D. POLLACK, Religion und Moderne: Religionssoziologische Erklärungsmodelle, in: T. Mörschel (Hg.), Macht Glaube Politik?, 17-60.

[42] Vgl. etwa W. GRÄB, Sinnfragen, a.a.O.; M. HOCHSCHILD, Religion in Bewegung. Zum Umbruch der katholischen Kirche in Deutschland, Münster 2001; D. POLLACK/G. PICKEL, Individualisierung und religiöser Wandel in der Bundesrepublik Deutschland, in: ZfS 28 (1999) 465-483; M. KRÜGGELER/F. STOLZ (Hg.), Ein jedes Herz in seiner Sprache... Religiöse Individualisierung als Herausforderung für die Kirchen, Zürich/Basel 1996; K. GABRIEL (Hg.), Religiöse Individualisierung oder Säkularisierung, Gütersloh 1996; H. BARZ, Religion ohne Institution? Eine Bilanz der sozialwissenschaftlichen Forschung, Leverkusen ³1995; A. DUBACH/R. J. CAMPICHE (Hg.), Jede(r) ein Sonderfall? Religion in der Schweiz. Ergebnisse einer Repräsentativbefragung, Zürich/Basel ²1993.

einer Transformation des Religiösen, die dadurch geprägt sind, dass in säkularen Kontexten religiöse Themen und Motive als säkulare „updates“ begegnen. Es gibt im Säkularen einen „Trend zur Religion“, der religiöses Traditionsgut im Säkularen antreffbar macht, wobei allerdings fraglich ist, ob hier Religion *als* Religion präsent wird.

3. Zerstreuungen: Profil einer Theorie religiöser Dispersion

Die gleichzeitige Verwendung der Kategorien „postreligiös" und „postsäkular" zur Kennzeichnung der religiösen Signatur der Zeit deutet darauf hin, dass auf der Bühne moderner Gesellschaften ein Stück aufgeführt wird, das zugleich vom Verschwinden und vom Fortbestand des Religiösen handelt. Es gibt nicht nur Traditionsabbrüche zu beobachten, sondern auch Umbrüche religiöser Sinnsuche und ihrer Ausdrucksformen. Wer daher angemessen über die Lage und die Zukunftschancen der Religion reden will, muss eine auf den ersten Blick widersprüchliche Doppelthese vertreten. Für die Feststellung, dass wir in einer „postreligiösen" Zeit leben, sofern Religion nicht mehr als gesellschaftliches Primärmedium der Koordination und Integration sozialer Beziehungen fungiert, aber dieses Ende nicht das Ende alles Religiösen bedeutet, sondern ihr „postsäkularer" Fortbestand außerhalb religiöser Institutionen zu registrieren ist, lässt sich jedoch nur dann Zustimmung finden, wenn Hinsichten und Perspektiven angebbar sind, die eine nichtwidersprüchliche Erklärung dieser Doppelthese leisten. Ein entsprechendes Deutungsmodell bietet die *„Dispersionstheorie der Religion"*.[43]

Der Begriff der Dispersion lässt beim Thema Religion zunächst an die Kennzeichnung eines konfessionellen Minderheitsstatus unter anderen religiösen Bekenntnissen und Denominationen denken. Er kann aber auch als Kennzeichen für die gesellschaftliche Ortung des Religiösen überhaupt betrachtet werden und bezeichnet dann die „Aussiedlung", die Diaspora, die dazu führt, dass das Religiöse seinen angestammten Platz aufgeben und verstreut in der Fremde leben muss (vgl. 1 Petr. 1,1).[44] Die heuristische Bedeutung der Kategorie Dispersion für eine Theorie sozialen und religiösen Wan-

---

[43] Zum Aufkommen dieses Modells siehe M. N. EBERTZ, Forschungsbericht zur Religionssoziologie, in: International Journal of Practical Theology 1 (1997) 268-301. Zu seiner weiteren Fundierung und phänomenologischen Ausarbeitung vgl. H.-J. HÖHN, Zerstreuungen. Religion zwischen Sinnsuche und Erlebnismarkt, Düsseldorf 1998.

[44] Vgl. etwa G. RISSE, Sammlung - Sendung - Sammlung... Fundamentaltheologie und Theologie der Diaspora, in: Ders. u.a. (Hg.), Wege der Theologie: an der Schwelle zum dritten Jahrtausend (FS Waldenfels), Paderborn 1996, 66-72. Zur kultursoziologischen Verwendung des Begriffs siehe R. MAYER, Diaspora. Eine kritische Begriffsbestimmung, Bielefeld 2005.

dels kann aber auch durch einen Verweis auf nicht-theologische Verwendungsweisen kenntlich gemacht werden. In der Physik bezeichnet „Dispersion“ die Brechung der Lichtstrahlen beim Durchgang durch unterschiedlich dichte Stoffe. Bei seinem Weg durch ein Prisma wird dabei Sonnenlicht in seine farbigen Bestandteile zerlegt. Aus der Chemie sind disperse Gebilde bekannt, die Gemische von unterschiedlichen Stoffen in gleichen Aggregatzuständen (z.B. Emulsionen, Suspensionen) oder unterschiedlichen Aggregatzuständen darstellen (z.B. Rauch mit festen und gasförmigen Anteilen). Dispersionsfarben enthalten im Wasser verdünnbare Farbpigmente und bilden nach dem Trocknen einen praktisch wasserunlöslichen Anstrich. Lässt man sich von diesen Assoziationen inspirieren, dann wird deutlich, was auch „religiöse Dispersion“ meint: die Brechung und Zerlegung religiöser Gehalte beim Auftreffen auf säkulare Felder, ihre Vermischung mit anderen Mustern der Weltdeutung und -gestaltung, ihre Überführung in andere Formen und Formate, die nicht restlos rückgängig gemacht werden können.

Zentrales Thema einer Theorie religiöser Dispersion sind vor diesem Hintergrund Veränderungen im Aggregatzustand religiöser Bestände einer Gesellschaft. Die Beschreibung einer „dispersen“ Religiosität konzentriert sich buchstäblich auf die „Liquidierung“ des Religiösen, d.h. auf die Verflüssigung der einstmals kirchlich-institutionell gebundenen Formen und Inhalte religiöser Praxis. Sie beobachtet ihr Verdunsten, aber auch ihr kulturelles Versickern und Aufgefangenwerden in den unterirdischen Bewässerungssystemen der säkularen Teilsysteme moderner Gesellschaften (Medien, Wirtschaft, Sport) ebenso wie ihre Kondensation in der Populärkultur und in den Lifestyleofferten einer zeitgemäßen „Lebenskunst“. Ihre Pointe besteht darin, dass sie die bleibende Bedeutung der Religion an den nicht-religiösen Aneignungen und Verwertungen religiöser Stoffe und Traditionen und ihre Präsenz in den nicht-religiösen Segmenten der Gesellschaft festmacht.

Die phänomenologische Grundlage einer Theorie religiöser Dispersion lässt sich in zwei Schritten ausweisen. Zunächst geht es um eine „topographische“ Bestandsaufnahme und Typologie der Formate und Formen, in denen die Gehalte traditioneller religiöser Semantik und Symbolik in modernen Gesellschaften *außerhalb* religiöser Traditionen begegnen. Hier steht im Vordergrund, in welchen Formen und Strukturen, Mustern und Fragmenten des Religiösen diese Gehalte in den säkularen Feldern der Gesellschaft antreffbar sind. In einem zweiten Schritt kann dann gezeigt werden, dass Dispersionsprozesse auch hinsichtlich der individuellen Nachfrage nach Religion zu beobachten sind. Nicht was die Menschen heute glauben können oder wollen, woran sie zweifeln und womit sie spirituell experimentieren, steht hier im Zentrum des Interesses,[45] sondern inwiefern und wie sie religiös interessiert sind, wie sich dieses Interesse mit nicht-religiösen Mustern der Selbstvergewisserung, der Suche nach Ressourcen der Selbst- und Weltakzeptanz legiert und in welcher Weise sie diesem Interesse jenseits der etablierten religiösen Institutionen und der traditionellen Formate religiöser Praxis nachgehen.

3.1. Dispersion als Dekonstruktion: Die Antreffbarkeit des Religiösen im Säkularen

Dispersion macht das Religiöse antreffbar außerhalb seiner angestammten Orte in den etablierten Kirchen und Konfessionen und jenseits der bekannten Refugien weltabgeschiedener Frömmigkeit. Das Religiöse mischt sich unter das Profane. In der Populärkultur liefert es Material für Kinofilme und Rocksongs. Die Werbung benutzt unablässig religiöse Zitate; Großunternehmen betreiben im Rahmen des „Kultmarketing“ die Inszenierung von Marken, die über die Bezeichnung von „Produktfamilien“ hinaus für Lebens(stil)entwürfe und Weltanschauungen stehen.[46] Die Organisatoren sportlicher Großereignisse leihen sich liturgische Kompetenz aus und geben ihren Eröffnungsfeiern eine sakrale Dramaturgie. Die Fußballweltmeisterschaft 2006 hat viele Zeitdiagnostiker dazu angeregt, etliche Analogien zwischen Fußball und Religion zu identifizieren.[47] Das gesamte Repertoire des Religiösen scheint hier auf: Sportarenen als Kultorte, zu denen sich die Fans in Prozessionen auf den Weg machen; die Verehrung von Helden und Heroen,

---

[45] Vgl. dazu etwa K. P. JÖRNS, Die neuen Gesichter Gottes. Was die Menschen heute wirklich glauben, München 1997.

[46] Vgl. hierzu M. SELLMANN, Art. „Kultmarketing“, in: H. Baer u.a. (Hg.), Lexikon neureligiöser Gruppen, 710-717; H. KNOBLAUCH, Populäre Religion. Markt, Medien und die Popularisierung der Religion, in: ZfR 8 (2000) 143-161; M. HORX/P. WIPPERMANN, Markenkult. Wie Waren zu Ikonen werden, Düsseldorf 1995; N. BOLZ/D. BOSSHART, Kultmarketing. Die neuen Götter des Marktes, Düsseldorf 1995. Vgl. auch zahlreiche Beispiele auf der Internetseite „www.glauben-und-kaufen.de“.

[47] Vgl. pars pro toto A. MERKT (Hg.), Fußballgott. Elf Einwürfe, Köln 2006; J. ALTWEGG, Ein Tor, in Gottes Namen!, München 2006.

deren Reliquien (in der Regel: verschwitzte Trikots) in höchsten Ehren gehalten werden; der obligatorische Kommentar zum Spielverlauf von ehemaligen Nationalspielern und Erfolgstrainern, die nun als „Seher“ und „Deuter“ von Mannschaftsaufstellung, Taktik und Erfolgschancen ihre Medienauftritte zelebrieren und zu einem eigenen Ritual ausbauen. Das Kultische ist ebenfalls „kult“ bei Lebensberatern, die ihren Klienten empfehlen, ihren Alltag mit Ritualen zu versehen, um Verlässlichkeit und Beständigkeit in den Wechselfällen des Lebens zu finden. Die Tourismusindustrie verspricht Reisen in „paradiesische“ Gefilde und die Fantasy-Literatur legt die klassischen Mytheme von Verwünschung und Erlösung, Fluch und Verheißung immer wieder neu auf.[48]

In diesen Kontexten ereignet sich die religiöse Dispersion vor allem in Prozessen der *„Dekonstruktion“*.[49] Hierbei geht es weder um die pure Destruktion noch um die Neuerfindung des Religiösen, sondern um ein zerlegendes Zusammensetzen. Zerlegt und neu zusammengesetzt wird das Ensemble religiöser Angebote, das Set religiöser Erwartungen und nicht-religiöser Bedürfnisse sowie die bisherige Zuordnung religiöser Semantik und Symbolik mit entsprechenden Funktionen und Institutionen. Religiöse Inhalte, Themen und Motive erhalten eine neue „Kennung“, d.h. sie sind über eine andere Frequenz und in anderen Sendeformaten zu empfangen. Sie sind bei Anbietern zu haben, die sich selbst nicht als religiös verstehen und für ihre Angebote eine primär nicht-religiöse Wertigkeit herausstellen. Ein signifikantes Beispiel ist etwa das anhaltende Interesse am mystischen Heilwissen der Hildegard v. Bingen. Abgelöst von seinem schöpfungstheologischen Hintergrund wird es neu arrangiert für allein therapeutische Zwecke und

---

[48] Vgl. hierzu mit zahlreichen Beispielen B. WEYEL/W. GRÄB (Hg.), Religion in der modernen Lebenswelt, Göttingen 2006, 13-188; H.-M. GUTMANN/C. GUTWALD (Hg.), Religiöse Wellness. Seelenheil heute, München 2005; M. NÜCHTERN, Die Weihe des Profanen – Formen säkularer Religiosität, in: R. Hempelmann (Hg.), Panorama der neuen Religiosität, Gütersloh 2001, 21-47, 87-94. W. ISENBERG/M. SELLMANN (Hg.), Konsum als Religion?, Mönchengladbach 2000.

[49] Die Praxis der Dekonstruktion nimmt Sinngebilde so auf, dass sie ihre überlieferte Einheit von Form und Gehalt auflöst, diese aber nicht bloß *zer*setzt, sondern neue Konfigurationen *daneben*setzt. Hierbei geht es nicht darum, den Sinn eines Gebildes in seiner originalen Bestimmtheit auszuschlagen, zu kritisieren oder zu verändern, sondern in der Vielfalt seiner möglichen Bezüge und Lesarten zu entfalten. Vgl. hierzu E. ANGEHRN, Dekonstruktion und Hermeneutik, in: A. Kern/Ch. Menke (Hg.), Philosophie der Dekonstruktion, Frankfurt 2002, 177-199.

nachgefragt von all jenen Zeitgenossen, die nach Alternativen zur Schulmedizin suchen. Hier wird nicht Religion als Therapeutikum herausgestellt, sondern eine religionsanaloge Zweitcodierung des Medizinischen vorgenommen und Gesundheit zum „Religiosum" erhoben.[50]

Die Dispersion des Religiösen zeigt sich sodann als *Deformatierung* religiöser Motive und Symbole. Hierbei geht es nicht um das Deformieren als das völlige Unkenntlichmachen eines religiösen „Labels", sondern um dessen zitierende Weiterverwendung bei einer gleichzeitigen „Umbuchung" in nicht-religiöse Deutungs- und Handlungszusammenhänge. Dies wird vor allem in der Werbung praktiziert. Der Rucksackproduzent „4YOU" zeigte vor einiger Zeit in seinen Anzeigen unter der Überschrift „Believe" Mose beim Durchschreiten des Roten Meeres; auf seinem Rücken trägt dieser einen ebenso prallgefüllten wie solide gearbeiteten Rucksack und ist auf diese Weise bestens gewappnet für eine vierzigjährige Wüstenwanderung.

Eine weitere Spielart der Dispersion des Religiösen besteht in der *„Inversion"* transzendenzorientierter Weltdeutungen. Hier ereignet sich eine „Richtungsumkehr" hinsichtlich der Verweisungsfunktion religiöser Motive und Symbole. Instruktive Beispiele liefern auch hier PR-Abteilungen der Konsumgüterindustrie und der Autobranche. In einem TV-Spot, in dem der Automobilhersteller Renault seinen neuen Kleinwagen vorstellte, wurde die Geschichte des Sündenfalls neu verfilmt. Nach biblischem Vorbild endet sie mit der Vertreibung aus dem Paradies. Auf dieses Finale läuft auch das filmische Remake zu, doch wird an einer entscheidenden Stelle der biblische Mythos „umgedreht": Adam und Eva klettern in den Kleinwagen, mit dem sie das Paradies verlassen. Dessen Fahrkomfort läßt jeden Bestrafungsgedanken vergessen. Die Vertreibung wird zu einer Vergnügungsfahrt. In der Schlußeinstellung wird zudem ein typischer neuzeitlicher Mythos eingeblendet. Man fährt ins Freie, in die Freiheit. Der Garten Eden war wohl letztlich doch ein zu enges Paradies. Dieser Überzeugung ist offensichtlich auch die Schlange, die sich als blinder Passagier auf die Rücksitze des Wagens geschmuggelt hat...

---

[50] Vgl. hierzu mit weiteren Belegen S. J. LEDERHILGER (Hg.), Gott, Glück und Gesundheit, Frankfurt 2005; A. HAUNER/E. REICHART (Hg.), Bodytalk. Der riskante Kult um Körper und Schönheit, München 2004; M. LÜTZ, Lebenslust. Über Risiken und Nebenwirkungen des Gesundheitswahns, München 2006.

Der Begriff der Dispersion steht darüber hinaus für die Abnahme einer einheitlichen, traditionell christlich geprägten Religiosität der Bevölkerung und für die stattdessen zunehmende *Diffusion*, d.h. Durchmischung von Glaubensinhalten unterschiedlicher Herkunft sowie für die Herausbildung neuer religiöser Angebote, die virtuos Versatzstücke aus verschiedenen spirituellen bzw. esoterischen Richtungen kombinieren und neu aufbereiten. Auf Esoterikmessen wird häufig geworben für Exerzitien an reizvollen (Urlaubs-)Orten, zu deren Programm ebenso Edelsteinmeditationen wie Labyrinthbegehungen und Chakrenöffnungen gehören. Ein bunter Stilmix wird angerührt, der im Dienste einer umfassenden „wellness" gleichsam das „best of" unterschiedlichster spiritueller Traditionen enthalten soll.[51]

Die Bandbreite von Dekonstruktionen des Evangeliums, die in den letzten Jahren etwa im Fernsehen zu neuen „Sinnbildern" verarbeitet wurden, deckt nahezu alles ab, was (einst) zum Bestand kirchlich institutionalisierter Christlichkeit gehörte. Religiöse Dispersion zeigt sich hier als *„mediale Adaption"* religiöser Stoffe und Motive.[52] Zu erinnern ist etwa an die Neuauflage des Gleichnisses vom verlorenen Sohn in der Sendung „Bitte melde dich" (Sat 1). Wer will, kann hier noch wahre Wunder erleben. Es genügt, einen passenden Wunschzettel an einen Sender zu schicken, sich vor laufender Kamera darüber zu grämen, einen engen Angehörigen seit Jahrzehnten nicht mehr gesehen zu haben und schon geschieht das Wunder, dass auf das Stichwort des Moderators eben jener Verwandte aus den Kulissen hervorkommt und man sich tränenreich in die Arme fällt. Man kann sich auch selbst als barmherziger Samariter erweisen und in den Sparten des „Charity-TV" („Menschen für Menschen") – vorzugsweise im Advent – sich an Spendenaufrufen beteiligen. Es ist sogar möglich, Zeuge der Wiederauferstehung Verstorbener zu werden. Wird in den 20-Uhr-Nachrichten der Tod eines prominenten Schauspielers vermeldet, geschieht dies nicht ohne den Hinweis, dass er am selben Abend noch einmal in einem seiner größten Kinoerfolge zu sehen sein

[51] Vgl. hierzu auch W. JÄGER/Ch. QUARCH, »...denn auch hier sind Götter«. Wellness, Fitness und Spiritualität, Freiburg/Basel/Wien 2004.

[52] Vgl. hierzu mit zahlreichen Beispielen Th. H. BÖHM, Religion durch Medien – Kirche in den Medien und die „Medienreligion", Stuttgart 2005; E. HURTH, Zwischen Religion und Unterhaltung. Zur Bedeutung der religiösen Dimension in den Medien, Mainz 2001; J. REICHERTZ, Die Frohe Botschaft des Fernsehens, Konstanz 2000.

wird. Prompt ereignet sich nach 23 Uhr seine elektronische Wiederauferstehung.

Fernsehsendungen haben nicht nur Schau- und Zeigefunktionen; sie vermitteln auch das, was sie zeigen, und erfüllen damit rudimentär die theologischen Definitionsbedingungen eines Sakramentes. Öffentlich Sündiges bekennen und Vergebung erlangen kann man in den zahlreichen Talkshows. Den großen medialen Segen gab es zeitweise für Heiratswillige in der „Traumhochzeit" (RTL), im Kleinformat ist er seit 1996 im ZDF erhältlich gewesen bei Nina Ruge, die ihr Klatsch- und Glamourmagazin „Leute heute" 10 Jahre lang mit dem Schlußsatz verzierte: „Alles wird gut!". Bis es so weit ist, sind die nachmittäglichen Gerichtsshows zu überstehen, deren Dramaturgie der christlichen Eschatologie nahekommt.

Den skizzierten Erscheinungsformen religöser Dispersion ist gemeinsam, dass viele der in den Medien und im ökonomischen Markenkult antreffbaren Fragmente und Versatzstücke des Christentums auf ihren religiösen Hintergrund kaum noch transparent sind. Sie sind hinsichtlich ihrer christlichen Herkunft „anonymisiert", haben aber eine gewisse Aura oder Assoziativkraft „in Richtung Religion" behalten. Sie erinnern im Phänotyp, in Ästhetik und Semantik noch an die alten Erscheinungsformen – wie etwa diverse Videoclips belegen, die „Coverversionen" gregorianischer Choräle bieten. Aber in solchen Verpackungen stecken keine Inhalte mehr, mit denen sich eine konkrete religiöse „Kennung" verbindet. Es sind diese entkonfessionalisierten und dekontextualisierten „updates" religiöser Traditionen, in denen die Religion medial und kulturell antreffbar ist. Religion besteht fort als Fundus ökonomischer Marketingstrategen, als Lieferantin von Zeichen und Symbolen, die aus ihrem ursprünglichen Sinnzusammenhang gerissen werden und für Werbezwecke herhalten müssen, als kulturelles Treibgut, das an nicht-religiöse Ufer angeschwemmt wird und dort auf die säkulare Restverwertung wartet. Wo das Religiöse im Säkularen begegnet, ist und bleibt es säkularen Regeln unterworfen.

Einen instruktiven Beleg für diese Unterwerfung in Form einer medialen Dekonstruktion religiösen Rollenhandelns lieferte die Serie „Schwarz greift ein", die vom Fernsehsender SAT 1 über mehrere Jahre hinweg ausgestrahlt wurde: Schauplatz ist die Pfarrei St. Antonius im Frankfurter Bahnhofsviertel, im Mittelpunkt des Geschehens steht ihr Pfarrer Henning Schwarz. Allerdings haben wir es hier nicht mit einer der inzwischen außer Mode geratenen Pfarrerserien zu tun. Nicht die Arbeit in der Pfarrei, nicht die persönlichen Krisen und Konflikte des Pfarrers, nicht Zölibat und Kirchensteuer stehen im Vordergrund. „Schwarz greift ein“ ist eine Krimiserie, ihr Titelheld ein ehemaliger Fahnder der Kriminalpolizei, der nach seiner Priesterweihe nun als „Detektiv Gottes“ aktiv wird. Diebstahl, Mord, Erpressung – Schwarz greift ein und ist seinen ehemaligen Kripokollegen meist einen Schritt voraus. Denn er ist nicht nur mit kriminalistischem Spürsinn ausgestattet, sondern kennt auch etliche „himmlische Tricks“, um Täter zu überführen und bisweilen Gnade vor Recht ergehen zu lassen. Dass „Schwarz greift ein“ nicht als Pfarrer-, sondern als Krimiserie konzipiert wurde, ist kein Zufall. Hier wird symptomatisch deutlich, wie es um die gesellschaftliche Nachfrage nach Religion steht: Für sich allein genommen ist Religion nicht mehr interessant genug. Religion kann nur dann Aufmerksamkeit und Beachtung finden, wenn sie das, was von sich aus bereits interessant ist, auf neue Weise noch einmal interessant macht. Religiöse Akteure finden nur wenig Publikum, wenn sie in ihrer angestammten Hauptrolle auftreten. Wer allein den Glauben vertritt – sola fide – bleibt mit seinem Glauben meist allein. Religiöse Akteure müssen in der Lage sein, auch in anderen Gewändern aufzutreten – sola fide numquam sola. Für Drehbuch und Regie sind sie dabei nicht mehr verantwortlich und ehe sie auf die Besetzungsliste kommen, müssen sie ein entsprechendes „casting“ überstehen.

Wo Religion nicht mehr durch sich selbst, d.h. durch Religion auf sich aufmerksam macht, muss sie Funktionen miterfüllen, die keine religiösen sind. Andernfalls wird sie nicht wahr- und ernstgenommen. Dieser Umstand verstärkt den Verdacht, dass die ökonomischen, ästhetisch-medialen und therapeutischen Dekonstruktionen, Dekontextuierungen und Inversionen religiöser Themen, Symbole und Überlieferungen in Wahrheit Dubletten eines ökonomischen, therapeutischen oder ästhetisch-medialen Verhältnisses des Menschen zu sich selbst und seiner Welt sind. Einstweilen bleiben lediglich die ästhetischen und therapeutischen Erlebnisformate und Folgewirkungen der Religion erhalten; ihre Inhalte aber werden im Lauf der Zeit aufgezehrt. Kurzum: Das Erscheinungsbild der dispersen Religion ist nur noch „religions*förmig*“, benutzt werden religiös konnotierte Layouts, Ästhetiken und Semantiken für nicht-religiöse Inhalte und Ziele.

3.2. Zwischen Sinnsuche und Eventkultur: Formen und Formate disperser Religiosität

Seit geraumer Zeit findet eine umfassende Neuformatierung der Nachfrage nach Religion statt, die auf der Subjektseite gleichsam das Gegenstück zum Prozess der Dispersion und Dekonstruktion religiöser Traditionen bildet.[53] Wer sich überlegt, aus der Säkularität zum Religiösen zu konvertieren, übt sich ebenfalls in der Praxis des „zerlegenden Zusammensetzens". Aufgebrochen und aufgefächert werden dabei bisherige Sets einer Glaubenspraxis, die am kompletten kultisch-rituellen und lehrmäßigen Depositum einer Religion orientiert war. Sie stehen fortan im Dienst des individuellen Selbsterlebens, wobei sie häufig in nicht-religiöse Strategien, Verfahren und Formen der Selbstvergewisserung implementiert werden.

Besonders hervor sticht der Trend zu einer „erlebnisorientierten" Religiosität, die Tendenz zur „Subjektzentrierung", „Ästhetisierung" und „Psychologisierung" religiösen Suchens und Findens.[54] Neu formatiert wird vor allem die Einstellung gegenüber möglichen Quellen religiöser Daseinsvergewisserung. An die Stelle der Autorität überlieferter heiliger Schriften tritt auch bei den Anhängern des Christentums - vor allem in pfingstlerischen und charismatischen Gruppen - zunehmend die im eigenen Erleben gefundene Glaubensgewissheit. Wie alle religiös Aufgeschlossenen dieser Tage suchen sie Indizien dafür, dass die Türen der Offenbarung nicht schon vor 2000 Jahren definitiv geschlossen wurden. Ihr Pochen auf Gottesunmittelbarkeit im religiösen Erleben tritt ein für die Ebenbürtigkeit mit der Gründergeneration des Christentums. Sie wollen sich nicht zufriedengeben mit „second-hand-Artikeln" der Kirchengeschichte, mit Abschriften einer einmaligen und unwiederholbaren Offenbarung Gottes. Ihr Interesse gilt neuen Möglichkeiten des Direktkontakts mit dem Unbedingten, von denen nur bekannt ist, dass sie Wege der (Selbst-)Erfahrung und des eigenen Erlebens sein sollen.

---

[53] Vgl. etwa H. KOCHANEK (Hg.), Ich habe meine eigene Religion. Sinnsuche jenseits der Kirchen, Zürich/Düsseldorf 1999.

[54] Zur nachfolgenden Typologie vgl. auch H.-J. HÖHN, Zerstreuungen, 68-74; DERS., Vom Lebenssinn zum Lebensstil? Religiöse Spurensuche in modernen Erlebniswelten, in: Renovatio 55 (1999) 67-74; DERS., Unverbindliche Bindungen. Zur Pluralisierung und Individualisierung von Religion, in: J. G. Piepke (Hg.), Einheitsglaube oder Einheit im Glauben?, Nettetal 2001, 93-124.

Solche Formen einer Aneignung des Religiösen besitzen hinsichtlich der von J. Habermas angefragten Artikulationskraft einer postsäkularen Spiritualität für moralische Intuitionen, insbesondere im Hinblick auf sensible Formen eines humanen Zusammenlebens, zunächst nur wenig Relevanz. Während in den 1970er Jahren noch eine sich sozial und politisch definierende Religiosität die Relevanz jeder Glaubenspraxis an gesellschaftlich erhofften Auswirkungen festmachte, hat sich die subjekt- und erlebniszentrierte Nachfrage nach Religion seit den 1990er Jahren zunehmend mit ästhetischen und therapeutischen Interessen legiert. Dies zeigt sich zum einen darin, dass eine stark erlebnisorientierte Religiosität häufig zugleich *innenorientiert* ist, d.h. sie hält religiöse Objektivierungen (Riten, Bekenntnisse) nur insoweit für belangvoll, wie sie bestimmte Wirkungen *im* religiösen Subjekt hervorrufen: Gefühle, Stimmungen, Ekstasen, Betroffenheit, Ergriffenheit, Trance, die vom Subjekt als heilsam, befreiend, bewusstseinserweiternd, tröstend, erhebend etc. empfunden werden.

Das Paradigma „Innenorientierung" und „Selbsterfahrung" findet seinen empirischen Reflex auch in der *Psychologisierung* religiöser Erfahrung. Die Betonung des Gefühls, die Hervorkehrung mystischer Traditionen bei der Erkundung der unbekannten Tiefenschichten der Psyche als Lagerstätten unbewußter Potenzen des Subjekts deuten darauf hin, dass der Wegfall gesellschaftlich abgestützter Plausibilitäten in religiösen Fragen für das Individuum folgenlos bleibt. Es baut sich in seiner Innenwelt einen eigenen Plausibilitätshorizont auf. Vor diesem Hintergrund ist auch der Erfolg der von Eugen Drewermann angestoßenen tiefenpsychologischen bzw. therapeutischen „Inversion" religiös-metaphysischer Aussagen zu sehen. Der neuzeitliche Einsturz metaphysischer Gewissheiten bleibt hier folgenlos. Das „Woher" religiöser Offenbarungen erweist sich im Zug der Entdeckung des Unbewussten als das über eine „Transzendenz nach innen" zugängliche menschliche Selbst. Was zuvor „von oben" kam, „außerhalb" und unabhängig vom Menschen als „höhere Macht" vorgestellt wurde, wird nun als Aufbruch aus den Tiefen der menschlichen Psyche gedeutet. Matrix für die Plausibilität aller Theologoumena ist das Ensemble archetypischer Bilder der Seele.

Dieser Rückbezug auf das religiöse Erlebnis bietet zudem den Vorzug, dass er alle Formen eines institutionell-kirchlichen Zugriffs auf das religiöse Bewusstsein unterläuft, was wiederum einem Grundzug der Moderne mit einer umfassenden Individualisierung der Lebensformen entgegenkommt. Religion im Zeitalter der

Individualisierung wird hier unversehens zu einer Anleitung für psychische Transzendenzen. Auch religiöse Auslandsreisen in den Fernen Osten enden letztlich in der Innenwelt des Subjekts. Wer Reisekosten sparen will, lässt sich zum „Psychonauten" des eigenen Selbst ausbilden und spürt jene inneren Ressourcen von Kreativität und Energie auf, ohne die im harten Wettbewerb um soziale Anerkennung, Karriere und privates Glück kaum etwas zu erreichen ist.

Eine solche Form der Spiritualität teilt in hohem Maße noch die Prämissen säkularen Denkens, von denen sie eigentlich loskommen möchte. Säkulares Denken will sich nicht höheren Mächten und Gewalten unterstellen, sondern diese selbst sein und ausüben. Es erhebt die (Immanenz der) Welt zum Inbegriff des Wirklichen und zur Ganzheit dessen, was der Fall ist. Sollte das, wofür die Begriffe „Transzendenz" oder „Gott" stehen, auch der Fall sein, so müssten dies Aspekte oder Attribute der Welt sein. Fällt die Möglichkeit eines solchen Nachweises weg, werden religiöse Vollzüge gegenstandslos und die religiöse Sprache inhaltsleer. Die Welt verspricht dann nur noch sich selbst; sie wird zu einem Komplex, in dem alle Unterscheidungen von Immanenz und Transzendenz, Innen und Außen, Gott und Welt in ihm selbst zusammenfallen.

Die Phänomene der religiösen Erlebnissuche, der Innenorientierung sowie der ästhetisch-psychologisch bzw. therapeutisch bestimmten Plausibilität religiöser Gehalte sind zwar primär diesseits und jenseits des kirchlich institutionalisierten Christentums zu finden. Aber längst lassen sich entsprechende Umstellungen ebenfalls in den Vollzugsformen und Ausdrucksgestalten kirchlicher Glaubenspraxis nachweisen. Dabei fällt auf, dass auch hier die sozialintegrative Funktion der Religion hinter ihre biographieintegrative Funktion zurücktritt. Institutionelle Religionszugehörigkeit und religiöse Praxis werden prinzipiell entkoppelt. Die Devise lautet „believing without belonging" (G. Davie). Die Nachfrage nach Riten und Symbolen, die in der Regie religiöser Institutionen stehen (z.B. kirchliche Trauung) richtet sich auf Formen, die allenfalls im Institutionellen das Individuelle akzentuieren. Es geht den Nachfragern häufig mehr um das Ritual als solches und um die darin aufscheinende Relevanz des Ereignisses, um dessen willen es dieses Ritual gibt, als um eine „offizielle" Sinndeutung (z.B. Unauflöslichkeit der Ehe). Das Interesse an religiösen Inhalten bemisst sich auch hier weitgehend danach, ob und inwieweit sie Prozesse der Selbstthematisierung und Selbstbestätigung in Gang setzen.

Die Gründe für diese Tendenzen dürften überwiegend im nichtreligiösen Bereich liegen. Das Individuum ist in einer differenzierten und komplexen Gesellschaft in seiner Lebensführung immer häufiger abhängig von Lebensbedingungen, die sich seiner individuellen Steuerung und Beeinflussung entziehen. Aufgrund des Bedürfnisses, wenigstens über die Gestaltung der eigenen, engeren Lebenswelt autonom und souverän zu verfügen, kommt es zur Ausprägung von Lebensstilen, die Ausdruck eines Entwerfens und Experimentierens mit variablen Mustern von „Lebenssinn" sind. Eine Religionszugehörigkeit, die gekoppelt ist mit einer festen und kontinuierlichen institutionellen Zuordnung, ist darum im Rückgang begriffen. Religion nach dem Ende kommunitär verfasster und definierter Zugehörigkeiten transformiert sich zur „Individualreligion", bei der Phänomene der „spirituellen Selbstmedikation" zu beobachten sind. Aus langer Selbsterkundung weiß das Individuum besser als jeder Religionsexperte, was ihm fehlt und zu ihm passt. In Esoterikkreisen kursiert seit langem die Formel „Was Gott ist, bestimme ich!"[55] Luthers Frage „Wie finde ich einen gnädigen Gott?" heißt nicht mehr: „Wie werde ich den Anforderungen Gottes gerecht, dass er mir gnädig wird?" Im Zentrum steht jetzt das Problem: „Wie finde ich einen Gott, der mir und meinen Bedürfnissen gerecht wird?"

Religiöse Individualisten sind jedoch nicht ex definitione „unsoziale" Mitmenschen. Wie erzwungene Gemeinsamkeiten zu einer Betonung des Individuellen führen, so weckt die Individualisierung des Lebens eine neue Bereitschaft zur Interaktion. Nicht selten zeigen sich religiöse Individualisten als „anlehnungsbedürftige Einzelgänger", die auf der Suche nach einer doppelten Gnade sind: Sie möchten ein eigener Mensch sein, aber sie wollen es nicht allein sein müssen. Ihre Individualität soll bestätigt und zugleich transzendiert werden. Daher begeben sie sich auf die Suche nach temporären Gemeinschaften. Sie favorisieren zeitlich und räumlich begrenzte Kontakte, passagere Zugehörigkeiten, partielle Identifikationen. Religiöse Singleexistenzen finden sich in scheinbar zufälligen „Erlebnisgemeinschaften" wieder, weil sie die Orientierung an demselben Typ von Erlebnissen zusammenführt – und nicht das Interesse an kommunitären Mitgliedschaften. Gesucht werden Er-

---

[55] Vgl. hierzu auch H. KNOBLAUCH, „Jeder sich selbst sein Gott in der Welt" – Subjektivierung, Spiritualität und der Markt der Religion, in: R. Hettlage/L. Vogt (Hg.), Identitäten in der modernen Welt, Opladen 2000, 201-216; R. HITZLER, Individualisierung des Glaubens, in: A. Honer u.a. (Hg.), Diesseitsreligion, Konstanz 1999, 351-368.

lebnisse, die ein „unbestimmtes Besonderes“ zum Thema haben. Die Berliner „Love Parade“ kommt ebenso wie das Bonner Feuerwerks- und Touristenspektakel „Rhein in Flammen“ oder eine „Halloween“-Party ohne bekenntnismäßige Zugehörigkeiten aus. Das Außerordentliche wird hier nicht durch Exklusivitäten einer Doktrin definiert. Dennoch sind alle bei etwas Besonderem dabei. Ihnen wird die Gnade zuteil, etwas Besonderes und etwas Gemeinsames zu erleben, ohne Abstriche an ihrer Individualität machen zu müssen. Sie erleben etwas Außeralltägliches, das gemeinsam kommuniziert wird.

Kulte des Außergewöhnlichen und die Suche nach dem Spektakulären, Einmaligen und Unwiederholbaren favorisieren als Ausdrucksmedium das Ästhetische, das Erleben einer besonderen Atmosphäre, die Weckung und Teilhabe großer Gefühle. Bisweilen überrascht dieser Umstand selbst professionelle Religionsdeuter. Zu einem ebenso bilder- wie stimmungsreichen Ereignis wurde der Weltjugendtag im August 2005 in Köln und zuvor die Pilgerfahrt von Millionen Jugendlicher nach Rom, um dem sterbenden Papst eine letzte Ehre zu erweisen. Ins Leere liefen die Fragestereotypen der Journalisten, die es auf papstkritische Äußerungen abgesehen hatten und von den Jugendlichen wissen wollten, wie sie es mit Kondomen und päpstlicher Unfehlbarkeit hielten. Hier war die Nachfrage nach Religion jenseits von Dogma und Moral angesiedelt.

Die Medien schalteten bei beiden Großereignissen schnell um: „Wie ist die Stimmung?“ – keine Reporterfrage war häufiger zu hören als die Erkundigung nach Atmosphäre und Befindlichkeit der Menschen auf dem Petersplatz in den letzten Tagen von Johannes Paul II. Zunächst deutete ihre häufige Wiederholung auf eine journalistische Verlegenheitsreaktion angesichts fehlender neuer Fakten, Zahlen und Daten, die man hätte durchgeben können. Außer einem wachsendem Zustrom von Menschen auf dem Petersplatz passierte jedoch nichts, das wirklichen Nachrichtenwert hatte. Behalfen sich die Medien deswegen mit der Beschreibung von Emotionen: Ergriffenheit, Andacht, Trauer? Mag sein. Aber sie erfassten mit „Stimmung“ noch etwas anderes, das am ehesten auf das religiöse Moment dieser Tage verweist. Wenn es einen besonderen „spirit“ gab, der diese Tage eines öffentlichen Papststerbens und deren Botschaft bestimmte, dann hatte er mit der „Einstimmung“ der Menschen vor der Peterskirche zu tun. Sie ließen auf dem Platz einen Resonanzraum entstehen.

Für die Beobachter blieb jedoch weithin offen, was diesen Raum füllen sollte. War die Stimmung nur ein Symptom für die prekäre Mischung von religiöser Sehnsucht und Sensationsgier? Haben hier moderne Eventkultur, voyeuristische Schaulust und religiöse Gemeinschaftsbildung zueinander gefunden?[56] Verdanken sich die überwältigenden Eindrücke der Teilnehmer/innen am Weltjugendtag nur einem oberflächlichen „Religiotainment"[57] und der kirchlichen Adaption säkularer Inszenierungskunst?[58] Oder ging es hier um die Manifestation einer spezifischen religiösen Unbestimmtheit, die eine „tentative" Transzendenzbewegung darstellt, indem die Beteiligten nach etwas greifen, von dem sie hoffen, dass es sie ergreift?

Dass bei religiösen „events" die „Stimmung" vor Ort den Ausschlag für ihr Gelingen gab, ist sicher kein Zufall. Diese ästhetische Kategorie macht eine auch unter professionellen Religionsdeutern häufig verkannte Bedingung religiöser Erfahrung deutlich: Gefühle und Stimmungen zeigen nicht nur, wie es um jemanden steht und wie jemandem „zumute" ist; sie „offenbaren" dem Subjekt auch, was in seiner Welt vorgeht. Sie haben insofern auch eine epistemische Bedeutung. In einer bestimmten Stimmung erst geht dem Erkennenden etwas erlebnis- und gefühlsmäßig auf. Wie jemand „aufgelegt" ist, entscheidet darüber mit, was bei ihm und wie er bei anderen ankommt. Wer „indisponiert" ist, bringt kaum etwas Überzeugendes zustande. Wo Dissonanzen bestehen, wird spürbar, dass etwas Entscheidendes fehlt. Unstimmigkeiten zeigen ex negativo auf, was fehlt und passt. Am Beispiel der Musik wird deutlich, welche Bedeutung dieser Umstand hat: Sich aufeinander abzustimmen und auf ein Geschehen einzustimmen, lässt dieses erst zustandekommen. Jeder Musiker muss sein Instrument erst stimmen, bevor er darauf spielen kann und das Instrument zu seiner „Stimme" und der des Komponisten wird. Es reicht nicht, eine Partitur virtuos herunterzuspielen. Mit einem verstimmten Instrument wird dabei lediglich Lärm erzeugt. Ebenso braucht es einen Resonanzraum und ein Publikum, das nicht weniger eingestimmt werden

---

[56] Siehe hierzu H. HOBELSBERGER, Religion in der Sozial- und Erlebnisform des Event, in: KatBl 131 (2006) 53-59; M.-A. SEIBEL, Organisierte Einzigartigkeit?, in: ebd., 60-64. Vgl. ferner W. GEBHARDT u.a. (Hg.), Events. Soziologie des Außergewöhnlichen, Opladen 2000.

[57] Th. MEYER, Die Ironie Gottes. Religiotainment, Resakralisierung und die liberale Demokratie, Wiesbaden 2005, 64-73.

[58] Vgl. J. FRÜCHTL/J. ZIMMERMANN (Hg.) Ästhetik der Inszenierung, Frankfurt 2001.

muss als Instrumente und Orchester, damit „alles stimmt". In ähnlicher Weise sind auch religiöse Erfahrungen darauf angewiesen, dass eine besondere Disposition, eine besondere Atmosphäre besteht, damit sich das einstellen kann, was dem Menschen fehlt und sich in die Leerstellen seiner Existenz einpasst.[59] Auch hier kommt es darauf an, „in Stimmung" gebracht zu werden.

Stimmungen sind das (inter-)subjektive Pendant dessen, was nur erspürt werden kann und nur im Spüren wirklich und wahr wird. Stimmungen öffnen einen Zugang zur Anwesenheit dessen, das eine Spur durch das Fühlen des Menschen zieht. Es ist dasjenige, das ihm nicht in den Kopf will, sondern ins Herz trifft. Dazu aber bedarf es einer Gegebenheitsweise, für die der Mensch resonanzfähig ist – eben dies sind die Atmosphären ästhetischer und religiöser Erfahrung. Atmosphäre aber gibt es nur trans- und intersubjektiv.[60] Darum suchen die religiös Aufgeschlossenen dieser Tage, die spüren und fühlen wollen, was man glauben kann, auch Gemeinschaftserlebnisse. Sie erweisen sich als anlehnungsbereite Individualisten; sie lassen sich von überkommenen Traditionen anrühren, behalten sich aber vor, selbst Nähe und Distanz zum Geschehen zu bestimmen. Sie wollen ein eigener Mensch sein und bleiben, ohne dabei gesellschaftlich und spirituell zu vereinsamen. In die Atmosphäre religiöser Großereignisse einzutauchen, ermöglicht ihnen diese doppelte Gnade.

---

[59] Vgl. hierzu G. SCHERER, Grundphänomene menschlichen Daseins im Spiegel der Philosophie, Düsseldorf/Bonn 1994, 42: „Wichtig ist es zu sehen, daß die Stimmungen alles innerweltlich Seiende in ein bestimmtes Licht tauchen. Dem heiter Gestimmten erscheint alles im Licht seiner Heiterkeit. Er fühlt sich als der heitere Mittelpunkt einer heiteren Welt. Wir sprechen aber von Heiterkeit nicht nur im Sinne einer subjektiven Befindlichkeit. Wir kennen auch heitere Farben, Landschaften, Zimmer, eine heitere Musik und ein heiteres Wetter. Wir können so von gewissen Dingen sprechen, weil das Was und Wie ihres Seins dem entspricht, was wir in uns erfahren, wenn wir heiteren Gemüts sind. Dann kann es geschehen, daß wir durch die Wahrnehmung des Heiteren selber heiter werden, aber auch, daß wir, wenn wir heiteren Gemüts sind, das Heitere in der Welt erst entdecken und wahrnehmen. So wird Heiterkeit zu einer Atmosphäre, in deren Licht alle Dinge erscheinen, ein alles umfassender Horizont." Vgl. hierzu auch H. SCHMITZ, Gefühle als Atmosphären und das affektive Betroffensein von ihnen, in: H. Fink-Eitel/G. Lohmann (Hg.), Zur Philosophie der Gefühle, Frankfurt 1993, 33-56 sowie O. F. BOLLNOW, Das Wesen der Stimmungen, Frankfurt ^{4}1963.

[60] Vgl. dazu etwa G. BÖHME, Aisthetik, München 2001, 45-71; DERS., Atmosphäre. Essays zur neuen Ästhetik, Frankfurt ^{3}2000; DERS., Anmutungen. Über das Atmosphärische, Ostfildern 1998.

Stimmungen sind selten etwas Beständiges. Viele Jugendliche (und Erwachsene) am Rande des Kölner Weltjugendtages verspürten zweifellos eine Sehnsucht nach Religion – und beließen es aber auch dabei. Der Katholikentag 2006 vermochte keine besondere Attraktivität mehr für sie zu entwickeln. Zudem liegt in Stimmungen und Atmosphären auch die Gefahr der Projektion und Manipulation.[61] Stimmungen sind keineswegs unbeeinflussbare Befindlichkeiten, vielmehr lassen sie sich wecken und verändern. Entsprechend skeptische Äußerungen sind darum vermehrt neben Reportagen von der Faszination des Erlebten gerückt. Skeptiker und Kritiker bezweifeln, ob die religiösen events der letzten Jahre mehr als religiöse Strohfeuer gewesen sind. Nicht die Religion scheint ihnen ein Comeback zu erleben, vielmehr handelt es sich allein um die vorübergehende Wiederkehr eines Bedürfnisses nach Religion. Nicht die Religion ergreift demnach die Menschen, „sondern die Menschen greifen nach etwas, was sie für das Religiöse halten; sie spüren ein Vakuum und möchten es aufgefüllt sehen".[62] Erschöpft sich darin bereits ein „postsäkulares" Interesse an Religion? Lebt das Religiöse lediglich in und von stimmungsvollen Inszenierungen, die sich am ehesten mit ästhetischen Kategorien beschreiben lassen? Ist es ein bloß „passageres" Phänomen? Ist der moderne Mensch – wenn überhaupt – nur noch „vorübergehend" religiös?

Ob die in diesen Fragen verborgenen Annahmen berechtigt sind, lässt sich nicht entscheiden, wenn die neuen Formate einer religiösen Nachfrage unabhängig von aktuellen säkularen Mentalitäten betrachtet werden. Die skizzierten Formen einer religiösen Dispersion in Gestalt einer „erlebnisorientierten" Religiosität, die Tendenz zur „Subjektzentrierung", „Ästhetisierung" und „Psychologisierung" religiösen Suchens und Findens signalisieren zunächst für die Frage, *als* was Religion hierbei nachgefragt wird, dass dieses hermeneutische „als" abhängig ist von den Selbst- und Situationsdefinitionen des Individuums. Diese entwirft es aber nicht gänzlich „aus sich", sondern immer auch in Relation zu den Selbstdefinitionen der Gesellschaft: In der „Wellnessgesellschaft" stehen ganzheitliche Gesundheit und Work/live-Balance auf der Werte- und Relevanzskala ganz oben. Die „Erlebnisgesellschaft" prämiert al-

[61] Wegen dieser Gefahr die Kategorien „Stimmung" und „Atmosphäre" nur zum Gegenstand religionskritischer Reflexionen zu machen, hieße eine Konstellation auszublenden, die ebenso religiöse Phänomene *er*stellen wie diese *ver*stellen kann. Vgl. dazu H.-J. HÖHN, Die Sinne und der Sinn. Religion – Ästhetik – Glaube, in: IkaZ 35 (2006) 433-443.

[62] H. SCHNÄDELBACH, Wiederkehr der Religion?, in: Universitas 60 (2005) 1131.

les, was ein „event" verspricht und intensiv die Sinne anspricht. Verstärkt werden diese Trends und Tendenzen durch ein Folgeproblem der Individualisierung und funktionalen Differenzierung moderner Gesellschaften. Diese binden die Individuen mit ihrer Individualität und dem Ganzen ihrer Persönlichkeit nicht gänzlich in ihre Teilsysteme ein, sondern immer partiell und zeitweise – in der Politik als Wähler/in, in der Wirtschaft als Produzent/in oder Konsument/in – und überlassen ihnen die Integration dieser Rollenvielfalt in eine individuell herzustellende Identitätsmatrix. Es gibt keine soziale Instanz mehr, die jeden Menschen „ganz" in Beschlag nehmen könnte. Wer – wie die Kirche – meint, von der Wiege bis zur Bahre eine solche Beschlagnahme dennoch vorzunehmen, gerät in Konflikt mit den Ansprüchen anderer Teilsysteme, die die Individuen jeweils nur partiell beanspruchen. Der Versuch einer sozialen Größe, ein Individuum ganz beanspruchen zu können, wird somit relativiert und neutralisiert durch andere Teilsysteme, die den Menschen nur befristet beanspruchen können. Die Vielzahl partieller Beschlagnahmen verhindert die völlige Beschlagnahme durch eine einzige Größe.

Dies sieht vom Individuum aus betrachtet zunächst wie eine Erhöhung seiner subjektiven Freiheits- und Unabhängigkeitsgrade aus. Allerdings erweist sich gerade dieser Umstand aus der Perspektive der Gesellschaft als funktionale Voraussetzung ihres Bestehens. Gefragt in einer arbeitsteiligen Gesellschaft ist das mobile und flexible Subjekt, das nur „auf Zeit" ihren Teilsystemen angehört und für das diese vorübergehende Partizipation die moderne Weise der Zugehörigkeit zu einer Gesellschaft und der sozialen Integration geworden ist. Die sozio-strukturell bedingte Freisetzung des Individuums konfrontiert vor diesem Hintergrund die Menschen in steigendem Maß mit zuvor unbekannten Problemen der Daseinsgestaltung. Jede/r Einzelne ist in einer differenzierten und komplexen Gesellschaft in Fragen der Lebensführung immer häufiger abhängig von Lebensbedingungen, die sich einer individuellen Steuerung und Beeinflussung entziehen. Übrig bleibt die Aufgabe, sich Lebensführungsgewissheiten anzueignen, die ein Individuum in einer unübersichtlichen Welt manövrierfähig halten. Wo in einer Gesellschaft mit verteilten Zuständigkeiten übergreifende Sinnzusammenhänge nicht mehr bestehen, kann die Sinnhaftigkeit des Lebens nur noch in einem eigenverantwortlichen und selbstdefinierten Umgang mit dem Leben erfahren werden. Dabei kommt es zur Ausdifferenzierung von Lebensstilen, die Ausdruck eines Entwerfens und Experimentierens mit variablen Mustern von „Lebenssinn" sind. Das Religiöse begegnet hier als Impulsgeber und Katalysator solcher Prozesse.

Man kann in dieser Konstellation durchaus ein „säkularisierungsresistentes" Bezugsproblem eines religiösen Bewusstseins sehen. Religion hat es mit dem Protest zu tun, allen fragmentarischen, negativen, ambivalenten Erfahrungen zum Trotz eine konsistente Lebensdisposition nicht aufzugeben, um ein eigenes Leben führen zu können. Mag der Lebensalltag in funktional differenzierten Gesellschaften weithin einer eigenen Logik und Rationalität folgen, so bedarf es doch eines Vermögens, das von den einzelnen säkularen Teilsystemen nicht bereitgestellt wird, angesichts der Wechselfälle des Daseins diesen Alltag bestehen zu können. Dass dieses Vermögen erworben und ausgeübt wird, liegt sowohl im Daseinsinteresse des Individuums als auch im Stabilitätsinteresse der Gesellschaft. Insofern ist die disperse und hochgradig individualisierte Form der sozialen Präsenz des Religiösen kompatibel mit einer Gesellschaft, die für religiöse Institutionen tendenziell keinen strukturellen Außenhalt mehr vorsieht. Sie erweist sich auch als modernisierungskompatibel, da nicht absehbar ist, ob und wann die Nachfrage nach „bestimmungsoffenen" und biographienahen Sinnofferten zum Erliegen kommt.

3.3. Die Kunst der Bestreitung: Hermeneutisch-kritische Aufgaben einer Phänomenologie der Religion

Für die Frage, als was Religion weiterlebt, die ihr Ende als soziostrukturell abgestützte Konfession hinter sich hat, ergibt sich angesichts der Vielfalt der „Dekonstrukte" herkömmlicher Glaubensformen kein klarer und einheitlicher Befund. Die skizzierten Phänomene sind divergent im Erscheinungsbild und provozieren auch divergierende Stellungnahmen. Angesichts des empirisch gedeckten Dementis einer „religionslosen" Moderne ist vor allem in der Theologie die Versuchung groß, in den verschiedenen religiösen Suchbewegungen einen bereits vom Geist Gottes getragenen „Megatrend" zu erblicken.[63] Man glaubt neue Indizien für die alte Auf-

[63] In besonderer Weise trifft dies zu auf die zwar sehr materialreiche, aber methodologisch unbefriedigende Studie von R. POLAK, Religion kehrt wieder, a.a.O. Als Ausgangsbasis wird eine „theologische Situationsanalyse der religiösen Si-

fassung gefunden zu haben, dass Religion eine anthropologische Konstante sei, und macht sich Hoffnungen, die bleibende religiöse Ansprechbarkeit des modernen Menschen als Resonanzverstärker für den fälligen Versuch einer Neu-Evangelisation betrachten zu können. Unversehens wird dabei der Trend der Innenorientierung umdeklariert als „Suche nach dem wahren Selbst, das untrennbar mit Gott verbunden ist".[64] Aus der Beobachtung, dass die Individualisierung des Lebens eine neue Bereitschaft zur Interaktion generiert und sich religiöse Individualisten als anlehnungsbedürftige Einzelgänger erweisen, wird bereits gefolgert, dass sie auf der „Suche nach dem letzten Du"[65] sind. Das therapeutische Bedürfnis nach Heilung wird gleichgesetzt mit der „Suche nach Heil"[66] und die Suche nach einem Festland im Meer der Kontingenz erhält die Überschrift „Suche nach Festigkeit: Suche nach Gott".[67] Zwar wird eingeräumt, dass solche Zuschreibungen einhergehen müssen mit einer Prüfung und „Scheidung der Geister". Es wird jedoch übersehen, dass mit dieser theologischen Aufgabe auch ein religionskritischer Part verbunden ist, der einer theologischen Evaluation vorausgehen muss.

Die Theologie kann nur zum Schaden für ihr Vorhaben einer Spurenlese des Wirkens Gottes die Tatsache ignorieren, dass das Religiöse in einer säkularen Kultur in einem großem Umfang lediglich hinsichtlich seiner ästhetischen und therapeutischen Nebenwirkungen fortlebt, aber nicht hinsichtlich seiner primären Geltungsansprüche für eine transzendenzorientierte Lebensführung des Menschen. Es kann also durchaus sein, dass „die" Religion ihr Ende überlebt hat und zugleich bestritten werden muss, dass sie *als* Religion weiterlebt. Theologische Deutungen religiöser Dispersion

tuation" (31) gewählt, die in einer theologischen Reflexion religionssoziologischer Daten bestehen soll: „Aus heilsgeschichtlicher Sicht müssen sich in jeder Gegenwart Spuren der Präsenz Gottes finden lassen. Wie es aufgrund der Erbsünde nicht möglich ist, die Gegenwart per se unkritisch heilig zu sprechen, ist es nicht legitim, dem Heute die erlösende Präsenz Gottes abzusprechen – aufgrund des Erbheiles. Wir können also davon ausgehen, dass sich im gegenwärtigen Bedeutungswandel der Religion Spuren des Heils ebenso finden lassen wie Spuren der Sünde" (ebd.). Hier wird die methodische Absicherung einer theologischen Auseinandersetzung mit soziologischen Deutungen des empirischen Befundes übersprungen und ein erkenntnisleitendes theologisches Interesse gleichgesetzt mit einer Kriteriologie, die erst noch (interdisziplinär !) zu entwickeln wäre.

64 Ebd., 220-225.

65 Ebd., 225-235.

66 Ebd., 235-241.

67 Ebd., 241f.

haben vorurteilsfrei auch die Möglichkeit zu erwägen, dass die skizzierten Transformationen des Religiösen sich bei näherem Hinsehen als Einwegprodukte herausstellen; sie sind dann nicht Indizien einer „postsäkularen“ Kultur, sondern Formen und Resultate einer anderen als bisher gewohnten Weise der Säkularisierung von Religion.[68] Schon gar nicht lassen sich die Pluralisierung und Differenzierung des religiösen Feldes mit einer quantitativen Vermehrung des Religiösen gleichsetzen. Dass dieses Feld von zahlreichen neuen Akteuren bearbeitet wird, besagt nicht, dass seine Fläche größer geworden ist.[69]

Voreilige Schlussfolgerungen verbieten sich sowohl auf seiten der Verfechter eines religiösen Comebacks wie auch für die Verächter der Religion. Religionskritiker haben den Verdacht geäußert, dass anlässlich der kirchlichen „Megaevents“ 2005 (Papstwahl, Weltjugendtag) sich „die Nachfrage nicht auf die Religion mit ihren Inhalten, Verheißungen und Zumutungen richtete, sondern auf Religiosität als solche, das heißt auf eine unbestimmte, aber wohltuende und den profanen Alltag bereichernde Erlebnisqualität“.[70] Und theologische Beobachter einer Wiederkehr des Religiösen diesseits und jenseits der Kirchen müssen zugeben, dass es sich bei den verschiedenen Formen disperser Religiosität vielfach um eine dogmatisch „entkernte“ Spiritualität und um die „Light-Versionen“ eines religiösen Ethos handelt. Für das Christentum ist die dogmatisch „deregulierte“, diakonisch passive, politisch enthaltsame und ethisch weitgehend anspruchslose „Individualreligion“ nur in sehr engen Grenzen ein mögliches Vorbild.

Vom Christentum wird man trotz aller Bemühungen, seine religiös aufgeschlossenen, aber distanzierten Zeitgenossen dort abzu-

---

[68] Darauf hinzuweisen bedeutet keineswegs, den religiösen Suchbewegungen der Gegenwart pauschal jede theologische Dignität abzusprechen, wie dies pauschal unterstellt wird von R. POLAK, Unsichtbare Religion?, in: KatBl 131 (2006) 128. Religionskritische Einwände werden von Polak nur en passant registriert und gehen nicht in eine theologische Religionshermeneutik ein. Stattdessen wird für die „Wiederkehr“ der Religion unmittelbar ein Wirken Gottes unterstellt. „Gott selbst meldet sich zu Wort. Möglicherweise folgt einer langen Zeit der Gottesfinsternis und des Gottesschweigens wieder eine Phase der Lichtung. Die vielen religiösen Such- und Wanderbewegungen lassen doch auch die Vermutung und Hoffnung zu, dass Menschen wieder beginnen, Gott gegenüber sensibel und sehnsüchtig zu werden. Diese Sehnsucht ist der wohl stärkste Ausdruck des Wirkens Gottes im Menschen“, R. POLAK, Religion kehrt wieder, 63.

[69] Vgl. P. BOURDIEU, Das religiöse Feld. Texte zur Ökonomie des Heilsgeschehens, Konstanz 2000.

[70] H. SCHNÄDELBACH, Wiederkehr der Religion?, in: Universitas 60 (2005) 1129.

holen, wo sie stehen, kaum erwarten können, das Interesse am „unbestimmten Besonderen“ derart aufzugreifen, dass es auf vage Transzendenzerwartungen und diffuse Heilshoffnungen wiederum „unbestimmt“ reagiert. Es darf sich nicht damit begnügen, im Interesse am „unbestimmten Besonderen“ bereits den Glauben an den „unbekannten Gott“ zu wähnen (vgl. Apg 17,23). Denn es kann sein, dass die Anhänger des unbestimmten Besonderen in diesem Besonderen letztlich nur das Echo ihrer eigenen Wünsche und Ängste hören - und sich am Ende immer nur selbst begegnen. Es mag sein, dass ihnen der religiöse Psychomarkt dabei behilflich ist, ihr „wahres Selbst“ zu finden. Eine solche Transzendenz, die nur den Abstand zwischen „Ich“ und „Selbst“ verringert, ist aber noch keine religiöse Transzendenz. In religiösen Transzendenzen findet sich der Mensch, indem er von sich und seiner Weltimmanenz loskommt. Für die postsäkulare Diesseits- und Individualreligion gilt dagegen das Motto: „Unruhig ist das Herz, bis es ruhet in mir!“[71] Für das Christentum ist dies eine beunruhigende Vorstellung: Religion als Mittel zur Selbstberuhigung? Für Christen bleibt ihr Glaube unablösbar vom Moment der Unruhe, deren Ziel nicht der Mensch ist.

Die skizzierten nicht-religiösen Dekonstruktionen, Dekontextuierungen und Inversionen religiöser Themen, Symbole und Überlieferungen werden in der Theologie nicht bloß einseitig affirmativ kommentiert. Es gibt auch das andere Extrem. Die Phänomene einer dispersen Religiosität scheinen hier jenen Kräften Argumente zu liefern, welche die Unverwechselbarkeit eines genuin christlichen Welt- und Gottesverhältnisses durch die radikale Absetzung von allen Versuchen zivilreligiöser, ästhetisch-medialer oder kulturökonomischer Daseinsgrundierungen (bzw. -überhöhungen) zur Darstellung und Geltung bringen wollen.[72] Wenn das Nicht-Religiöse Züge des Religionsförmigen annimmt, dann scheint es in der Tat angezeigt, dass der christliche Glaube sich entschieden von derartig religionsförmigen Konstellationen und Praktiken unterscheidet.

Gegen diese Empfehlung ist insofern Widerspruch anzumelden, als eine radikale Absetzung des christlichen Glaubens von allem Religionsförmigen den Glauben um seine sozio-kulturelle Reso-

---

[71] P. GROSS, Ich-Jagd. Im Unabhängigkeitsjahrhundert, Frankfurt 1999, 9.

[72] Vgl. exemplarisch Th. RUSTER, Der verwechselbare Gott. Theologie nach der Entflechtung von Christentum und Religion, Freiburg/Basel/Wien [7]2004; DERS., Von Menschen, Mächten und Gewalten, Mainz 2005; DERS., Wandlung. Ein Traktat über Eucharistie und Ökonomie, Mainz 2006.

nanzfähigkeit bringt. Die christliche Theologie hat nicht nur die Aufgabe, den Glauben gegenüber solchen Vereinnahmungen in Schutz zu nehmen. Theologie und Glaube, die sich ihrer Resonanzfähigkeit bezüglich religiöser Phänomene im nicht-religiösen Kontext nicht mehr vergewissern können, weil sie diese Phänomene allein im Modus der Kritik wahrnehmen, stehen in der Gefahr, ihr eigenes Thema aus säkularen Erfahrungsbezügen herauszunehmen.[73] Letztlich geschieht dies zu ihrem eigenen Nachteil, weil kritischen Zeitgenossen ein von allen säkularen Erfahrungsbezügen abgesetzter Glaube als eine dem Zugriff der Kritik entzogene, d.h. fundamentalistische Lebenseinstellung erscheinen muss.[74] Eines solchen Eindrucks kann sich der christliche Glaube nur erwehren, wenn er sich widerständig auf die religionsförmigen Deutungen nicht-religiöser Lebensbezüge einlässt. Aufgabe theologischer Religionshermeneutik und -kritik ist es dann nicht, den christlichen Glauben apart zu setzen zu allen jenen Vollzügen, in denen aufgeht, wozu Religion „gut“ und belangvoll sein kann. Vielmehr kommt es entscheidend darauf an, für die Kritik an allen Versuchen der Absorption oder Verzweckung des Religiösen aus der Reflexion auf das Proprium eines genuin religiösen Wirklichkeitsverhältnisses einen Anhalt für seine Widerständigkeit gegenüber nicht-religiösen Adaptionen zu finden und zugleich die Lebensrelevanz dieser Widerständigkeit zu identifizieren.[75]

---

[73] Nicht weniger fatal wäre es, wenn die Kirchen auf die Sehnsucht nach Religion mit einer Sehnsucht nach sich selbst antworten und diese Sehnsucht mit der Repristination überkommener Frömmigkeitsformen inszenieren würden. Auf diese Weise lassen sich zwar konfessionelle Profile schärfen und institutionelle Alleinstellungsmerkmale pflegen. Es unterbleibt jedoch jede selbstkritische Prüfung, warum der „Trend zur Religion“ weitgehend an den etablierten Kirchen vorbeigeht. Vgl. hierzu auch die Problemanzeige von F. W. GRAF, Kampf um Aufmersamkeit, in: Renaissance der Religion (HK spezial), Freiburg/Basel/ Wien 2006, 20-24.

[74] Einer solchen Einsicht verschließt sich z. B. J. MILBANK, Theology and Social Theory. Beyond Secular Reason, Oxford 1990; DERS., The Word Made Strange. Theology, Language, Culture, Oxford 1997; DERS. u.a. (Hg.), Radical Orthodoxy. A new theology, London/New York 1999. Zur Kritik dieser Position siehe etwa Th. M. SCHMIDT, Postsäkulare Theologie des Rechts, in: M. Frühauf/W. Löser (Hg.), Biblische Aufklärung – die Entdeckung einer Tradition, Frankfurt 2005, 91-108; H. JOAS, Social Theory and the Sacred, in: Ethical Perspectives 7 (2000) 233-243.

[75] Dass eine religionskritische und religionshermeneutische Aufgabe unablösbar zum Auftrag der Theologie gehören, zeigen I. U. DALFERTH/H.-P. GROSSHANS (Hg.), Kritik der Religion. Zur Aktualität einer unerledigten philosophischen und theologischen Aufgabe, Tübingen 2006; W. GRÄB (Hg.), Religion als Thema der Theologie, Gütersloh 1999. Zum Ganzen vgl. auch W.-E. FAILING

Zweifellos hat sich die Theologie kritisch um die Entlarvung jener Verabsolutierungen zu bemühen, mit denen moderne Gesellschaften sich in ein Verhältnis zu einer alles bestimmenden weltimmanenten Wirklichkeit bringen, wie sie etwa die Größe „Geld" darstellt. Aber die Häufigkeit religionsanaloger Sinnangebote in der modernen Gesellschaft legt ebenso die Frage nahe, ob z.B. die ökonomische Aneignung des Religiösen nur deswegen erfolgreich ist, weil hierbei das Nichtökonomische der Ökonomie in den Blick kommt. Dieses Nichtökonomische nicht bloß den Marketingstrategen zu überlassen und seine Widerständigkeit gegenüber Vermarktungsversuchen herauszuarbeiten, wäre dann ebenso Aufgabe theologischer Ökonomiekritik wie eine kritische Beschreibung des Kapitalismus als „Weltreligion qua Geldreligion". Ähnlich verhält es sich mit den anderen Formen einer empirischen Antreffbarkeit religiöser Semantik und Symbolik in medialen und politischen Kontexten. Von der Theologie ist hier eine Einübung in die Kunst der Bestreitung verlangt. Diese lebt vom Widerspruch zu undialektischen Thesen vom Ende oder Comeback der Religion, vom Einspruch gegen Vereinnahmungen des Religiösen durch das Nicht-Religiöse und vom interdisziplinären Wettstreit um eine Deutung der postsäkularen Präsenz des Christentums, die weder den Zumutungen der Moderne noch den Ansprüchen des Evangeliums ausweicht. Im einzelnen sind dabei folgende Aufgaben zu bewältigen:

- Sichtung des Phänomenbestandes und der sozio-kulturellen Funktion disperser Religiosität (d.h. der Dekonstruktion, Dekontextuierung und Inversion religiöser Traditionen, Stoffe, Motive);

- (Ideologie)Kritik der ökonomischen, politischen oder ästhetisch-medialen Instrumentalisierung des Religiösen;

- Freilegung des Resistenzvermögens des Religiösen angesichts seiner nicht-religiösen Aneignungen und Verzweckungen;

- Demonstration der Modernitätskompatibilität eines originär religiösen Verhältnisses zu modernen Lebensverhältnissen.

---

u.a. (Hg.), Religion als Phänomen. Sozialwissenschaftliche, theologische und philosophische Erkundungen in der Lebenswelt, Berlin/New York 2001; B. WEYEL/W. GRÄB (Hg.), Religion in der modernen Lebenswelt, 191-347.

Von den Ergebnissen einer solchen kritischen Religionsphänomenologie werden auch theologische Bemühungen um die Sicherung der Zukunftsfähigkeit des Christentums profitieren. Das Christliche wird nur dann eine Zukunft haben, wenn es sich als modernitätskompatibel und zugleich als säkularisierungsresistent erweist. Als säkularisierungsresistent erweisen sich religiöse Bezugnahmen auf Lebensverhältnisse, wenn dafür modernisierungsbedingte Anlässe bestehen und wenn die Aufnahme dieser Bezugnahme in andere (z.B. ökonomische, moralische oder ästhetische) Einstellungen zu Lebensverhältnissen nicht zu funktional äquivalenten Resultaten führt. Dieser Aufweis fällt umso überzeugender aus, je mehr er dabei auf eine Erörterung sein Augenmerk legt, die von kritischen (und nicht: apologetischen) Interessen geleitet ist und hinsichtlich seines Begriffs- und Methodeninstrumentars für andere Disziplinen anschlussfähig bleibt.

Theologie treiben heißt: gegenüber den Glaubenden die Sache der Vernunft und gegenüber der Vernunft die Sache des Glaubens zu vertreten. Dabei kommt es entscheidend auf den Standort der Theologie an. Sie ist gut beraten, wenn sie die Sache des Christentums vom Standpunkt der Vernunft und nicht des Glaubens aus entfaltet. Weil die Vernunft selbst keinen religiösen Standpunkt vorgibt oder ausschließt, können ihre Anliegen auch von Vertretern religiöser Belange verfochten werden, sofern sie dabei die Autonomie kritischen Denkens wahren. In postsäkularen Zeiten eine kritische Phänomenologie der Religion auf den Weg zu bringen heißt darum für die Theologie, sich mit jener Disziplin ins Benehmen zu setzen, die durch die Sache der Vernunft definiert ist. Sie kommt nicht umhin, gegenüber den Vernünftigen für die Sache des Glaubens vom Standpunkt *philosophischen* Denkens her einzutreten.

II. AUTHENTISCHE RELIGIOSITÄT? REKONSTRUKTION - IDENTITÄT - KRITIK

In ihrer Vielgestaltigkeit erweist sich Religion als interpretationsbedürftiges Phänomen. Ihm gerecht zu werden, ist zu einem theoretisch anspruchsvollen Unternehmen geworden, das nur gelingen kann, wenn nicht nur der Religionssoziologie die Deutungshoheit zugesprochen wird. Das gilt auch für die These vom nicht-religiösen Fortbestand der Religion. Ob sie plausibel ist, kann nicht allein vom Beibringen passender Beispiele abhängig gemacht werden, sondern bedarf auch kriteriologischer Abklärungen. Wie viel originäre, authentische, verkappte, disperse oder implizite Religiosität man in der Gesellschaft ausmacht und was man zum „Religionsförmigen" zählt, ist weitgehend abhängig vom vorausgesetzten Religionsbegriff.

Allerdings birgt ein solches Vorverständnis des zu Verstehenden auch die Gefahr der fehldeutenden Vereinnahmung. Mit welchem Recht darf man ein Phänomen als „religiös" bestimmen, wenn es sich selbst nicht als „religionszugehörig" deklariert?[76] Nicht weniger problematisch ist es, für die Erörterung dieser Fragen einen angemessenen Standpunkt zu finden. Soll man die (neutrale?) religionsexterne Beobachterperspektive wählen oder (affirmativ?) auf die Innenperspektive religiöser Individuen und Gruppen Bezug nehmen?[77] Kann man allein mit der Anstrengung des Begriffs zu einem Religionsbegriff gelangen, der auch empirisch operationalisierbar ist?[78]

---

[76] Vgl. hierzu auch die Problemstellung der Studie von G. THOMAS, Implizite Religion. Theoriegeschichtliche und theoretische Untersuchungen zum Problem ihrer Identifikation, Würzburg 2001, 11-60.

[77] Vgl. R. T. MCCUTCHEON, The Insider/Outsider Problem in the Study of Religion, London/New York 1999.

[78] Vgl. hierzu auch M. ENDERS/H. ZABOROWSKI (Hg.), Phänomenologie der Religion. Zugänge und Grundfragen, Freiburg/München 2004; B. CASPER, Was kann „Phänomenologie der Religion" heißen?, in: Jahrbuch für Religionsphilosophie 1 (2003) 171-194. Zu älteren Ansätzen einer Religionsphänomenologie siehe Darstellung und Kritik in: J. FIGL (Hg.), Religionswissenschaft. Religionen und ihre zentralen Themen, Darmstadt 2003, 24-32; K. HOCK, Einführung in die Religionswissenschaft, Darmstadt 2002, 54-78.

Eine zeit- und sachgemäße Religionstheorie, die angesichts der eingetretenen Unübersichtlichkeit ihres Gegenstandsbereiches gefragt ist, „Wesen und Wahrheit“, d.h. Genesis und Geltung, Bedeutung und Funktion, Rationalität und Plausibilität religiöser Denk- und Verhaltensweisen zu sondieren, muss mehrdimensional angelegt sein: Kein Ansatz ist adäquat, der nicht nach der lebenspraktischen Relevanz religiöser Sinnwelten fragt. Kein Zugang ist ausreichend, der das Selbstverständnis jener Subjekte ignoriert, denen religiöse Praktiken zugeschrieben werden. Keine Untersuchung zur Logik und zu den Möglichkeitsbedingungen religiöser Vollzüge kommt aus ohne eine Vergewisserung der geschichtlich-kategorialen Ausdrucksformen religiöser Praxis. Insofern ist die Frage nach einem allgemeinen Religionsbegriff, welche die Religionsphilosophie in der Neuzeit durchgängig beschäftigte und deren Beantwortung sowohl ihr Formal- als auch ihr Materialobjekt präzisieren sollte, immer nur am konkreten Phänomenbestand zu gewinnen. Empirische Religionsforschung bleibt ohne kriteriologisch arbeitende Religionsphilosphie blind, wie allerdings auch die Arbeit am Begriff ohne die Empirie des zu Begreifenden leer bleibt.

Kriteriologische Überlegungen sind ebenfalls unabdingbar, wenn es um die Frage geht, wie von seiten des Christentums die Trends und Tendenzen religiöser Dispersion gedeutet werden können und wie mit ihnen umzugehen ist. Geschieht hier eine Enteignung christlicher Motive und Stoffe? Gibt es etwas „genuin“ Religiöses, das solchen Verzweckungen widerstreitet? Bedeutet jede „Inkulturation“ in die Plausibilitäten einer säkularen Welt bereits die Selbstauslieferung an nicht-religiöse Verzweckungen?

1. Empirie und Reflexion: Zugänge zu einem hermeneutisch-kritischen Religionsbegriff

Etliche Vertreter religionstheoretischer Forschung befinden sich in einer paradoxen Situation: Sie bezweifeln die Definierbarkeit dessen, was sie erforschen. Gleichwohl geben sie ihrer Wissenschaft eine Bezeichnung, die sie im Blick auf ihren Forschungsgegenstand sogleich für ungeeignet erklären. An der Notwendigkeit eines kriteriologisch bedeutsamen Religionsbegriffs zu zweifeln, ergibt trotz der Vorbehalte gegen die Möglichkeit der Verabredung einer allgemein gültigen Religionsdefinition allerdings keinen Sinn.[79] Man kommt ohne ihn nicht aus, wenn man die rekonstruktiven, komparativen und reflexiv-kritischen Aufgaben und Leistungen empirisch-vergleichender, historisch-rekonstruktiver und philosophisch-kritischer Religionsforschung bestimmen will.[80]

- Ohne einen klaren Religionsbegriff ist es unmöglich, jenen Phänomenbereich zu umreißen, der das Gegenstandsfeld der empirischen Religionsforschung ausmachen soll: Sind z.B. Fangesänge in einem Fußballstadion „religiös", weil sie Litaneien ähneln?

- Ohne einen präzisen Religionsbegriff ist es unmöglich, einzelne Phänomene aus dem Objektbereich der Religionsforschung in einer komparativen Perspektive zu betrachten: Rechtfertigt bereits eine „sakrale" Architektur, bestimmte Bauwerke in unterschiedlichen kulturellen Kontexten als „Kultorte" zu identifizieren, oder ist das massenhafte Zusammenströmen von

[79] Vgl. hierzu u.a. E. FEIL (Hg.), Streitfall »Religion«. Diskussionen zur Bestimmung und Abgrenzung des Religionsbegriffs, Münster 2000. Zur Begriffs- und Ideengeschichte des Religionsbegriffs vom Frühchristentum bis zum neuzeitlichen Rationalismus siehe DERS., Religio. 3 Bde., Göttingen 1986/1997/2001.

[80] Zum Folgenden vgl. u. a. U. BIANCHI (Hg.), The Notion of »Religion« in Comparative Research, Rom 1994; J. G. PLATVOET/A. L. MOLENDIJK (Hg.), The Pragmatics of Defining Religion, Leiden/Boston/Köln 1999; R. SCHAEFFLER, Auf dem Weg zu einem philosophischen Begriff der Religion, in: $HFTh^2$ I, 33-45; D. POLLACK, Was ist Religion?, in: Ders., Säkularisierung – ein moderner Mythos?, Tübingen 2003, 28-55.

„Fans" schon ein Indiz, ihr Ziel als ein „fanum", d.h. als ein „Heiligtum" zu betrachten?

- Ohne einen prägnanten Religionsbegriff ist es unmöglich, als „religiös" angesehene Phänomene einer kritischen Beurteilung zu unterziehen, ohne dabei einen völlig sachfremden Maßstab anzuwenden oder lediglich am Selbstverständnis des zu Beurteilenden Maß zu nehmen: Steht z.B. bei der Eidesleistung der Zusatz „So wahr mir Gott helfe" für die Anrufung „höherer Mächte" und somit für ein Mißtrauen in die Legitimation demokratischer Machtausübung? Ist die Weigerung, einen Eid auf die Verfassung eines säkularen Staates abzulegen Ausdruck eines theokratisch-fundamentalistischen Politikverständnisses?

Der besondere Zuschnitt dieser Anforderungen macht deutlich, dass sie auch von theologischen Religionstheorien zu beachten sind. Für die Klassifikation und Evaluation der verschiedenen Formate disperser Religiosität ist die Bestimmung von Nähe und Distanz, von Übereinstimmung und Differenz zum christlichen Glaubensbekenntnis und von dort abgeleiteten Markierungen ihres Orthodoxie- oder Häresiepotentials kaum hilfreich, da die anstehenden Fragen ihres religiösen „Status" dieser Zuordnungslogik großenteils vorausliegen.[81] Stattdessen ist zunächst die Eigenlogik des Religiösen überhaupt bzw. Ort und Bedeutung eines religiösen Wirklichkeitsverhältnisses im Ensemble menschlicher Weltbezüge zu sondieren, ehe auf den Unterscheidungscode „religiös/säkular" eingegangen und eine Zuordnung zum christlichen Glauben vorgenommen werden kann.

Für einen ebenso notwendigen wie unvermeidlich abstrakten Definitionsversuch soll im folgenden mit einer relational-strukturellen Buchstabierübung jener „relativistischen" Floskel begonnen werden, die zunächst wie eine Wiederholung jener Verlegenheit klingt, welche die religiöse Unübersichtlichkeit der späten Moderne charakterisiert und weiteren Klärungsbedarf auslöst: Religion ist eine „Einstellungssache", d.h. sie lässt sich im Strukturgefüge möglicher Einstellungen zu den Bezügen und Verhältnissen, in denen Menschen existieren, als eine spezifische Relation ausmachen.

---

[81] Vgl. dazu M. SECKLER, Der theologische Begriff der Religion, in: HFTh² I, 131-148.

Mit dem zu entwickelnden relational-strukturellen Religionsbegriff soll eine Alternative zu funktionalen und substanziellen Ansätzen formuliert bzw. deren Engführungen überwunden werden: Der *funktionale* Ansatz knüpft die Bestimmung des Religiösen an die Bewältigung bestimmter Lebensprobleme (z.B. Krankheit, Tod) und an die Freisetzung entsprechender Wirkungen (z.B. Angstentmachtung). Sein Nachteil besteht in der unzureichenden Abgrenzung von Religion zu Phänomenen und Vollzügen, die sich als nicht-religiös bestimmen, aber funktional äquivalente Leistungen erbringen (z.B. die Erfahrung des Getröstetseins beim Hören von Popballaden). Zudem erfasst er nicht jene nicht-funktionalen Aspekte, die im Selbstverständnis religiöser Menschen zentral zu ihrem Bekenntnis gehören können (z.B. zweckfreie Praktiken wie die „Anbetung" oder Vollzüge, die allein „ad maiorem Dei gloriam" ausgeführt werden). Sie verlieren in einer funktionalen Optik offensichtlich dort, wo sie eine ihnen zugedachte lebenspraktische Funktion nicht erfüllen können, ihren religiösen Charakter. Funktion und Gehalt religiöser Praxis fallen hier auseinander.[82] Eventuell werden dabei nicht-religiöse (z.B. moralische) Sekundärfolgen religiöser Praxis, aber nicht die sie bedingenden Inhalte, die für die religiösen Subjekte im Vordergrund stehen, als religiös erfasst. Die Folgeprobleme, die bei der Anwendung einer funktionalistischen Religionsdefinition auf konkrete Phänomene entstehen, machen somit anfängliche Definitionsgewinne bald zunichte.

Dies gilt auch für den *substanziellen* Ansatz, der angesichts der Fülle und Vielfalt religiöser Phänomene deren essentiellen Kern durch Angaben über den spezifischen Gegenstand (z.B. das „Heilige") und die „numinosen" Merkmale religiöser Vollzüge (z.B. Opfer, Gebet) bestimmen will. Er steht in der Gefahr einer willkürlichen Nominaldefinition, die gewisse Merkmale, die man an der eigenen Religion kennen gelernt hat, für „Wesensmerkmale" der Religion überhaupt hält. Das aber schränkt den Bereich der unter den Religionsbegriff subsumierbaren Phänomene zu sehr ein.[83] Ein

---

[82] „Die konstruierte Funktion der Religion braucht gar nicht durch Religion erfüllt zu werden, sondern kann auch durch Vorstellungen und Handlungen ohne spezifisch religiösen Gehalt bedient werden. Damit aber setzt sich die funktionale Definition einer Beliebigkeit aus, die den von ihr bestimmten Gegenstand austauschbar machen", D. POLLACK, Was ist Religion, 43.

[83] Wenn spezifisch religiöse Akte dadurch definiert werden, dass sie sich auf Gott und nicht auf eine andere Wirklichkeit beziehen, macht man den Religionsbegriff abhängig von einem vorausgesetzten Gottesbegriff. „Dieser aber steht weder in der Geschichte der Religionen noch in der Geschichte der Philosophie

weiterer Nachteil dieses Ansatzes besteht aufgrund seiner (eurozentrischen) Prämissen und Apriori-Annahmen in der eingeschränkten Reichweite seiner Religionsdefinition im interreligiösen Gespräch (z.B. mit fernöstlichen „gott-losen“ Traditionen).[84]

Ein relational-struktureller Religionsbegriff setzt um eine Stufe grundsätzlicher an. Er betrachtet Religion als einen Komplex menschlicher Verhaltensweisen und Einstellungen zur Wirklichkeit (auch wenn religiöse Menschen die Befähigung zu ihrem Tun auf einen „transzendenten“ Gnadenerweis zurückführen). Seine Eigenart und Besonderheit tritt dann hervor, wenn er in seinem Bezogensein auf und in seiner Verschiedenheit von allen anderen Verhaltensweisen und Lebenseinstellungen des Menschen wahrgenommen wird. Der Begriff der Religion ergibt sich somit aus der Angabe ihres Ortes im Strukturgefüge aller Verhaltensweisen, deren Subjekt der Mensch ist.

Dieser Zugang teilt mit dem funktionalen Ansatz die Annahme, dass Bedeutung und Relevanz religiöser Phänomene sich von bestimmten (existenziellen) Bezugsproblemen her verstehen lassen. Indem aber religiösen Vollzügen in Korrespondenz zu diesem Bezugsproblem ein eigener unverwechselbarer Ort im Strukturgefüge menschlicher Subjektivität zuerkannt wird, lässt sich vermeiden, dass sie gegen funktionale Äquivalente ausgetauscht werden. Zugleich können sie kritisch danach befragt werden, ob und in welchem Maß sie tatsächlich jenes Bezugsproblem bewältigen, das in ihre „Zuständigkeit“ fällt. Der substanziell-materiale Ansatz wird bei der Bestimmung der konkreten Bearbeitung dieses Problems aufgenommen, indem das Religiöse an einer bestimmten Form der Problembearbeitung festgemacht wird. Die Weise, wie das religiö-

---

unwandelbar fest. Verwendet man, ... , einen streng metaphysischen Gottesbegriff, dann kann von einer Religion nur dort die Rede sein, wo Anerkennung, Gehorsam und Verehrung sich auf ein Wesen beziehen, das die Eigenschaften hat, ewig, unkörperlich, allmächtig, einzig zu sein; dann aber fallen die meisten Religionen der Menschheit nicht unter diesen Begriff. Verwendet man aber einen weiteren Gottesbegriff, unter den auch Numina wie Zeus und Aphrodite, Isis und Osiris, der Sonnengott der Azteken und die Schwertgottheit der Germanen fallen, dann wird es schwer, ein gemeinsames Merkmal anzugeben, das alle diese Wesen als Götter auszeichnet“, R. SCHAEFFLER, Auf dem Weg zu einem philosophischen Begriff der Religion, 35.

[84] Vgl. G. AHN, Eurozentrismus als Erkenntnisbarriere der Religionswissenschaft, in: ZfR 5 (1997) 41-58; H.-M. HAUSSIG/B. SCHERER (Hg.), Religion – eine europäisch-christliche Erfindung?, Berlin/Wien 2003; M. ENDERS, Ist „Religion“ wirklich undefinierbar?, in: Ders./H. Zaborowski (Hg.), Phänomenologie der Religion, 49-87.

se Bewusstsein die Bewältigung des religiösen Bezugsproblems versteht, geht auf diesem Weg in den (philosophischen) Religionsbegriff ein und wird – anders als in einem funktionalen Ansatz – als Ausdruck einer eigenständigen, sich selber bestimmenden Form von Subjektivität anerkannt.

2. Lebensverhältnisse: Religion in existentialpragmatischer Sicht

Die methodische Basis für die Zuordnung von Vollzug und Gehalt, Struktur und Problembezug religiöser Praxis liefert eine „existentialpragmatische“ Rekonstruktion menschlichen Daseins.[85] „Existential“ ist dieses Vorgehen, weil es bei einer Konstitutionsanalyse der elementaren, unhintergehbaren Formen, Situationen und Konstellationen menschlichen Daseins, seiner Weltorientierung und Selbstverständigung ansetzt und Voraussetzungen ermittelt, ohne die keine Sprach- und Handlungsorientierung im Dasein möglich ist. „Pragmatisch“ kann diese Betrachtung aufgrund ihres Leitprinzips genannt werden, die aufgewiesenen Konstitutiva zugleich als Parameter vernunftorientierter Welterschließung und sprachvermittelter Handlungskoordination zu identifizieren.[86] Dieses Konzept will menschliche Vollzüge nicht von einem Subjekt her angehen, das sich zuerst in sich selbst begründet und sekundär Bezüge zur Außenwelt als Korrelat seiner Intentionen aufnimmt. Vielmehr geht es davon aus, dass auch der Selbstbezug des Subjekts immer schon Bezüge auf Andersheit impliziert. Eine existentialpragmatische Vorgehensweise richtet sich daher nicht auf Voraussetzungen, die ein als einsam vorstellbares Vernunftsubjekt für seine Erkenntnis und Weltbegegnung unterstellen muss, sondern bezieht sie grundlegend und primär auf die transsubjektiven Konstitutionsbedingungen für das Zustandekommen sinnhafter Handlungen. Unter dieser

---

[85] Dieser Zugang verdankt zahlreiche Anregungen den Arbeiten zur Weiterentwicklung einer existenzialen Daseinshermeneutik, welche Anschluss gefunden hat an eine sprachanalytische Bestimmung der Grammatik menschlicher Lebensformen, von Th. RENTSCH, Heidegger und Wittgenstein. Existential- und Sprachanalysen zu den Grundlagen philosophischer Anthropologie, Stuttgart ²2003. Zu ihrer religionsphilosophischen Relevanz siehe DERS., Religiöse Vernunft: Kritik und Rekonstruktion. Systematische Religionsphilosophie als kritische Hermeneutik, in: H.-J. Höhn (Hg.), Krise der Immanenz, 235-262; DERS., Worin besteht die Irreduzibilität religiöser Wahrheitsansprüche?, in: M. Knapp/ Th. Kobusch (Hg.), Religion – Metaphysik(kritik) – Theologie im Kontext der Moderne/Postmoderne, Berlin/New York 2001, 113-126; DERS., Gott, Berlin/New York 2005.

[86] In diesem Punkt berühren sich auch der Ansatz einer Transzendentalpragmatik K.-O. Apels und das Layout einer Sprachspielpragmatik à la L. Wittgenstein. Vgl. hierzu ausführlicher D. BÖHLER u.a. (Hg.), Die pragmatische Wende, Frankfurt 1986; A. DORSCHEL u. a. (Hg.), Transzendentalpragmatik, Frankfurt 1993.

Rücksicht handelt es sich bei diesen Konstitutiva immer schon um vergesellschaftete Existentiale des Daseins, genauer: um Existentiale eines vergesellschafteten Daseins. Der Mensch ist derart am Leben, dass er sein Leben im Umgang mit dem, was mit ihm in seiner Welt vorhanden und möglich ist, führen und tätig zustande bringen muss. Er bringt es jedoch nicht in monologischer Selbstbezüglichkeit zustande, sondern im Horizont praktischer Lebensformen bzw. durch intersubjektive Verhaltensrelationen strukturierte Formen des In-der-Welt-Seins.[87]

Die religionsphilosophische Relevanz einer solchen Existentialpragmatik besteht darin, dass sie Religion als eine spezifische Formatierung des Verhaltens zu den transsubjektiven Vollzugs- und Sinnbedingungen menschlicher Existenz strukturell zu bestimmen und ihr Rationalitätsformat zu ermitteln vermag. Sie hat das Ziel, durch eine Strukturanalyse des religiösen „Grundaktes" zugleich die spezifische Weise seines Gegenstandsbezuges und die spezifische Realität seines Gegenstandes zu bestimmen. Sie zeichnet sich dadurch aus, dass sie die Frage nach den Möglichkeitsbedingungen religiöser Vollzüge mit einer Rekonstruktion der geschichtlich-kategorialen Ausdrucksformen religiöser Praxis verklammern kann und dabei auch das Selbstverständnis derer erfasst, die Religion leben und tradieren. Zwar gilt auch hier, dass ein allgemeiner Religionsbegriff immer nur am konkreten Phänomenbestand zu gewinnen ist. Aber dieses Vorgehen läuft sich solange nicht in zirkulären Windungen tot, wie es ihm gelingt, von Grundbegriffen her, die existentialpragmatisch gewonnen wurden, die empirisch-objektive Erfahrung religiöser Phänomene zu rekonstruieren.

2.1. Limitation und Transzendenz: Struktur und Logik eines religiösen Daseinsverhältnisses

Religion als „Einstellungssache" zu bezeichnen, impliziert den Versuch, in ihr ein spezifisches Verhältnis des Menschen zu seinen Lebensverhältnissen zu sehen. Damit ist zunächst auf die relationale Struktur des Menschseins angespielt. Am Leben sein heißt

[87] Th. RENTSCH, Negativität und praktische Vernunft, Frankfurt 2000, definiert die Existentiale vergesellschafteten Lebens als „Interexistentiale". Diese sind „keine Eigenschaften von Subjekten (die gegeneinander isoliert sind), sondern konstitutive Grundzüge gemeinsamen Lebens, interpersonale Relationen zwischen den Menschen" (43).

grundsätzlich: „ein Verhältnis haben", „in Beziehungen stehen" und sich zu diesen Beziehungen nochmals in ein Verhältnis setzen können.[88] Die ursprüngliche Konstellation und unabstreifbare Grundstruktur des Menschseins ist durch Relationalität charakterisiert. Die Rückfrage nach der elementaren Verfassung menschlicher Existenz ergibt, dass sie durch vier Bezüge gekennzeichnet ist, die nicht aufeinander zurückgeführt oder voneinander abgeleitet werden können: Jeder Mensch ist in der Weise am Leben, dass er/sie ein Verhältnis hat zur Gesellschaft, Natur, Zeit und zu sich selbst. Zwischen diesen Bezügen besteht ein Verhältnis der wechselseitigen Implikation. Ein Subjekt kommt niemals als „fensterlose Monade" vor; sein Bei-sich-Sein gibt es nur als gleichzeitigen Bezug auf naturale und soziale Andersheit innerhalb eines bestimmten Zeithorizontes. Die Mehrdimensionalität der existentialen Grundsituation zeichnet sich dadurch aus, dass die vier Grundbezüge als gleichursprünglich anzusehen sind und sich gegenseitig bedingen.

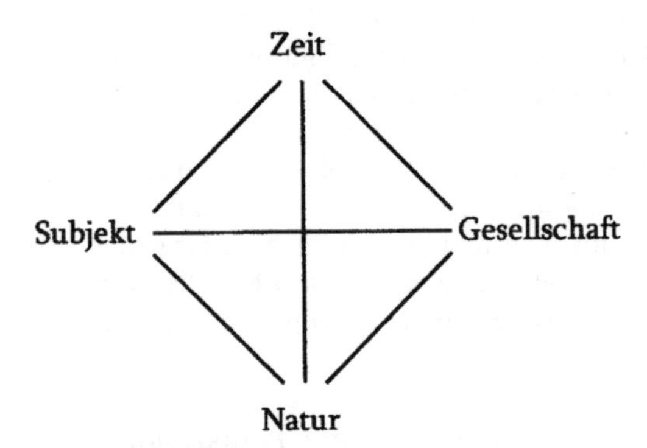

Diese (primären) Bezüge werden nach Maßgabe bestimmter Parameter gestaltet und gedeutet, die sich wiederum aus der „existentialen" Verfassung menschlichen Daseins ergeben, d.h. aus der Endlichkeit und Bedingtheit des Subjekts, der Erschöpfbarkeit der Lebensressourcen, der Konkurrenz um deren Nutzung sowie der Ungewissheit künftiger Lebenslagen. Gemeinsam ist diesen Merkmalen ihr „limitativer" Charakter. Sie geben menschlichem Dasein Konturen und grenzen seine Möglichkeiten zugleich ein. Sie sind

[88] Vgl. Ch. SCHWÖBEL, Menschsein als Sein-in-Beziehung, in: Ders., Gott in Beziehung, Tübingen 2002, 193-226.

handlungsermöglichend, indem sie den Gegenstandsbereich des Handelns umgrenzen und eingrenzen; sie vergegenwärtigen aber ebenso unaufhebbare Einschränkungen des Seinkönnens, indem sie bestimmte Verhaltens- und Daseinsmöglichkeiten ausgrenzen. Sie fundieren Stategien der bewussten Erfassung und Verarbeitung von Welt- und Daseinskomplexität und schränken zugleich den Radius der Wirkmöglichkeiten ein.

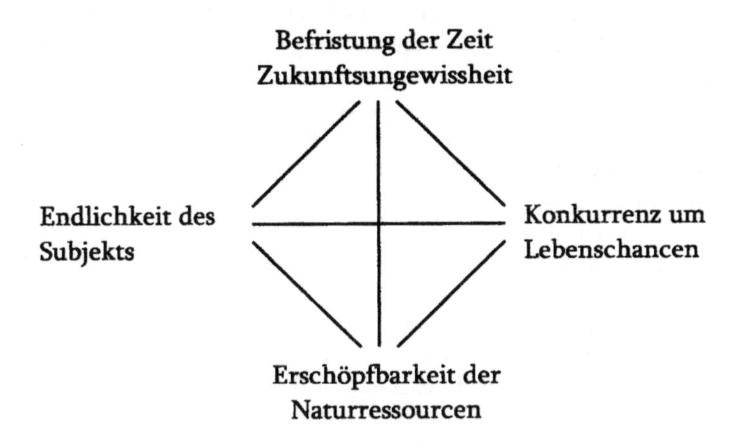

An diesem Sachverhalt setzen nun auf einer zweiten Stufe bestimmte Formatierungen der elementaren Daseinsbezüge an. Sie zeichnen sich durch eine jeweils verschiedene Rationalitätsform aus, welche den Umgang mit den Limitationen des Daseins unter spezifischen Aspekten zu optimieren sucht. Möglich ist etwa, alle Daseinsbezüge nach den Kriterien der ökonomischen Vernunft zu formatieren. „Leben" heißt dann: in den Bezügen zu Natur, Gesellschaft und Geschichte unter Knappheitsbedingungen zu existieren und diese Bezüge gemäß dem optimalen Verhältnis von Aufwand und Ertrag, Mittel und Zweck zu gestalten. Ökonomisch gestaltete Lebensverhältnisse beziehen sich auf die Frage, wie unter Knappheitsbedingungen (von Ressourcen und Lebenszeit) eine optimale Relation von Mitteln und Zwecken bei der Produktion und Verteilung von Gütern hergestellt werden kann und wie teuer es kommt, wenn man dieses Optimum im Zweck/Mittel-Verhältnis verfehlt. Möglich ist auch eine ethisch-politische Formatierung der Daseinsbezüge, die einerseits einen Wettbewerb um knappe Ressourcen zulässt, aber andererseits durch Arrangements sozialer Gerechtigkeit Vorkehrungen trifft, dass dieser Wettbewerb nicht in einen ruinösen „Krieg aller gegen alle“ ausartet.

Zu diesen Deutungen und Ausformungen der elementaren Daseinsbezüge kann man nun wiederum unterschiedliche Einstellungen haben. Denkbar ist etwa eine moralische Einstellung, welche an das ökonomische Umgehen mit den Knappheitsbedingungen menschlicher Existenz die Frage anschließt, wie unter Ungewissheitsbedingungen menschlichen Wollens und Tuns eine verantwortbare Relation von Handlungsmotiven, -zielen und -folgen gefunden werden kann. Die Schlüsselfrage kann hier lauten: Sind Handlungen verantwortbar, deren Folgen nicht abzuschätzen sind bzw. von deren Folgen nicht klar ist, ob sie die Zustimmung aller möglicherweise Betroffenen finden? Es aber auch möglich, auf dieser Reflexionsstufe erneut nach ökonomischen Parametern zu verfahren und eine moralische Einstellung in eine ökonomische zu integrieren. Die Leitfrage lautet dann: Was kostet es mich, unter ökonomischen Knappheitsbedingungen nach den moralischen Parametern des Handelns unter Ungewissheitsbedingungen zu verfahren? In einer therapeutischen Variante dieser Einstellung wird es etwa darum gehen, inwieweit das Leben unter Knappheits- und Ungewißheitsbedingungen psychische Reifungsprozesse begünstigt oder behindert. In ähnlicher Weise ist es möglich, eine moralische Einstellung zu den Lebensverhältnissen in eine ästhetische Einstellung zu übernehmen und umgekehrt. Und schließlich ist es denkbar, die moralische Einstellung auszulassen und z.B. die Frage der Konkurrenz bei der Nutzung erschöpfbarer Ressourcen stets nach machtpolitischen Kriterien zu entscheiden, indem etwas nach dem Recht des Stärkeren agiert wird.

Wo die unterschiedlichen Lebensverhältnisse auf diese Weise jeweils in anderen Einstellungen zu diesen Lebensverhältnissen gespiegelt oder aufgehoben werden, ist nicht erkennbar, ob dabei ein Lebens- und Einstellungsverhältnis zu entdecken oder zu erwarten ist, das „religiös“ genannt werden könnte. In der Tat lässt sich weder auf der Ebene der primären Daseinsbezüge ein Woraufhin für einen religiösen Vollzug identifizieren (und somit auch keinen Anhalt für einen substanziellen Religionsbegriff finden). Noch ist auf dieser Ebene erkennbar, welche Funktion einem religiösen Daseinsbezug zugewiesen werden könnte. Diese doppelte Fehlanzeige lässt allerdings die Möglichkeit offen, Funktion und Objektbereich religiöser Praktiken auf jener Ebene der reflexiven Bezugnahme auf das Integral der menschlichen Lebensverhältnisse zu orten. Sofern man in klassischer Manier diese Bezeichnung jenen Vollzügen reservieren will, in denen sich eine „Transzendenz“ menschlicher Lebensverhältnisse bzw. der verschiedenen Einstellungen zu ihnen manifestiert, könnte man solche Vollzüge „religiös“ nennen, in denen ein Verhältnis zu den menschlichen Lebensverhältnissen eingenommen wird, das diese Verhältnisse zugleich auf etwas übersteigt bzw. auf etwas bezieht, das nicht in den primären Daseinsbezügen und den auf sie bezogenen Einstellungen aufgeht. Im Unterschied zu den ökonomischen, technisch-instrumentellen oder moralischen Lebenseinstellungen, deren Maß das Integral der weltimmanenten Lebensbedingungen bildet, ließe sich dann als „religiös“ eine solche Einstellung zu diesen Lebensverhältnissen bezeichnen, welche diese Lebensverhältnisse „transzendiert“, d.h. auf das bezieht, was den Menschen unausweichlich betrifft, und sich zugleich über dieses Unausweichliche „hinwegsetzt“.

Zu diesem Unausweichlichen gehört zunächst die vierfache Relationalität der existentialen Grundsituation selbst. Sie ist für jeden menschlichen Vollzug unabstreifbar. Jedes Ereignis, jedes Wollen und Tun kann nur innerhalb dieses Gefüges realisiert werden. Unabstreifbar sind ebenfalls die „limitativen“ Merkmale dieser Grundsituation, d.h. die mit der Befristung menschlicher Lebenszeit, der Erschöpfbarkeit der Lebensressourcen sowie der Ungewißheit künftiger Lebenslagen gegebenen Grenzen. Sich über dieses Unausweichliche „hinwegzusetzen“ kann darum nicht heißen, diese Grundsituation auf eine „jenseits“ von ihr zu ortende Wirklichkeit zu überschreiten. Ein relational-struktureller Begriff von Transzendenz impliziert keineswegs, „oberhalb“ der normalen Welt A eine weitere Welt B anzunehmen, auf die sich der religiöse Mensch bezieht. Angesichts der Unhintergehbarkeit der existentialen Grundsituation wäre dies ein „vorhandenheitsontologisches“ Selbstmissverständnis des religiösen Grundaktes. „Transzendieren“ bedeutet in existentialpragmatischer Sicht für ein Subjekt lediglich, sich zu dem Unausweichlichen seiner Existenz in ein Verhältnis zu setzen, das es ermöglicht, im Modus der Bestreitung mit seinen Limitationen zu leben und sich widerständig gegen sie zu behaupten. Sie werden anerkannt als etwas, das unausweichlich über alles im Leben verhängt ist, das nicht zu umgehen und dem nicht zu entrinnen ist. Und zugleich wird bestritten, dass sie in ihrer Unabwendbarkeit für alles, was *im* Leben geschieht, auch darüber bestimmen, was es letztlich *mit* dem Leben auf sich hat.

Als „religiös“ kommt demnach eine solche Einstellung zu Lebensverhältnissen in Betracht, welche die Relationen des Ökonomischen, Moralischen, Medialen etc. transzendiert, indem sie bezogen werden auf das, was nicht vermittels anderer Einstellungen zu menschlichen Lebensverhältnissen als Mittel zum Erreichen von Zwecken innerhalb der Systeme Ökonomie, Medien oder Politik eingesetzt werden kann. Es muss also gezeigt werden können, dass das, was als „religiös" behauptet wird, einer Überführung bzw. Aufhebung in ökonomische, technische, moralische, therapeutische und ästhetisch-mediale Lebenseinstellungen widerstreitet. Diese Bedingung erfüllt ein (religiöses) Verhältnis zu menschlichen Lebensverhältnissen (und deren Deutung), das dabei nicht Bezug nimmt auf etwas *im* Leben, zu dem man ein Verhältnis aufbauen kann, sondern nach einem Verhältnis *zum* Leben in seiner Ganzheit sucht.[89]

Diese Ganzheit wird thematisiert in den unabgegoltenen „großen" Fragen[90] nach den Möglichkeiten einer Welt- und Daseinsakzeptanz angesichts des Inakzeptablen: Ist ein Dasein letztlich zustimmungsfähig, das angesichts der Befristung menschlicher Lebenszeit, der Erschöpfbarkeit der Lebensressourcen, der Konkurrenz um ihre Nutzung und der Ungewissheit künftiger Lebenslagen keinen letzten Grund zum Ja-Sagen erkennen läßt? Ist ein Leben letztlich akzeptabel, wenn alle (daseinsimmanenten) Versuche zur Herstellung dieser Akzeptanz am Ende nur deren Fraglichkeit hervortreiben? Denn wie ist eine Welt zu bejahen, in der man sich nur insoweit die Chance sichert, etwas vom Leben zu haben, dass man sich als Konkurrent gegenüber anderen durchsetzt und sich am Ende doch nur den Tod holen wird? Wie kann jemand zu sich selbst stehen, wenn es in einer endlichen und vergänglichen Welt nichts

---

[89] In diesem Sinn ist Religion bzw. Religiosität (als individuelle Disposition zu einem religiösen Weltverhältnis) nicht als eine anthropologische Konstante zu bestimmen, sondern als eine aufgrund der existentialpragmatischen Grundsituation des Menschen sich „konstant" eröffnende und in bestimmten Praktiken verwirklichte Dimension menschlicher Lebensgestaltung zu beschreiben. Zur Unterscheidung zwischen (säkularisierungsresistenten) Strukturen bzw. Bezugsproblemen und (säkularisierungsunterworfenen) Inhalten der Religiosität siehe auch die Arbeiten von U. OEVERMANN, Strukturelle Religiosität und ihre Ausprägungen unter Bedingungen der vollständigen Säkularisierung des Bewußtseins, in: Ch. Gärtner u.a. (Hg.), Atheismus und religiöse Indifferenz, 340-399; DERS., Strukturmodell von Religiosität, in: K. Gabriel (Hg.), Religiöse Individualisierung oder Säkularisierung, 29-40; DERS., Ein Modell der Struktur von Religiosität, in: M. Wohlrab-Sahr (Hg.), Biographie und Religion, Frankfurt 1995, 27-102.

[90] Vgl. F. v. KUTSCHERA, Die großen Fragen, Berlin/New York 2000.

Beständiges gibt, auf das letztlich Verlass ist und einen Menschen Stand im Unbeständigen gewinnen lässt?

Unabgegolten sind diese Fragen, weil sie keineswegs im Fortgang der Moderne modernisierungsbedingt zum Verschwinden gebracht wurden. Zwar stellen ökonomische, technische, politische und moralische Einstellungen zu den Lebensverhältnissen spezifische Umgangsformen mit den temporalen, naturalen und sozialen Limitationen des Daseins dar. Allerdings sind diese Limitationen unabstreifbar; sie lassen sich nicht ökonomisch überwinden, technisch aufheben oder moralisch tilgen. Sie limitieren auch die Möglichkeit der Daseinsakzeptanz. Durch technisches, ökonomisches und moralisches Handeln lassen sich keine zureichenden Mittel zur abschließenden Bewältigung der fraglichen Daseinsakzeptanz gewinnen.

Angesichts der temporalen Limitationen des Daseins lässt sich zeigen, dass diese Fraglichkeit vielmehr säkularisierungsresistent ist und von beschleunigt ablaufenden Prozessen der technischen und ökonomischen Modernisierung sogar noch forciert wird. Das Grundproblem eines befristeten Lebens besteht in der Nötigung, es möglichst schnell in diesem Leben zu etwas zu bringen, will man etwas vom Leben haben. Man hat je mehr vom Leben, desto besser jenes ist, wozu man es gebracht hat. Ist es nicht optimal, dann muss es wenigstens so beschaffen sein, dass es weitere Optimierungen zulässt. Die Kunst des Lebens besteht dann darin, sich um jenes Gute zu bemühen, das vielleicht nicht vollkommen ist, aber Verbesserungen seiner Güte in Aussicht stellt. Angesichts der Ungewissheit der Dauer des eigenen Lebens ist man gut beraten, sich möglichst rasch und möglichst viel dieses optimierbaren Guten zu besorgen. Allerdings zeigt sich dabei sehr bald das Problem des „abnehmenden Grenznutzens". Die bestmögliche aller Welten bildet keineswegs jene, die immer und für alles neue Optimierungen bietet. Ein endliches Leben kann nur dann glücken, wenn es in einer Welt permanenter und beschleunigter Verbesserungen nicht nur Dinge gibt, die technisch oder ökonomisch optimierbar sind, sondern auch solche, die nicht wieder schlecht gemacht werden können.[91] Gibt es etwas im Leben, das uneingeschränkt zustimmungsfähig ist, oder ist alles nur vorbehaltlich seiner Optimierung akzeptabel? Von Dingen, die nicht optimal sind, hat man letztlich nicht viel. Denn letztlich sind sie nicht uneingeschränkt akzeptabel.

[91] Vgl. hierzu ausführlicher H.-J. HÖHN, Zeit-Diagnose. Theologische Orientierung im Zeitalter der Beschleunigung, Darmstadt 2006.

Und wie verhält es sich mit dem Leben selbst? Wie steht es um mögliche Daseinsoptimierungen, wenn diese genauso befristet optimal sind wie das Leben selbst?

2.2. Daseinsakzeptanz: Das existenzielle Bezugsproblem religiöser Authentie

Mit der Frage nach der verantwortbaren Zustimmungsfähigkeit des Daseins ist das existenzielle Bezugsproblem des religiösen Vollzuges identifizierbar geworden. Seine Struktur und Logik lässt sich bestimmen als Verhältnis zum Integral menschlicher Lebensverhältnisse und ihrer Limitationen, das diese transzendiert, indem es nach Möglichkeitsbedingungen, Mitteln und Wegen einer kontrafaktischen Selbst- und Weltakzeptanz fragt.[92] Der religiöse Grundvollzug ist der fragende und hoffende Ausgriff nach Gründen, das Leben allen Limitationen zum Trotz für letztlich zustimmungsfähig zu halten.

Obwohl bisher das Spezifikum eines religiösen Verhältnisses zu den Lebensverhältnissen und -einstellungen des Menschen lediglich über sein Bezugsproblem formal bestimmt wurde, lassen sich daraus dennoch bereits einige kriteriologisch relevante Folgerungen für die Identifikation authentischer religiöser Vollzüge ableiten. Beim derzeitigen Stand der Überlegungen handelt es sich vor allem um Bestimmungen, die via negativa zu gewinnen sind und sagen, was Religion nicht ist. Dieses Vorgehen hat den Vorzug, bereits formal und aus hermeneutisch-kritischer Perspektive grundlegende Merkmale religiöser Authentie von ebenso grundlegenden Missverständnissen in Theorie und Praxis, in Außen- und Innenansichten religiöser Phänomene freizuhalten.

(1) Zunächst ist festzuhalten, dass Religion sich in der Weise der Bestreitung zu ökonomischen, technischen, moralischen Lebenseinstellungen hinsichtlich der Herstellbarkeit von Daseinsakzeptanz verhält. Sie steht dafür ein, dass Daseinsakzeptanz nicht Ergebnis politischer, technischer, ökonomischer oder moralischer

[92] Hinter diesem Verständnis von „Transzendenz“ steht somit nicht die Vorstellung vom Aufstieg des Subjekts in eine „jenseitige“ oder „übernatürliche“ Sphäre, sondern der Rück-Überstieg zu den Möglichkeitsbedingungen der Selbst- und Weltakzeptanz. Zu anderen Konzepten vgl. M. ENDERS, Transzendenz und Welt, Frankfurt 1999, 27-58.

Daseinsgestaltung sein kann. Daraus folgt im Umkehrschluss, dass religiöse Orientierungen über den technisch, ökonomisch und moralisch unableitbaren Sinngrund des Daseins ihrerseits nicht im Vorteils/Nachteils-Kalkül, im Modell der Zweckrationalität oder im Leitbild eines „guten Lebens" formulierbar sind.

(2) Der relational-strukturelle Religionsbegriff widerstreitet aber auch einem „substantialistischen" oder „vorhandenheitsontologischen" Missverständnis von Gehalt und Gegenstand religiöser Vollzüge: Sein Bezugspol ist kein Gegenstand, sondern ein Verhältnis. Zu einem Verhältnis zu Lebensverhältnissen gehört, dass man es nicht als solches wahrnehmen kann. Vielmehr ist man darauf angewiesen, dass es sich in anderen Verhältnissen manifestiert. Es ist daher weder nötig noch möglich, über die Realität eines religiösen Daseinsverhältnisses „in Reinkultur" nachzudenken. Die Realität eines Verhältnisses zu Lebensverhältnissen existiert nicht nach Art einer unmittelbaren Relation zwischen A und B (z.B. im Sinne eines Abstammungsverhältnisses), sondern bedarf der relationalen Vermittlung. Welches moralische Verhältnis jemand zum Geld hat, lässt sich nur daran ermessen, wie dieser Mensch im Umgang mit Waren und Dienstleistungen, d.h. in ökonomischen Zusammenhängen mit Geld umgeht. Welches Verhältnis jemand zum Verhältnis von Leben und Tod hat, erweist sich danach, wie er sich zum Geschehen des Widerstreits von Aufhören und Anfangen, von Leben und Sterben in seinen Lebensverhältnissen verhält.

(3) Rituelle Vollzüge, die in einem substanziellen Religionsverständnis als definitorisch für Religion gelten (z.B. Gebete, Opfer, Liturgien), erweisen sich in einem relational-strukturellen Religionsverständnis nicht als Steigerung, Überbietung oder „Reinform" einer relational vermittelten religiösen Einstellung zu Lebensverhältnissen und Lebenseinstellungen. Vielmehr stellen sie materialiter jene Momente heraus, die bereits formal und strukturell für eine religiöse Einstellung zu Lebensverhältnissen charakteristisch sind. Sie haben somit repräsentativen und nicht konstitutiven Charakter.

Kritisch verhält sich der bisher skizzierte Religionsbegriff aber auch zu Vorstellungen und Geltungsansprüchen, die „religionsintern" entwickelt werden. Dies gilt vor allem für die Frage, ob angesichts der Unhintergehbarkeit und Unabstreifbarkeit der existentialen Grundsituation des Menschen als einer singulären Ganzheit, außerhalb derer es „nichts" gibt, von einem „welttranszendenten"

Grund der Daseinsakzeptanz im Modus eines transzendenten Objektivismus oder einer supranaturalen Vorhandenheitsontologie gesprochen werden kann. Allerdings ist mit diesem Hinweis bereits eine formale Bestimmung eines religiösen Lebensverhältnisses verlassen und die Problematik einer materialen Antwort auf das Problem der Daseinsakzeptanz angesprochen.

Wie diese materiale Antwort ausfällt, macht das besondere Profil authentischer religiöser Bekenntnisse und Kultformen aus, wenngleich sie hinsichtlich der skizzierten existentialpragmatischen Bestimmung ihres Bezugsproblems und der relational-strukturellen Bestimmung des religiösen Grundaktes übereinstimmen. Während für die bisherigen Merkmale eines relational-strukturellen Religionsbegriffs (als Verhältnis zu menschlichen Daseinsverhältnissen, das diese zugleich transzendiert) beansprucht wird, dass sie in komparativer Perspektive auf alle antreffbaren „Religionskulturen" anwendbar und mit ihrem Selbstverständnis kompatibel sind,[93] macht es gerade deren jeweiliges „Alleinstellungsmerkmal" aus, dass sie für die Frage der Daseinsakzeptanz differente Antworten bereithalten. Sie sind darum auch weder untereinander, noch im Verhältnis zu ihrer säkularen Umgebung unumstritten.

Der Modus der Bestreitung und des Widerstreits definiert wechselseitig das Verhältnis von Religion und anderen Einstellungen zu den Lebensverhältnissen des Menschen. So wird das Bezugsproblem der Religion von ihren Kritikern vielfach relativiert und die Frage nach der Zustimmungsfähigkeit des Daseins als obsolet erachtet. Vielen Zeitgenossen stellt sich die Frage nach möglicher Welt- und Selbstakzeptanz nur noch in ihrer negativen Version, weil sie sehen, dass ein Dasein kaum belangvoll sein kann, wenn das Größte dem Menschen Erfahrbare – die Natur, die Evolution, der Kosmos – sich gleichgültig zeigen gegenüber dem menschlichen Insistieren auf Wert und Bedeutung des Daseins als Grund der Selbstbejahung.[94]

---

[93] Vgl. zu diesen Postulaten auch H.-M. HAUSSIG, Der Religionsbegriff in den Religionen, Berlin/Bodenheim 1999; B. SCHMITZ, ‚Religion' und seine Entsprechungen im interkulturellen Bereich, Marburg 1996; M. ENDERS, Ist ‚Religion' wirklich undefinierbar? Überlegungen zu einem interreligiös verwendbaren Religionsbegriff, in: Ders./H. Zaborowski (Hg.), Phänomenologie der Religion, 49-87.

[94] Zum Folgenden vgl. besonders F.-J. WETZ, Lebenswelt und Weltall, Stuttgart 1994; DERS., Die Würde des Menschen ist antastbar, Stuttgart 1998; DERS., Die Kunst der Resignation, Stuttgart 2000. Bei der Beschreibung der existentialen Grundsituation des Menschen ergeben sich zwei einander widerstreitende Momente der „Bedeutsamkeit" und der „Belanglosigkeit": Das Größte, das

Wer dagegen opponiert, dass die Unmöglichkeit einen Grund anzugeben, der menschliche Selbst- und Daseinsakzeptanz rechtfertigt, wenn nicht die Nichtigkeit des Daseins belegt,[95] so doch nur eine erheblich eingeschränkte Wertschätzung zulässt, und dafür plädiert, dass Mensch und Welt zwar nicht völlig ablehnenswert, aber gleichwohl verbesserungswürdig sind, muss seine Hoffnung auf die Verbesserungsfähigkeit der Welt zum Zwecke ihrer Akzeptanz setzen. Was es mit dem Leben, seinem Wert und seinem Sinn auf sich hat, richtet sich nach dieser Auffassung dann danach, was man aus dem Leben macht. Hier gilt die Devise: Wenn die Welt von sich aus noch nicht akzeptabel ist, so kann man diesem Mangel vielleicht abhelfen durch menschliches Zutun. Wenn es mit dem Dasein in dieser Welt etwas auf sich haben soll, dann ist dies eine Frage der Machbarkeit.

Allerdings blendet diese Überzeugung ein Problem aus, das elementar mit der Herstellung von Daseinsakzeptanz durch die Verbesserung der Lebensverhältnisse zu tun hat. Jeder Anspruch, durch die Veränderung der Weltverhältnisse die Welt akzeptabler zu machen, muss davon ausgehen, dass die Welt nicht von vornherein etwas Missglücktes oder unaufhebbar Misslungenes darstellt. Wer etwas zum Besseren verändern möchte, kommt nicht umhin, es für besser zu halten, etwas zum Besseren zu verändern, als es bleiben zu lassen. Es kommt hierbei jedoch nicht alles auf das Tun des Menschen an. Die Welt muss von sich aus wenigstens Akzeptanzsteigerungen ermöglichen und einen Ansatz dafür bieten, sie annehmbar zu machen. Sie müsste zudem von sich aus einen Anhalt für die Überzeugung geben, es sei besser, sie zu verbessern als es zu unterlassen. Nur dann zeigt sich, dass sie nicht nur Verbesserungen ermöglicht, sondern dieses Aufhebens auch

---

dem Menschen erfahrbar ist, das physische Weltall, verhält sich gleichgültig gegenüber allem, was in ihm geschieht. Andererseits ist das Nächste, das dem Menschen erfahrbar ist, sein eigenes Dasein, ihm nicht gleichgültig, sondern höchst bedeutsam. Der Mensch muss sein für ihn höchst bedeutsames Dasein als für die Natur, Welt und Kosmos ganz und gar gleichgültig und unerheblich anerkennen. Dieser Widerstreit ist nicht absorbierbar durch technisch beherrschbare Weltverhältnisse oder instrumentell hergestellte szientifische Formen von Wissen und praktischer Lebensführung. Er bezieht sich nicht auf einen Teil der menschlichen Daseinsverhältnisse, sondern ist ein Grundzug des ganzen Lebens und all seiner Charaktere. Ihm untersteht das Ganze des Daseins und alles, was sich in ihm ereignet.

[95] Vgl. exemplarisch U. HORSTMANN, Ansichten vom großen Umsonst, Gütersloh 1991; M. GEIER, Das Glück der Gleichgültigen, Reinbek 1997; L. LÜTKEHAUS, Nichts. Abschied vom Sein – Ende der Angst, Zürich 1999.

wert ist. Ob diese Annahme berechtigt ist, lässt sich aber an der Welt nicht ablesen. Es könnte sein, dass sie letztlich „unverbesserlich" bleibt. Dann wären alle Anstrengungen der Daseinsoptimierung sinn- und wertlos.[96]

Wenn die Welt etwas unaufhebbar Misslungenes darstellt, kann man sich jegliche Mühe der Weltverbesserung sparen. Falls nicht, hört der aktive Widerstand gegen die „naturgegeben" eingeschränkte Azeptabilität des Daseins spätestens dann auf vernünftig zu sein, wenn es keinerlei Aussicht gibt, dass dieser Widerstand zu einem Gewinn an Sein und Sinn führt. Diese Situation ergibt sich aber nicht erst am Ende menschlichen Lebens, sondern besteht bereits zu dessen Anfang. Wenn jedoch die Welt selbst und alles in ihr nicht von Anfang an unter dem Zeichen des Scheiterns gestanden hat, müsste sich dann nicht etwas vom ursprünglichen „Gutsein" der Welt in Erfahrung bringen lassen!?

Ob man mit der Welt etwas (Gutes) anfangen kann, hat damit zu tun, wie die Welt selbst angefangen hat. Ein guter Anfang erleichtert ihre Akzeptanz. Wie aber lässt sich ergründen, wie alles angefangen hat? Bietet ein religiöses Verhältnis zum Integral menschlicher Lebensverhältnisse hierfür eine angemessene epistemische Einstellung? Die Frage nach den Anfangs- und Akzeptanzbedingungen des Daseins ist in der Tat Bestandteil des existenziellen Bezugsproblems von Religion. Sie zielt nicht auf eine Theorie der Weltentstehung, die in Konkurrenz zu naturwissenschaftlichen Erklärungen vom Anfang des Lebens treten könnte. Hier geht es nicht um einen datierbaren Anfang im zeitlichen Sinn, den man hinter sich bringen kann. Vielmehr geht es um Grundlegendes, das bleibend alle Daseinsvollzüge bestimmt. Materialiter unterscheiden sich in dieser Frage die verschiedenen Religionen. Neben weltbejahenden Kosmogonien, die von einer Überwindung chaotischer, lebensfeindlicher „Ursituationen" und der Erschaffung einer kosmischen Ordnung erzählen, stehen jene, die einen sukzessiven Verfallsprozess thematisieren, um mittels einer Ätiologie den unvollkommenen Zustand der gegenwärtig erfahrbaren Welt zu erklären. Hier wird nicht von einem „guten" Weltanfang erzählt, der die

[96] Insofern ist zu erwägen, ob wir nicht in der Frage der Daseinsakzeptanz „bereits auf eine ursprüngliche, vorgängige Einheit und Synthesis von Sinn und Sein angewiesen sind, die wir nicht von etwas ableiten oder auf etwas reduzieren können, was diese Synthesis, diesen Sinngrund nicht ihrerseits schon voraussetzt", Th. RENTSCH, Wieder nach Gott fragen? Thesen und Analysen zur Rehabilitierung philosophischer Theologie, in: K. Dethloff u.a. (Hg.), Orte der Religion im philosophischen Diskurs der Gegenwart, Berlin 2004, 185.

Voraussetzung für jeden weiteren „guten“ (Neu)Anfang im Fortgang der Weltgeschichte erzählt und deren Akzeptanz ermöglicht. Vielmehr wird jener Umstand benannt, der erklärt, warum es immer wieder dazu kommt, dass vom Menschen gemachte Neuanfänge letztlich scheitern und darum die Welt letztlich inakzeptabel ist.

2.3. Grundlosigkeit: Sinnbedingung der Daseinsakzeptanz

Auch die Schöpfungserzählungen der Bibel (Gen 1-2) sind bewegt von der Frage nach dem Herkommen der Welt als Frage nach den Akzeptanzbedingungen des In-der-Welt-Seins.[97] Laut Auskunft der Bibel hat die Akzeptanz der Welt damit zu tun, dass sie „gutgeheißen“ werden kann. Mit dem Gutheißen der Welt endet jeweils ein Schöpfungstag. Neunmal heißt es (in Gen 1,1-2,4a): „Gott sprach – so geschah es – Gott sah, daß es gut war.“ Das Wort „gut“ (hebr. „tob“) ist in diesem Zusammenhang am besten mit „wohlgetan“ wiederzugeben. Das Gelungene, Wohlgetane macht es aus, dass Gott daran sein „Wohlgefallen“ hat. Darum schwingt in dem hebräischen Wort „tob“ auch die Bedeutung „schön“ mit. Schön und gut ist das, woran man seine Freude hat. Darin liegt auch sein besonderer Wert und der Grund für seine Wertschätzung. Aber gerade an diesem Punkt beginnt die Irritation. Sinn und Wert der Schöpfung haben nach Auskunft der Bibel nichts mit dem zu tun, womit üblicherweise etwas als „gut“ und „wertvoll“ ausgezeichnet wird. Meist ist damit der Gedanke der Zweckdienlichkeit verbunden. Das heißt: Sinn und Wert hat, was als Mittel für das Erreichen eines Zieles geeignet ist. Sein Gebrauchswert hängt davon ab, wozu man es vorzugsweise gebrauchen kann oder welche Funktion es erfüllt – wie etwa ein Werkzeug. Zum Einschlagen von Nägeln empfiehlt sich als „sinnvolles“ Hilfsmittel darum eher ein Hammer als eine Zange. Sinn- und wertlos ist, was zum Erreichen bestimmter Ziele nichts beitragen kann, weil es etwa einen Defekt hat. Mit einem stumpfen Skalpell in der Hand wird kein Chirurg eine Operation beginnen. Sinn und Wert kann auch dasjenige haben, was etwas bedeutet, was zu denken gibt oder gedeutet werden kann –

[97] Zum Folgenden vgl. ausführlicher H.-J. HÖHN, Zustimmen. Der zwiespältige Grund des Daseins, Würzburg 2001M. KEHL, Und Gott sah, dass es gut war. Eine Theologie der Schöpfung, Freiburg/Basel/Wien 2006..

wie etwa die Partitur eines Musikstücks, die interpretiert, gespielt werden kann.

Im Schöpfungsmythos der Bibel findet sich keiner dieser Sinn- und Wertbegriffe, mit dem gesagt werden könnte, wozu die Welt „gut" ist. Er enthüllt keinen göttlichen Plan, in dem jedes Geschöpf eine bestimmte Rolle zu spielen hat, die seinem Leben Sinn und Halt gibt. Er offenbart kein Drehbuch für die Weltgeschichte, das auf seine Verfilmung wartet. Für die Biographie des Menschen ist keine Partitur hinterlegt, die einstudiert und abgespielt werden könnte. Gemessen an diesen Vorstellungen ist die Schöpfung bar jeder Bedeutung. Im letzten hat es nichts mit ihr auf sich. Ähnlich steht es um die Welt, wenn nach ihrer Zweckdienlichkeit gefragt wird. Gemessen an diesem Kriterium ist sie zu nichts zu gebrauchen.

Die Suche nach dem Grund für die Erwartung, mit dem Dasein des Menschen und seiner Welt könnte es etwas Besonderes auf sich haben, das seine Akzeptanz rechtfertigt, bleibt hier anscheinend ohne Ergebnis. Ein solcher Grund ist nicht zu sehen. Die Welt existiert offenkundig grundlos. Was moderne Daseinsskeptiker in metaphysik- und religionskritischer Absicht vorbringen, scheint der biblische Schöpfungsmythos zu bestätigen. Aber er versieht dieses Wissen mit einer besonderen Pointe, die eine nihilistische Deutung des Daseins dementiert: Das Gut-sein der Welt besteht nicht darin, dass sie *für* etwas gut ist, dass sie ein geeignetes Mittel für das Erreichen weiterer Ziele ist. Das einzige Ziel, das Gott mit der Erschaffung der Welt im Auge hat, ist ihr Dasein als solches. Gerade deswegen ist die „Grundlosigkeit" der Schöpfung für alle Geschöpfe eine Wohltat. Ihr Dasein trägt seinen Zweck in sich selbst. Nur ein solches Dasein ist sinnvoll. Es zählt zu den Sinnbedingungen des Daseins, dass es keinen „höheren" Zweck hat, auf den hin es entworfen wurde. Dies ist wiederum eine Voraussetzung für die freie Akzeptanz des In-der-Welt-Seins. Das eigene Dasein läßt sich nur dann als Wohltat empfinden, wenn es allen Zweck- und Nutzenbestimmungen enthoben ist.

Dass die Schöpfung in den Augen Gottes gut ist, bedeutet auch, dass seine Geschöpfe davon entlastet und befreit sind, ihre Daseinsberechtigung selbst nachweisen zu müssen. Genau das ist die Antwort, die der biblische Ursprungsmythos auf die Sinn- und Akzeptanzparadoxie des menschlichen Daseins gibt: Er nennt die Bedingung dafür, dass und warum sich der Mensch für bedeutsam halten darf, auch wenn in der ihn umgebenden Wirklichkeit kein Grund zu finden ist, der seine Selbst-Wertschätzung rechtfertigt.

Diese Bedingung ist das voraussetzungs- und bedingungslose Freigelassensein ins eigene Dasein, das wohltuende Unterschiedensein vom Nichts. Es wird die Auffassung dementiert, dass der Mensch seine Daseinsberechtigung auf der Basis bestimmter Zweckdienlichkeiten immer neu beweisen und durch sein Leben Gründe dafür liefern muss, die eine Antwort geben auf die Frage eines anderen Menschen: Mit welchem Recht bist Du auf der Welt? Sofern die Geschöpflichkeit des Menschen bedingungslos und zweckfrei ist, erweist sich auch die Frage, „warum" Gott Welt und Mensch erschaffen habe, als unsinnig. Eine solche Frage sucht nach Bedingungen, Gründen und Zweckbestimmungen für ein Dasein, dessen „Grundlosigkeit" doch gerade die Grundlage seiner Würde und seines Eigenwertes ist.

Wer bei der Frage nach dem Grund des Daseins auf die Kategorie der Grundlosigkeit stößt und dies als „wohltuend" ausgibt, löst meist Widerspruch aus. Hier wird anscheinend zusammengebracht, was nicht zusammengehört. Mit „Grundlosigkeit" assoziiert man zunächst Willkür und Beliebigkeit – also jenes, was Wert und Sinn untergräbt, anstatt beides zu ermöglichen. Wer sich aber von dieser Fixierung befreit, dem geht eine Alternative auf. Etwas grundlos zu tun, heißt auch: keine Hintergedanken und Nebenabsichten zu hegen, sondern etwas um seiner selbst willen zu wollen. Jemanden grundlos ins Leben rufen und am Leben erhalten ist identisch mit dem Vollzug der unbedingten Bejahung. Wer jemanden unbedingt bejaht, will nichts von ihm oder ihr, sondern für ihn und sie: *dass* er und sie ist, dass er oder sie *frei* ist und sich selbst zu *eigen* ist.

Die schöpfungstheologische Verknüpfung des existenziellen Bezugsproblems eines religiösen Verhältnisses zu den Lebensverhältnissen und -einstellungen des Menschen mit einer materialen Formatierung dieses Verhältnisses fällt somit derart aus, dass sie die Letztbestimmung menschlicher Existenz in der Grundlosigkeit des Daseins sieht, aber gerade diese Grundlosigkeit zu den unverfügbaren und unableitbaren, alternativenlosen und unabstreifbaren Sinn- und Akzeptanzbedingungen des menschlichen Daseins zählt. In einem christlich-religiösen Verhältnis zu den Daseinsverhältnisssen wird die Grundlosigkeit des Daseins als Sinnbedingung von Freiheit und Humanität bzw. als prä-funktionale Voraussetzung aller zweckorientierten, funktionalen Gestaltungen menschlicher Lebensverhältnisse bestimmt. Grundlos am Leben (gelassen) zu sein bedeutet, dass das menschliche Dasein bedeutungslos ist, d.h. es hat keine Bedeutung in dem Sinne, dass es etwas abbildet, an- oder bedeutet und für etwas steht, das es nicht selbst ist. Es ist als grundloses zugleich zwecklos in dem Sinne, dass es nicht als Mittel zum Erreichen eines Zwecks herhalten kann. Aber gerade diese Grundlosigkeit erweist sich in einem zweiten Hinblick als eine Freiheits-, Identitäts- und Sinnbedingung menschlicher Existenz. Allein ein Dasein, das allen Zweck- und Nutzenbestimmungen enthoben ist, an dessen Seinkönnen keine Vor- oder Nachbedingungen gestellt werden, das nicht als Emanation, Funktion oder Platzhalter einer anderen Größe begegnet, ist sich wirklich selbst ganz gegeben, frei überantwortet und kann Zweck an sich selbst sein, sich als Zweck an sich selbst anerkennen und in Freiheit selbstgesetzte Zwecke verfolgen.

Grundlos und zweckfrei existieren zu können, ist mithin das Erste und Beste, was dem Menschen widerfahren kann. Nur wer zweckfrei existiert, kann autonom Zwecke setzen. Die Erhaltung einer zweckfreien menschlichen Existenz ist letztlich auch die Sinnbedingung der ökonomisch-technischen Gestaltung menschlicher Lebensverhältnisse. Sie ist das, was allen Zwecksetzungen Sinn gibt. Eine zentrale sozio-kulturelle Funktion von Religion besteht darum im Eintreten für die Unverzwecklichkeit menschlichen Daseins.

3. Unverzwecktes Dasein: Die sozio-kulturelle Bedeutung von Religion

Säkulares Denken ist geprägt von dem Wissen um die Kontingenz, Vorläufigkeit und Relativität all dessen, was der Mensch als etwas Unbedingtes, Definitives und Unverfügbares ausgegeben hat. Allein der Gedanke der Unantastbarkeit menschlicher Würde ist ihm geblieben. Mit dem Christentum begegnet ihm die Überzeugung, dass dieser Gedanke auf einen „vorpolitischen" Bereich verweist, aus dem sich das moralische Bewusstsein der Menschenwürde speist. Was diese Würde ausmacht, lässt sich nicht als Bestandteil des Ensembles seiner Lebensverhältnisse und seiner Lebensumstände identifizieren. Hier wird sowohl ein Grundzug als auch eine Wirkung der materialen Formatierung eines religiösen Verhältnisses zum Integral menschlicher Lebensverhältnisse erkennbar: Religion sucht nach dem Unverrechenbaren, Indisponiblen und Unabdingbaren, von dessen Anerkennung ein menschenwürdiges Dasein lebt. Sie will das Relativieren relativieren.

Säkulares Denken steht in der Versuchung, dies für fundamentalistisch zu halten. Aber wer das Moment des Unverrechenbaren und Unverfügbaren aufgibt, stellt ein gemeinsames Merkmal der religiösen und ethischen Vernunft in Frage. Unbedingten Wert und Würde hat menschliches Dasein in der Welt nur, wenn Wert und Würde nicht ihren Grund im Kontingenten haben, wenn sie nicht zurückgeführt werden können auf Maß, Zweck und Größe dessen, was Menschen einander geben und nehmen können. Das Christentum behauptet und bezeugt, dass der Mensch Adressat einer unbedingten Zuwendung ist, die nicht Maß nimmt an seiner Leistungsfähigkeit, nicht an seiner Intelligenz, nicht an seiner moralischen Qualität. Unbedingt ist die Anerkennung von Wert und Würde des Menschen nur, wenn sie derart maß-los ist. Unbedingt ist die Anerkennung menschlicher Würde, wenn der Maßstab von Humanität nicht verlagert wird in das Umfeld der endlichen, bedingten und kontingenten Vollzugsbedingungen des Menschseins.

Die soeben skizzierte These ist in höchstem Maße missverständlich. Sie kann zu der Schlußfolgerung (ver)führen, man brauche Religion aus Gründen der Humanität. Erst Religion oder ein Gottesverhältnis garantiere somit Humanität, außerhalb der Religion oder eines Gottesverhältnisses sei Humanität nicht in ihrer letzten Tiefe lebbar und begründbar. Religion sei somit aus Gründen der

Moral notwendig und unverzichtbar. Diese Schlußfolgerung ist jedoch mit der Logik der zuvor entwickelten Rede von der wohltuenden Grundlosigkeit des Daseins nicht in Einklang zu bringen. Hier wird die Logik der Brauchbarkeit und Notwendigkeit ja gerade gesprengt und transzendiert. „Notwendigkeit" ist eine für die Religion, vor allem für das Christentum und für seine Botschaft höchst unangemessene Kategorie. Das Christentum kann nur solange für die Unverzweckbarkeit des menschlichen Daseins eintreten, wie es selbst unverzweckbar bleibt. Es muss sich daher auch einer Instrumentalisierung zum Zwecke der Moralbegründung entziehen.

Daraus folgt allerdings nicht, jeden Verweis auf die moralische Relevanz eines religiösen Verhältnisses zu den Lebensverhältnissen auszuschlagen. Religion würde aber zur Dublette der Moral, wenn man es dabei beließe. Vielmehr gilt: Religion kann nur so lange jene Bedeutung haben, die ihr z.B. aus ethischen Überlegungen zugeschrieben wird, wie sie nicht mit dieser Bedeutung identifiziert bzw. auf diese reduziert wird. Nur so wird man auch dem Selbstverständnis religiöser Subjekte gerecht. Diese beziehen sich auf eine Wirklichkeit, deren Realität und Relevanz nicht identisch ist mit der Realität und Relevanz der (Aus)Wirkungen und Folgen, die sich aus ihrem Verhältnis zu dieser Wirklichkeit ergeben.

Für das Christentum lässt sich dieser Sachverhalt im Blick auf sein spezifisches Gottesverständnis erläutern. Der christliche Glaube besteht in einem Bekenntnis zu Gott, dessen Bedeutung „jenseits" funktionaler Notwendigkeiten liegt. Nur dann ist seine Wirklichkeit unbedingt, wenn er nicht um etwas anderes willen notwendig ist, sondern gerade unabhängig von diesen Notwendigkeiten zu denken ist. Für das moderne säkulare Denken ist „Notwendigkeit" hingegen eine mehrstellige Größe: Etwas ist notwendig, d.h. unersetzbar, unausweichlich oder unabdingbar immer in Relation zu einer anderen Größe. Eine notwendige Größe setzt hinsichtlich ihrer (funktionalen) Notwendigkeit immer eine andere Größe voraus, deren unabdingbare Ursache oder zwangsläufige Folge bzw. Wirkung sie ist. Etwas ist notwendig, um einen bestimmten Zweck zu realisieren, eine bestimmte Wirkung zu erzeugen oder eine Lücke in einem Kausalzusammenhang zu schließen. Hier besteht ausschließlich eine „bedingte", jedoch nie eine „schlechthinnige", voraussetzungslose oder unbedingte Notwendigkeit. Das Notwendige bemisst sich nach der Abhängigkeit eines Resultats von einer für sein Entstehen erforderlichen Bedingung. Diese Bedingung ist somit nur in der Hinordnung auf eine andere Größe unabdingbar und nur insofern notwendig, damit bzw. wenn diese andere Größe ist bzw. sein soll, von der nicht auszumachen ist, ob sie unter irgendeiner Rücksicht selbst notwendig ist. In diesem Kontext schließt Notwendigkeit die Hinordnung auf Kontingentes ein. Mit dieser Art von Notwendigkeit das Reden von Gott zu verknüpfen, hat die Moderne als überflüssig erwiesen. Mit dieser Logik konkurriert aber auch die christliche Überzeugung, dass Gott nicht für etwas anderes oder um eines anderen willen notwendig ist, sondern gerade unabhängig von diesen Notwendigkeiten zu denken ist, wenn man angemessen von ihm reden will. Er ist um seiner selbst willen „interessant", unverzweckbar und innerweltlich nicht funktionalisierbar oder zu instrumentalisieren.[98]

Der Glaube an Gott, der schlechthin unbedingt ist und nicht in Bezug auf etwas anderes unbedingt notwendig erscheint, widerstreitet einer Deutung, die ihn erfasst und beschreibt als eine Option, „die um eines außerhalb ihrer selbst liegenden Zweckes, einer Funktion, die sie mehr oder weniger gut erfüllt, mehr oder weniger empfehlenswert wäre."[99] Was um seiner selbst willen belangvoll ist, muss aber nicht belanglos sein für etwas von ihm Verschiedenes. Es ist keineswegs folgenlos oder nutzlos, sich für das Unverzweckbare zu interessieren.[100] Die Konsequenz dieses Gottesverständnisses ist im Bereich der Moral die Ausbildung eines Bewusstseins, das unterscheiden kann zwischen dem, was Mittel zum Zweck und was Zweck an sich selbst sein kann. Dieses Bewußtsein führt ebenso zur Unterscheidung zwischen dem, was „gut für etwas" und was „in sich gut" ist. Nützlichkeit kann nicht der alleinige oder letzte Maßstab eines Verhältnisses zur Wirklichkeit und zu den Mitmenschen sein.[101] Die Liebe zu einem anderen Men-

---

[98] Vgl. hierzu auch E. JÜNGEL, Gott als Geheimnis der Welt, Tübingen [5]1986, 16-44.

[99] J. WERBICK, Den Glauben verantworten. Eine Fundamentaltheologie, Freiburg/Basel/Wien 2000, 68.

[100] Vgl. hierzu auch K. RAHNER, Die unverbrauchbare Transzendenz Gottes und unsere Sorge um die Zukunft, in: Ders., Schriften zur Theologie. Bd. XIV, Zürich 1980, 405-421.

[101] Dieser Sachverhalt hat auch Folgen für die Prüfung des Geltungsanspruchs religiöser Aussagen. Wird das Nützlichkeitskriterium absolut gesetzt, gibt man jedes weitere Kriterium zur Prüfung der Gültigkeit und Triftigkeit menschlichen Denkens und Tuns aus der Hand. Alles, was gesagt und getan würde, könnte immer nur als nützlich oder unnütz qualifiziert, nicht aber als zutreffend („wahr") oder falsch kritisiert werden. Die Prüfung der Rechenoperation 2x2=5 müsste dann hinsichtlich des Resultats ebenfalls Nützlichkeitserwägungen unterzogen werden.

schen macht nur und so lange glücklich, wie der/die andere nicht nur zum Zwecke der jeweils eigenen Beglückung geliebt wird. Es gibt wohltuende Konsequenzen menschlicher Vollzüge, die sich nur dann einstellen, wenn nicht sie selbst, sondern das von ihnen Verschiedene, das ihnen Vorausgehende, um seiner selbst willen gesucht wird.

Nochmals: Auch für Christen ist die Erkenntnis einer sittlichen Forderung eine Sache der Vernunft, die unabhängig von ihrem Glauben als gültig erweisbar sein muss.[102] Keineswegs behauptet eine christliche Ethik, Religiosität garantiere Humanität oder Moralität sei außerhalb eines bewusst vollzogenen Gottesglaubens nicht möglich.[103] Dass ein Gottesverhältnis der Entdeckungszusammenhang für die Überzeugung ist, es sei widersprüchlich, den Maßstab für die Unbedingtheit der Menschenwürde in den endlichen, bedingten und kontingenten Vollzugsbedingungen des Menschseins zu suchen, bedeutet keineswegs, dass es auch als alleiniger Begründungszusammenhang eines unbedingten moralischen Sollens behauptet wird. Eine solche Schlussfolgerung würde Genese und Geltung moralischer Normen miteinander vermischen und führt in den ethischen Fundamentalismus. Denn als fundamentalistisch gilt die Einstellung, man könne die soziale Geltung von Werten und Normen auf ein Fundament gründen, das nicht die Vernunft gelegt hat. Fundamentalistisch ist die Auffassung, eine weltanschauliche Tendenzgemeinschaft sei allein im Besitz der Maßstäbe moralisch richtiger Erkenntnis. Fundamentalistisch ist die Behauptung, es gäbe moralische Gehalte, die jeder rationalen Überprüfung und Kritik vorausliegen. Dagegen steht die Einsicht der Moderne, dass gerade die ethische Qualität einer Handlung davon bestimmt ist, dass das moralische Subjekt kraft eigener Vernunfteinsicht dem Gesollten zustimmen kann, und dass allen nur das zumutbar ist, was allgemein gerechtfertigt werden kann. Fundamentalistisch wäre es, den Gottesglauben zur logischen Voraussetzung für die Geltung moralischer Normen zu machen. Nicht weniger prekär ist es, beim Aufstellen von moralischen Maßstäben nicht Maß zu nehmen am Unbedingten. Wo das versucht wird, setzt der ethische Relativismus ein, der ebenso fatal ist wie der Fundamentalismus.

---

[102] Vgl. hierzu A. HOLDEREGGER (Hg.), Fundamente der Theologischen Ethik, Freiburg/Fribourg 1996.

[103] Vgl. K. W. MERKS, Gott und die Moral. Theologische Ethik heute, Münster 1999.

Die Logik des Zweckfreien und Unverzweckbaren konstituiert auch authentische religiöse Vollzüge und erweitert sowohl die Kriteriologie für eine religionsinterne Bewertung der Inkulturationsfähigkeit und sozio-kulturellen Antreffbarkeit von Religion als auch für eine Wahrnehmung und Kritik der nicht-religiösen Vereinnahmungen und Instrumentalisierungen des Religiösen. Auf der Basis dessen, was zuvor existentialpragmatisch als „religiöse" Einstellung rekonstruiert wurde und zu einem relational-strukturellen Religionsbegriff führte, können Dispersionsphänomene des Religiösen darauf befragt werden, inwiefern sie hinsichtlich Struktur, Form und Gehalt (noch) ein Verhältnis zu menschlichen Lebensverhältnissen erkennen lassen, welches diese Lebensverhältnisse „transzendiert", indem es sich auf das bezieht, was den Menschen unausweichlich betrifft, und sich zugleich über dieses Unausweichliche „hinwegsetzt", oder ob es sich um das Über-Setzen eines religiösen Musters, sich zum Leben in ein Verhältnis zu setzen, in ein säkulares Muster handelt. Auf diese Weise lässt sich auch der Verdacht erhärten oder ausräumen, dass die in den Leitsystemen moderner Gesellschaften (Medien, Wirtschaft, Politik) antreffbaren ökonomischen, ästhetisch-medialen und therapeutischen Dekonstruktionen, Dekontextuierungen und Inversionen religiöser Themen, Symbole und Überlieferungen in Wahrheit lediglich Dubletten eines ökonomischen, therapeutischen oder ästhetisch-medialen Lebensverhältnisses sind. Nicht alles, das *wie* Religion aussieht, lässt sich am Ende *als* Religion identifizieren.

III. Moderne - Kultur - Theologie: Fallstudien zur Dispersion der Religion

Zu den Gründungsmythen der Moderne gehört der Mythos vom modernisierungsbedingten Ende der Religion. Das Religiöse sollte vom Säkularen abgelöst werden. Allerdings hat sich gezeigt, dass hierbei die falsche, weil wirkungslose Strategie gewählt wurde. Religion lässt sich nicht durch das Säkulare, sondern nur durch Religion überwinden. Wenn säkulare Mächte die Macht übernehmen wollen, die ehedem der Religion zukam, müssen sie sich selbst Merkmale des Religiösen zulegen. Intensität und Umfang dieser „feindlichen Übernahme" können sehr unterschiedlich ausfallen. Den mythischen Selbstüberhöhungen in den politischen Totalitarismen des 20. Jahrhunderts[104] stehen teils unverhohlene, teils subtile Formen der ökonomischen und medialen Enteignung religiöser Kompetenzen und des Ansinnens funktionaler Alternativen gegenüber. Gemeinsam ist diesen religionsförmigen Überwindungen der Religion(en), dass ihre überlieferte Einheit von Form und Gehalt, Intention und Bedeutung *zer*setzt und in neue Konfigurationen *ver*setzt wird.

An der Rekonstruktion, Identifikation und Kritik dieser Prozesse und Muster einer Dekonstruktion und Rekombination von Religiösem und Säkularem hat sich eine Theorie religiöser Dispersion zu bewähren. Sie bieten in besonderer Weise die Gelegenheit, ihre hermeneutisch-kritischen Ambitionen einzulösen und ihr Begriffs- und Methodeninstrumentar zu präzisieren. Bei den folgenden Fallstudien geht es unter dieser Rücksicht um die Erweiterung einer existentialpragmatisch fundierten Religionstheorie durch die Heuristik des „cultural turns" der Gesellschaftswissenschaften.[105] Ge-

---

[104] Vgl. H. Maier, Totalitarismus und Politische Religionen. 3 Bde., Paderborn 1996/1997/2003; C. E. Bärsch, Die politische Religion des Nationalsozialismus, Paderborn ²2002.

[105] Vgl. hierzu etwa D. Bachmann-Medick, Cultural Turns. Neuorientierungen in den Kulturwissenschaften, Reinbek 2006 (Lit.); A. Reckwitz, Die Transformation der Kulturtheorien, Weilerwist 2000; A. Reckwitz/H. Sievert (Hg.), Interpretation, Konstruktion, Kultur. Ein Paradigmenwechsel in den Sozialwissenschaften, Opladen 1999; H.-P. Müller, Kultur und Gesellschaft. Auf dem Weg zu einer neuen Kultursoziologie?, in: Berliner Journal für Soziologie 4 (1994) 135-156.

meint ist damit eine spezifische „Wendung“ bei der Beschreibung sozialer Phänomene. Nicht mehr die akteursbezogene Leitfigur des „homo sociologicus“, sondern die Leitvorstellung einer „symbolischen“ Organisation der Wirklichkeit in kollektiven Codes und Sinnhorizonten steht dabei im Zentrum. Menschliches Verhalten erscheint weniger als Ergebnis eines normativen gesellschaftlichen Konsenses, sondern als ermöglicht und bedingt durch kollektive „symbolische“ Strukturen und Sinnwelten.

Der „cultural turn“ in den Sozialwissenschaften kann als Folge von Transformationen auf verschiedenen Ebenen verstanden werden: Auf der wissenschaftlichen Ebene stellt er sich als Ergebnis „einer Verarbeitung jener theoretischen Innovationen in der Philosophie des 20. Jahrhunderts in Phänomenologie, Hermeneutik, Strukturalismus, Semiotik, Sprachspielphilosophie und Pragmatismus dar, die die Konstitution von Handeln und alltäglicher Wirklichkeit in Sinnsystemen, symbolischen Ordnungen und Verstehen ‚entdecken‘ und thematisieren.“[106] Auf der gesellschaftlichen Ebene entspricht dieser „turn“ jenem Übergang der westlichen Gesellschaft in eine post-industrielle Phase, „die durch die Produktion symbolischer Güter - Information und Stile -, durch flexible Organisationsformen, permanente Zyklen der Enttraditionalisierung und Retraditionalisierung von Milieus und Identitäten sowie durch eine Denaturalisierung der Konzepte von Geschlecht und Ethnie geprägt ist. Auf der Ebene von Individuen, sozialen Gruppen und Institutionen erscheinen problemlose Verstehbarkeit und Steuerbarkeit des Sozialen immer weniger selbstverstaändlich, erscheinen Sinnsysteme und Praktiken immer weniger ‚natürlich‘; Erfahrungen der Kontingenz von Sinnsystemen und deren Differenzierung haben sich potenziert.“[107]

Für die wissenschaftliche Theoriebildung ist an einer solchen „Wende“ sozialwissenschaftlicher Forschung besonders interessant, dass ein (neuer) Forschungsfocus von der Gegenstandsebene auf die Ebene von Analysekategorien, -perspektiven und -konzepten „umschlägt“, d.h. sich selbst zum Medium von Erkenntnis macht. Die häufige Verwendung der Rede von der „Rückkehr des Religiösen“ in den Programmen von wissenschaftlichen Symposien und auf den Titelseiten von Sammelbänden deutet durchaus auf einen möglichen „religious turn“ in den Kulturwissenschaften hin. Hierbei werden nicht bloß die religiösen Signaturen im Sozia-

---

[106] A. RECKWITZ, Die Transformation der Kulturtheorien, 649.
[107] Ebd.

len markiert und widerstreitende Momente zwischen religiösem und säkularem Denken ausgemacht. Vielmehr werden diese selbst für Zwecke der Zeitdiagnose und Sozialanalyse verwandt.[108]

Für eine Theologie, die sich kulturwissenschaftlich neu positionieren will, bietet diese Entwicklung die Möglichkeit, ihr zeit- und kulturanalytisches Potential zur Geltung zu bringen.[109] In der Konkurrenz und Komplementarität mit den Religionswissenschaften[110] verfügt sie bei der Focussierung bestimmter Phänomene religiöser Dispersion sogar über schärfere hermeneutische Linsen. Sie ist in der Lage, eine religiöse und sozio-historische „Innenperspektive" bei der Betrachtung religiöser Phänomene mit einer religionsexternen Beobachterperspektive zu verknüpfen und sich kritisch zu religionsgeschichtlichen Deutungsangeboten zu verhalten, die Religion dem kulturellen Gedächtnis der Menschheit zurechnen, aber dabei den genuin religiösen „Subtext" entweder neutralisieren, ihn mit einer nicht eigens reflektierten „impliziten Theologie" versehen oder eine „Religionskulturwissenschaft" entwerfen, die sich auf einen archivierenden Umgang mit religiösen Traditionen beschränkt.[111]

Stattdessen wird eine theologische Theorie religiöser Dispersion „detektorisch" vorgehen. Sie kann zur Selbstaufklärung moderner Gesellschaften weitaus mehr beitragen, wenn sie bei der Identifikation säkularer Dekonstruktionen religiöser Praktiken, Ästhetiken und Semantiken auf dabei übergangene soziale und existenzielle

108 Vgl. etwa A. HONER u.a. (Hg.), Diesseitsreligion. Zur Deutung und Bedeutung moderner Kultur, Konstanz 1999. Ein „lebensweltlicher" Beleg für einen „religious turn" mag die Beobachtung sein, dass vor, während und nach der Fußballweltmeisterschaft 2006 kaum ein Feuilletonist bei der Beschreibung des Phänomens und der von ihm ausgehenden Faszination ohne die Verwendung religiöser Vokabeln auskam. Dabei ging es nicht darum, den Fußball als „verkappte" oder Pseudoreligion zu bestimmen oder gar von einer religiösen Warte das Geschehen zu kommentieren. Eher zeigt sich dabei die Dispersion der religiösen Semantik in die nicht-religiöse Beschreibung eines nicht-religiösen Geschehens. Vgl. als Beispiel H. BÖHME, Der Ball der Göttin, in: Die Zeit Nr. 33 (10.08.2006), S. 33.

109 Vgl. hierzu H.-J. HÖHN, Zeit-Diagnose, 135-147.

110 Vgl. E. ARENS, Zwischen Konkurrenz und Komplementarität. Zum Verhältnis von Theologie und Religionswissenschaft, in: Orientierung 70 (2006) 116-120 (Lit.); A. SCHÜLE, Kultur, Lebenswelt und christlicher Glaube. Perspektiven kulturtheologischer Forschung, in: Verkündigung und Forschung 49 (2004) 3-31; I. U. DALFERTH, Theologie im Kontext der Religionswissenschaft, in: ThLZ 126 (2001) 4-20.

111 Vgl. auf dieser Linie etwa H. LÜBBE, Theologie als christliche Religionskulturwissenschaft, in: M. Krieg/M. Rose (Hg.), Universitas in theologia – theologia in universitate, Zürich 1997, 43-50.

Probleme aufmerksam macht, die ihr ursprünglicher „Sitz im Leben“ anmahnt. Sozial-, ideologie- und religionskritische Bemühungen fallen hierbei keineswegs auseinander, wenn eine theologische Phänomenologie des Religiösen mit einem empirisch-rekonstruktiven Zugang auch das kritische Potenzial einer philosophischen Existentialpragmatik der Religion zur Geltung bringt und dabei von einer rein deskriptiven zu einer diskursiven Erörterung ihres Themas übergeht.

Während sich die Religionswissenschaft meist als eine „kritisch-rekonstruktive“ Disziplin versteht, die Religionen als sozial- bzw. kulturgeschichtliche Phänomene beschreibt, will die Theologie als stärker „hermeneutisch-diskursive“ Wissenschaft nicht allein den empirischen und historischen Kenntnisstand über Religion(en) erweitern, sondern auch die Berechtigung von Einsichten und Geltungsansprüchen erweisen, die mit Deutungen von existenziellen Grund- und Grenzsituationen des Menschen (im Horizont der Rede von Gott) verbunden sind. Theologisch das Phänomen ‚Religion‘ (im Horizont der Gottesfrage) zu thematisieren heißt dann nicht nur solche Deutungen bloß vorzutragen, sondern auch die Gründe für und gegen ihre Triftigkeit zu diskutieren.

Die Theologie kommt dabei nicht umhin, auch die Frage nach dem Eigensinn und dem möglichen Resistenzvermögen des Religiösen gegenüber seinen nicht-religiösen Verzweckungen in den zentralen Feldern und Leitsystemen der Gesellschaft (Wirtschaft, Medien, Politik) und gegenüber seinen möglichen kulturwissenschaftlichen Neutralisierungen zu verhandeln.

1. Moneytheism?
Die religiöse Sphäre des Geldes

Bei demoskopischen Umfragen nach den Kräften, die wenn nicht schon die Welt im Innersten zusammenhalten, so doch wenigstens moderne Gesellschaften integrieren können, tauchen Moral und Religion allenfalls auf den hinteren Rängen auf. Für die vorderen Plätze kommen sie als Größen, die gegen die Fliehkräfte einer hochgradig individualisierten, funktional differenzierten und weltanschaulich pluralen Gesellschaft eingesetzt werden sollen, kaum noch in Frage.

Längst ist dem Bereich der Ökonomie die Funktion eines sozialen Leitsystems zugewachsen. Diese Funktion erfüllt es nicht derart, dass es die materiale Herausbildung einer sozialen oder kulturellen Identität der Mitglieder einer Gesellschaft fördert und dabei etwa eine einheitliche Werteorientierung vornimmt. Die Leitfunktion des Teilsystems „Wirtschaft" beruht vielmehr darauf, dass moderne Sozialsysteme nicht mehr auf einen moralischen, sondern auf einen „monetären" Koordinations- und Integrationsmodus ansprechen. Die Ökonomie ist allein schon deswegen dominant, weil auch alle anderen Systeme und ihre Prozesse „geldvermittelt" sind, d.h. überall wird produziert, und vermarktet, angeboten und gekauft, wird etwas geleistet und bezahlt. Wer zahlt, bekommt, was er/sie will - wer nicht zahlt, ist draußen. Wo aber Gelder fließen, wo bezahlt wird, geschieht dies als Teil eines Wirtschaftssystems.[112] Es ist die Universalität des Geldes, die offensichtlich die funktionale Differenzierung moderner Gesellschaften durch die Geldbestimmtheit aller Vorgänge wieder entdifferenziert, d.h. vereinheitlicht. Diese Vereinheitlichung scheint die moderne Weise der Integration komplexer Gesellschaften zu sein. Sie begründet auch die gesellschaftliche Allgegenwart und Bedeutung des Geldes, die weit über ökonomische Zusammenhänge hinausgeht.[113]

---

[112] Zu dieser These vgl. ausführlich N. LUHMANN, Die Wirtschaft der Gesellschaft, Frankfurt 1988.

[113] Vgl. zum Ganzen P. KELLERMANN (Hg.), Geld und Gesellschaft, Wiesbaden 2005; E. KITZMÜLLER/H. BÜCHELE, Das Geld als Zauberstab und die Macht der internationalen Finanzmärkte, Wien ²2005; A. T. PAUL, Die Gesellschaft des Geldes. Entwurf einer monetären Theorie der Moderne, Wiesbaden 2004; Ch. DEUTSCHMANN (Hg.), Die gesellschaftliche Macht des Geldes (Leviathan Sh 21), Wiesbaden 2002; H. GANSSMANN, Geld und Arbeit. Wirtschaftssoziologische Grundlagen einer Theorie der modernen Gesellschaft, Frankfurt/New

1.1. „Geldregierung“: Wertschöpfung

Die wirtschaftswissenschaftliche Definition des Geldes lässt seine über das Ökonomische hinausgehende Bedeutung nur ansatzhaft erkennen. Hier werden in lakonischer Kürze lediglich drei Funktionen aufgezählt: Es ist Wertmaßstab bzw. Recheneinheit, Tauschmittel und Wertaufbewahrungsmittel.[114] Geld steht für das „tertium comparationis“ höchst unterschiedlicher Waren und Leistungen, d.h. es macht Grundverschiedenes im Blick auf seinen Tauschwert bzw. Preis vergleichbar und verrechenbar; es ist zugleich Wertmesser und Wertaufbewahrer, es ist absatz- und umlauffähig. Geld macht unabhängig von den Restriktionen einer ehedem auf den Austausch von Naturalien angewiesenen Wirtschaft, d.h. es kann „abnutzungsfrei“ und ohne Wertminderung zirkulieren. Geld regelt Forderungen und Verbindlichkeiten, Rechte und Pflichten und ist verbrieftes Versprechen auf Einlösung. Geld ermöglicht es auch, die Erfüllung dieses Versprechens zu verschieben, die damit verbundenen Ansprüche zu horten und auf andere Subjekte zu übertragen. Es ist ein (dauerhafter) Träger von Werten und (Leistungs-) Ansprüchen, die über Zeit und Raum hinweg bestehen und in Form von „Zahlungsfunktionen“ gespeichert bzw. einlösbar gehalten werden.

In existentialpragmatischer Sicht zeigt sich, dass Geld als Leitmedium ökonomisch gestalteter Lebensverhältnisse auf höchst intelligente Weise mit den „Limitationen“ des Daseins hinsichtlich der Knappheit von Ressourcen und Lebenszeit umzugehen ermöglicht: Durch seine Wertaufbewahrungsfunktion sichert das Geld seinen Eigentümer gegen die Unwägbarkeiten der Zukunft ab und macht ihn unabhängig vom Vergehen der Zeit. Durch Sparen können aktuell verfügbare Optionen (z.B. des Erwerbs von Gütern) für die Zukunft gesichert und nachfolgenden Generationen vererbt werden. Durch Kredite lassen sich umgekehrt Optionen, die sich erst später ergeben würden, schon in der Gegenwart realisieren. Geld ist auch ein politisch eminent wichtiger Knappheitsregulator.

York 1996; A. SAMPSON, Globalmacht Geld, Hamburg 1990. Vgl. auch die instruktive Sammelrezension von H.-P. MÜLLER, Geld und Kultur. Neuere Beiträge zur Philosophie und Soziologie des Geldes, in: Berliner Journal für Soziologie 10 (2000) 423-434.

[114] Vgl. M. BORCHERT, Geld und Kredit, München 2003; O. ISSING, Art. „Geld“, in: G. Enderle (Hg.), Lexikon der Wirtschaftsethik, Freiburg/ Basel/Wien 1993, 331-336.

Es ermöglicht die konsensuelle Regelung des Wettbewerbs um den Zugriff auf nur begrenzt verfügbare Güter und Optionen. Bei der Konkurrenz um knappe Ressourcen lautet nämlich die entscheidende Frage, „unter welchen Bedingungen andere, die ebenfalls interessiert wären, es hinnehmen, daß jemand auf knappe Ressourcen zugreift. Einer handelt, die anderen, obwohl ebenfalls interessiert, schauen zu und halten still. Die Frage ist: Wie kann eine derartig unwahrscheinlich friedliche Lösung erreicht oder sogar erwartbar gemacht werden? ... Geld macht es möglich. Weil der Erwerber zahlt, unterlassen andere einen gewaltsamen Zugriff auf das erworbene Gut. Geld wendet für den Bereich, den es ordnen kann, Gewalt ab – und insofern dient eine funktionierende Wirtschaft auch immer der Entlastung von Politik."[115]

Geld gewährt seinem Eigentümer über konkrete Kaufoptionen hinaus den Zusatznutzen der Option, über Optionen verfügen zu können. Der Reiche ist hinsichtlich seines Geldvermögens den Armen mehrfach überlegen. Er besitzt nicht allein eine größere Geldmenge, sondern auch die Freiheit wählen zu können, wofür er es ausgeben will. Geld erweitert „mithin die Freiheitsgrade des Individuums in allen Dimensionen seines Verhältnisses zur Welt und vereinigt diese Potenziale in einem einzigen Medium."[116] Die mit dem Geld verknüpfte Wahl-, Entscheidungs- und Handlungsfreiheit erklärt auch, warum es von vielen Zeitgenossen angestrebt wird, ohne dass beim Gelderwerb bereits ein Zweck für das Geldausgeben bekannt und bewusst ist. Geld wird um seiner selbst willen angestrebt, es verliert zunehmend seinen instrumentellen Charakter und wird selbst zum Endzweck, auf das sich jegliches (Erwerbs-)Streben richtet. Es kann darum den Rang jener Werte einnehmen, die gemeinhin nicht zur Disposition gestellt und für unverrechenbar gehalten werden.

Verstärkt wird die Wertschätzung des Geldes durch den Umstand, dass es als Knappheitsregulator selbst ein knappes Gut sein muss. Zwar kann und will jeder einzelne nie genug von ihm haben, erhöht man aber sein Volumen im ganzen und druckt es im Überfluss, kann es seine Funktion nicht mehr erfüllen. Es verliert seinen

---

[115] N. LUHMANN, Die Wirtschaft der Gesellschaft, 253. Vgl. auch DERS., Knappheit, Geld und bürgerliche Gesellschaft, in: Ders., Gesellschaftsstruktur und Semantik. Bd. 1, Frankfurt 1980, 186-210.

[116] Ch. DEUTSCHMANN, Kapitalismus, Religion und Unternehmertum, in: Ders. (Hg.), Die gesellschaftliche Macht des Geldes, 93. Zu dieser Beobachtung vgl. bereits G. SIMMEL, Philosophie des Geldes (1900/1907), in: Ders., Gesamtausgabe Bd. 6 (hg. von O. Rammstedt), Frankfurt 1989.

Wert und wird alsbald zum bloßen Altpapier. Wenn jeder unbeschränkt Zugang zum Geld und seinen Quellen hätte, wenn jeder über Geld im Überfluss verfügen würde, wäre es bald überflüssig. Zwar lassen sich mit Geld die Limitationen des Daseins „transzendieren", doch geschieht das um den Preis, dass Geld selbst nur in limitierter Menge zur Verfügung steht. Was für die Geldwirtschaft im ganzen unabdingbar ist, muss jedoch für das einzelne Wirtschaftssubjekt keine Rolle spielen. Vielmehr lebt die freie Marktwirtschaft von dem monetären Leistungsanreiz, dass es für das individuelle Erwerbsstreben keine Höchstgrenze des Geldverdienens gibt.

Die ehemals mit vorgehaltenem Revolver formulierte Alternative „Geld oder Leben!?" hat darum auch ihre Ausschließlichkeit verloren. Aus dem „oder" wird immer häufiger ein Gleichheitszeichen. Zwar ist (noch) nicht das Leben für Geld zu haben, aber alles andere. Schließlich hat alles seinen Preis - vielleicht das Leben noch nicht, aber alles andere. Und da man dieses Andere für´s Leben braucht, um im Leben auf seine Kosten zu kommen, kriegt man für Geld doch alles, was dem Leben seinen Wert gibt oder das Dasein angenehm macht. Für Zeitdiagnostiker ist längst erwiesen, dass wir in einer Epoche leben, die im Zeichen des Geldes steht. „Money makes the world go round" (Liza Minelli) - nicht die Evolution bewegt die Welt und auch nicht ein Weltgeist. Mit Geld kann man die Aufgabe des Existierens unter Knappheitsbedingungen lösen und im Umgang mit den Knappheiten des Lebens Erlöse erzielen. Damit ist das Geld offensichtlich imstande, der Religion als Adressatin von Erlösungshoffnungen den Rang abzulaufen. Mit der ökonomischen Globalisierung kommt seine Karriere als alles bestimmende Wirklichkeit zur Vollendung; sie mündet nun in eine ökonomisch-spirituelle Weltherrschaft.

Mehr als Verfassungsreformen greifen Währungsreformen unmittelbar in das Leben der Menschen ein. Und mehr als jede politische Rhetorik hat der administrativ verfügte „Solidaritätszuschlag" nach dem Fall der Berliner Mauer (1989) eine monetär definierte (Zwangs-)Solidarität zwischen dem Westen und dem Osten Deutschlands begründet. Mit Geld regiert man die Welt. Zur Not schmiert man sie auch damit. Geldmangel jedoch zwingt auf lange Sicht Regierende zum Abdanken. Wie aber regiert Geld die Welt? Wie kommt es zur „Geldregierung"? Die einfachste Antwort ist zugleich die plausibelste: Auch die Herrschaft des Geldes geht aus Wahlen hervor. Ihr Souverän ist der „homo oeconomicus", der darauf aus ist, von zwei ansonsten kaum unterscheidbaren Angeboten das billigere zu wählen und im übrigen seine eigenen Angebote an Waren, Dienstleistungen und Arbeitskraft so teuer zu verkaufen, wie es der Markt erlaubt. Alle zusätzlichen Wertungen, Rücksichten und Verhaltensorientierungen, seien sie moralischer oder ökologischer Natur, müssen der Wirtschaft durch ökonomieexterne Impulse nähergebracht oder derart in deren Kalkül übersetzt werden, dass es „sich rechnet" ihnen zu folgen.[117] Geld regiert die Welt, indem es sie strukturiert und dabei Markierungen des Knappen, Guten und Teuren verwendet. Geld verleiht dem Menschen Macht über Menschen und Dinge, nicht weil es sich ihrer bemächtigt, sondern weil es eine einzige Information über diese vermittelt. Es unterrichtet über die Zahlungsfähigkeit, Bonität (!) und Liquidität seines Besitzers und über den Tauschwert seines Besitzes. Und dieses Wissen über sein Vermögen genügt, um das Ausmaß seiner (Im-)Potenz abschätzen zu können. Es genügt, um Aktienkurse steigen und fallen zu lassen, um Konkurse zu provozieren und Unternehmensgründungen zu finanzieren.

Die „Monetarisierung" der großen Welt macht aber auch vor der kleinen Lebenswelt nicht halt und dringt bis in die letzten Bestände individueller Selbsteinschätzung und Wirklichkeitsdeutung hinein. Eine Nebenfolge des modernen Ideals der Selbstverwirklichung und Selbstbehauptung ist nämlich der Zwang, diese Selbstbehauptung als eine Form der „Selbstvermarktung" zu praktizieren. Hierbei lernt das Individuum, dass es sich gut verkaufen muss, wenn es sich behaupten will. Die Semantik des Geldes und sein binärer Code „kaufen/verkaufen" sind daher längst auch in der alltagsweltlichen Kommunikation führend. Damit ist nicht allein auf die Häufigkeit angespielt, mit der Begriffe wie Arbeitsmarkt, Heiratsmarkt, Drogenmarkt, Spendenmarkt, Meinungsmarkt etc. in Umlauf sind. Auffälliger ist noch, wie Kategorien von Markt und Marketing von vielen Zeitgenossen für ihre Selbstbeschreibung herangezogen werden. Ihr Eigenwert ist nicht unerheblich von ihrem Marktwert bestimmt. Der moderne Mensch ist auch dadurch ein *homo oeconomicus,* dass er marktfähig ist. Marktfähig ist, was man verkaufen kann. „Wenn über jemanden gesagt wird, er verkaufe sich gut, so ist das meist als Lob gemeint, in bestimmten Zusammenhängen sogar als höchstes Lob. Es genügt nicht mehr, nur »gut« zu sein, also den Anforderungen eines Wertsystems zu genügen, sondern man muß sich auch noch »gut verkaufen« - sonst

---

[117] Vgl. K. HOMANN, Geld und Moral in der Marktwirtschaft, in: H. Hesse/O. Issing (Hg.), Geld und Moral, München 1994, 21-40.

wird man keinen Erfolg haben. Und manchmal genügt es sogar, sich nur gut verkaufen zu können, auch wenn man sonst nichts kann - zumindest hat man so größere Aussicht auf Erfolg, als wenn man nur »gut« ist".[118]

Die monetäre Metaphorik ist längst in allen Lebensbereichen antreffbar: „Alles will bezahlt und honoriert sein. ... Aus allem gilt es Kapital zu schlagen. Man will auf keinen Fall draufzahlen; wehe dem, der laufend sein Konto überzieht und ganz auf Kredit leben will. Dann zahlt man lieber mit gleicher Münze heim: Leistung gegen Leistung, klar kalkuliert und genau verrechnet, mit tendenziell steigendem Gewinn und großem Verdienst: »Zeit ist Geld«, alles ist Geld; das Geschäftsleben und teilweise auch das Geschlechtsleben stehen im Zeichen des Geldverkehrs, Inflationen und Haussen inbegriffen."[119] Wer darum heute über den Menschen, das Dasein, die Zeit und dessen Wert oder Sinn reden will, muss auch über Geld reden, weil das Geld heute darüber mitbestimmt, was Wert und Sinn des Daseins in der Zeit ausmachen.[120] Für eine Theorie religiöser Dispersion wird die Geldbestimmtheit des Daseins besonders dort belangvoll, wo Fragen menschlicher Selbst- und Weltakzeptanz berührt werden und somit jenes existenzielle Bezugsproblem aufscheint, für dessen Bewältigung sich offensichtlich Geld als funktionale Alternative zur Religion anbietet.[121]

In kultursoziologischer Perspektive liefert die Beobachtung semantischer Analogien wichtige Indizien, die auf eine Wahlverwandtschaft zwischen den Sphären des Geldes und der Religion schließen lassen: Credo und Kredit, Erlösung und Erlös, Schuld

---

[118] F. MÜLLER/M. MÜLLER (Hg.), Markt und Sinn, Frankfurt/New York 1996, 11.

[119] G. FUCHS, Geldanschauung. Aufgabenbeschreibung für eine konkrete Theologie, in: Diakonia 19 (1988) 252.

[120] Vgl. J. NEEDLEMAN, Geld und der Sinn des Lebens, Frankfurt 1995.

[121] Der Versuch, das Geld als ökonomischen Grundbegriff innerhalb religionstheoretischer Koordinaten durchzubuchstabieren, wird im folgenden zwar nicht zum ersten Mal unternommen. Gleichwohl ist die Zahl seiner Vorgänger noch immer überschaubar und nicht jeder Vorgänger taugt auch als Vorbild. Vgl. zum Ganzen W. F. KASCH (Hg.), Geld und Glaube, Paderborn 1979; F. WAGNER, Geld oder Gott? Zur Geldbestimmtheit der kulturellen und religiösen Lebenswelt, Stuttgart 1984; G. FUCHS, Geldanschauung, 251-277; J. C. HAUGHEY, The Holy Use of Money. Personal Finances in Light of Christian Faith, New York 1992; W. ZAUNER, Religion und Geld, in: Diakonia 26 (1995) 73-78; S. J. LEDERHILGER (Hg.), Gott oder Mammon. Christliche Ethik und die Religion des Geldes, Frankfurt 2001; J. EBACH u.a. (Hg.), »Leget Anmut in das Geben«. Zum Verhältnis von Ökonomie und Theologie, Gütersloh 2001; P. BIEHL u.a. (Hg.), Gott und Geld, Neukirchen-Vluyn 2001; D. KOLLER, Geld oder Leben. Vom Umgang mit der Macht des Mammons, München 2003.

und Schulden, Glaube und Gläubiger, Offenbarung und Offenbarungseid. Allerdings ist Vorsicht angebracht, wenn diese Indizien bereits für Beweise einer funktionalen Äquivalenz gehalten werden. Eine kritische Reserve ist auch gegenüber theologischen Polemiken zur Monetarisierung des Lebens anzumelden, die dabei von einem Widerstreit zwischen Geld und Gott ausgehen. Wo das Thema „Geld" in der Gegenwartstheologie traktiert wird, geschieht dies meist im Kontext dezidierter Gesellschafts- und Kapitalismuskritik - wofür wiederum theologische Gründe angeführt werden (vgl. Mt 6,24). Die Autoren, die dazu auffordern, das Geld gering zu schätzen, wissen die alt- und neutestamentliche Kritik am Götzen Mammon auf ihrer Seite.[122] Diese Kritik gilt es nicht zu unterschlagen,[123] gerade wenn und weil im Folgenden der Versuch einer anderen kritischen „Überblendung" von Ökonomie und Religion unternommen wird. Sie geht aus von der Doppelfrage, die eine besondere Konstellation religiöser Dispersion anpeilt: Inwieweit prägen ökonomische Kategorien heute nicht-ökonomische Beziehungen und inwieweit prägen „religiöse" Kategorien (bzw. einstmals religiös besetzte Begriffe) heute ökonomische Prozesse und Strukturen? Allerdings weckt die Vehemenz theologischer Geldkritik erst recht den Verdacht, dass Religion und Geld mehr Gemeinsamkeiten haben, als es Theologen genehm ist.[124] Es stellt sich

[122] Vgl. hierzu mit jeweils unterschiedlichem Hintergrund und leitenden Interessen etwa Th. RUSTER, Wandlung. Ein Traktat über Eucharistie und Ökonomie, Mainz 2006; DERS., Von Menschen, Mächten und Gewalten, Mainz 2005; DERS., Der verwechselbare Gott, Freiburg/Basel/Wien 2000; E. DREWERMANN, Jesus von Nazareth. Befreiung zum Frieden, Zürich/Düsseldorf 1996, 444-502; W. JACOB u.a. (Hg.), Die Religion des Kapitalismus. Die gesellschaftlichen Auswirkungen des totalen Marktes, Luzern 1996; F. J. HINKELAMMERT/H. ASSMANN, Götze Markt, Düsseldorf 1992; J. THOMAS, Ist das Geld des Teufels?, in: Diakonia 19 (1988) 230-236.

[123] Dass jedoch das sozialkritische Zeugnis der Hl. Schrift nuancenreicher ist und nicht nur einen Antagonismus zwischen den Größen „Geld" und „Glaube" kennt (vgl. etwa Gen 24,35; Spr 10,20; Mt 25,14-30; Lk 19,19-27; 1 Tim 6,17 f.), belegt K. LEHMANN, Geld - Segen oder Mammon?, in: H. Hesse/O. Issing (Hg.), Geld und Moral, 125-138. Vgl. auch H. BALZ, Geld in der Bibel, in: Glaube und Lernen 14 (1999) 110-128 (Lit.).

[124] Trotz einer Jesus v. Nazareth zugeschriebenen „Geldkritik" (vgl. Mk 6,24/Lk 16,13; Mk 10,35; Mk 11,12-25) finden sich im NT etliche Texte, die sich der Geldmetaphorik bedienen, um die soteriologische Bedeutung des Todes Jesu zu veranschaulichen (z.B. Loskauf/Lösegeld in 1 Kor 6,20; Mk 10,45). Ist es denkbar, dass die Geldmetaphorik von seiten der christlichen Erlösungslehre nur deswegen aufgegriffen wurde, weil dem „Lösegeld" selbst ein soteriologischer Charakter eingeschrieben ist, so dass es sich bei dieser Wortübernahme nicht bloß um ein theologisches Versprachlichungsproblem bzw. dessen Lö-

nämlich die Frage, ob eine feindliche Übernahme der Religion durch die Ökonomie nur deshalb möglich ist, weil bereits die Sphäre des Religiösen „geldförmige" Praktiken ermöglicht und es nicht erst später zu einer ökonomischen „Umbesetzung" ursprünglich religiöser Kategorien (z.B. Kredit, Schulden, Gläubiger) und einer „religionsförmigen" Wertschätzung und Verehrung des Geldes kommt.[125] Sind es vielleicht die Gemeinsamkeiten von Geld und Religion, die ihre Konkurrenz begründen und erklären, warum das Geld zum Substitut der Religion werden kann?

Ob die in dieser Frage verborgene Vermutung berechtigt ist, lässt sich erst entscheiden nach der Sondierung einer möglichen religiösen „Herkunft" des Geldes und nach der Erörterung seiner säkularen Herrschaftsstellung. Erst dann kann auch ermessen werden, wie es um eine Affinität zwischen der Logik des „Mammons" und der christlichen Rede von Gott steht.[126]

1.2. „Geldgeschichte": Tauschgeschäfte

Geld ist heute eine allgemein standardisierte Verrechnungseinheit für den (Tausch-)Wert von Waren und Leistungen. Es ist selbst aus einem Tausch- und Ersetzungsvorgang entstanden und stellt dessen

---

sung handelt, sondern hier ein gemeinsames Drittes (von Geld und Glaube) mit im Spiel ist? Zum exegetischen Befund siehe G. BADER, Symbolik des Todes Jesu, Tübingen 1988, 136-148.

[125] In diesem Kontext ist auch die Diskussion um die Religionsförmigkeit des Kapitalismus zu beachten. Das berühmte Textfragment „Kapitalismus als Religion" von Walter Benjamin beginnt mit einem Satz, der sich wie die Hinführung zu einem Theorem religiöser Dispersion liest: „Im Kapitalismus ist eine Religion zu erblicken, d.h. der Kapitalismus dient essentiell der Befriedigung derselben Sorgen, Qualen, Unruhen, auf die ehemals die so genannten Religionen Antwort gaben." Der Text wurde um 1921 geschrieben, aber erst posthum publiziert. Er ist heute zugänglich in W. BENJAMIN, Gesammelte Schriften. Bd. IV, Frankfurt 1985, 100-103. Vgl. hierzu u.a. D. BECKER (Hg.), Kapitalismus als Religion, Berlin 2003; Ch. DEUTSCHMANN, Die Verheißung des absoluten Reichtums. Zur religiösen Natur des Kapitalismus, Frankfurt/ New York ²2001.

[126] In vielen Hinsichten berührt sich dieser Versuch einer Klärung der Umstände, unter denen es zu einem Substitutionsprozess kam, in dessen Verlauf das Geld die soteriologische Symbolik und Semantik des Evangeliums überformen und ersetzen konnte, mit dem Projekt einer „Ontosemiologie" von J. HÖRISCH, Kopf oder Zahl. Die Poesie des Geldes, Frankfurt 1996, in dem es darum geht, Geld als Sein und Sinn aufeinander beziehendes und soziale Verbindlichkeiten herstellendes Leitmedium der Moderne auszuweisen, das Gott, Glaube und Moral (z)ersetzt. Vgl. auch DERS., Gott, Geld, Medien, Frankfurt 2004.

Abstraktion dar. In einer sozialtheoretischen Erklärung tritt Geld an die Stelle rudimentärer Formen des Zinses. Es entsteht aus der Eigenschaft des Eigentums, durch Schulden belastet werden zu können. Wenn ein Bauer durch eine Dürre in Not gerät, überbrückt er seine Notlage, indem er gegenüber demjenigen, von dem er sich z.B. Saatgut oder Vieh „entleiht", das Versprechen einer höheren „Rückzahlung" macht. Diese Rückzahlung in Naturalien wird durch Geldzahlung ersetzt. Für G. Heinsohn hat die den mykenischen Feudalismus ablösende Privateigentumgesellschaft der Polis in der archaischen Zeit Griechenlands zur Entstehung des Geldes geführt. Sie soll ein Ergebnis der vertraglichen Beziehung zwischen als Gläubiger und Schuldner auftretenden Privateigentümern sein: Zunächst bildet die Schuldknechtsarbeit des Schuldners die Sicherheitsgarantie für das Risiko des Gläubigers. Da dieser aber vor dem bleibenden Risiko steht, vor Rückerhalt des Verliehenen selbst in Not zu geraten, wird die Schuldknechtschaft durch den Zinsanspruch des Gläubigers ersetzt. Als Vergütung des Sicherheitsrisikos des Gläubigers führt der Zins zur Geldwirtschaft.[127]

Nach einem religionsgeschichtlichen Erklärungsansatz ist Geld ursprünglich nicht aus dem Tauschhandel unter Menschen hervorgegangen, sondern hat seinen angestammten Platz im Tauschverkehr der Menschen mit ihren Göttern, denen man Achtung und Verehrung schuldig ist.[128] Im „Gabenverkehr" zwischen Mensch und Gottheit nehmen Wertung und Typisierung von Gütern ihren Anfang, die zur Logik der Ökonomie gehören. Aus einer Fülle möglicher „Göttergaben" werden bestimmte Objekte als Opfer „auserlesen". Tiere derselben Gattung werden miteinander verglichen und aus dem Vergleich ihrer Merkmale wird ein Typus geschaffen, der als Norm für ein Opfertier gilt. Zunächst steht das Opfer hinsichtlich seiner Substanz in Wechselbeziehung zur empfangenen oder erhofften „Zuwendung" der Götter. So opfert der Hirte das erstgeborene männliche Schaf eines neuen Jahres in dankbarer Erinnerung bzw. Erwartung einer hohen Fruchtbarkeitsrate der gesamten Schafherde. Jedoch wird früh ein 1:1-Verhältnis von Gabe und Gegengabe überwunden (wenn etwa nur der Zehnte einer Ernte als Opfer gegeben wird). Die Logik des „pars pro toto" stellt eine erste Abstraktionsstufe in der Deutung und Ausformung

---

[127] G. HEINSOHN/O. STEIGER, Eigentum, Zins und Geld. Ungelöste Rätsel der Wirtschaftswissenschaft, Marburg [3]2004.

[128] Vgl. hierzu die inzwischen „klassische" Studie von B. LAUM, Heiliges Geld. Eine historische Untersuchung über den sakralen Ursprung des Geldes (1924), Berlin 2006.

des Verhältnisses von Göttern und Menschen dar. In der Folge fungiert das Opfer zunehmend als „Umbuchungs"- bzw. „Verrechnungsstelle" für Ungleichartiges (z.B. wird ein Widder geopfert, um Kriegsglück zu erlangen). Dem Opfergut wächst sukzessive eine Symbol- bzw. Stellvertreter- und Alläquivalenzfunktion zu, gleichzeitig durchläuft es in seiner äußeren Gestalt verschiedene Abstraktionsstufen und symbolische Formatierungen.

Dort, wo die Gottheit günstig zu stimmen ist, wo man, um ihr Wohlwollen zu erlangen, Opfergaben zu einem heiligen Tausch bereitet, d.h. in den Tempeln und heiligen Bezirken, scheint auch der Ursprungsort des Geldes zu sein. Zumindest deuten dies die Bezeichnungen für Geld in vielen Sprachen an: Das lateinische *pecunia* leitet sich her von pecus, d.h. dem Vieh, das geopfert wurde und das man zu diesem Zweck auf einem *obolus* („Stange") aufspießte. Die Ungewissheit über die Wirksamkeit des Opfers hat Tempel auch zu Orten des Gewinnens und des Verlierens gemacht. Dies spiegelt sich nicht zuletzt auch in ihrer Doppelfunktion als Stätten der Gnade und des Rechts. Sich auf diese beiden Größen zu verlassen, war immer schon von Unwägbarkeiten begleitet. Wer Recht bekommen wollte, musste erst ein Anrecht auf die Eröffnung eines Gerichtsverfahrens erwerben. „Das Prozeßgeld, das vor einer Gerichtsverhandlung zu hinterlegen war, nannte man *sacramentum.* Als sicheren Ort der Hinterlegung wählte man das *sacrum*, den Tempel, und das Geld war das *mentum*, also das Mittel und die Voraussetzung, um eine Verhandlung im Tempel zu erreichen. Er war ein festes Gebäude und deshalb vor Dieben sicher. Zudem schenkte man den Priestern wegen ihres heiligen Dienstes im Tempel auch besonderes Vertrauen bezüglich der treuen Aufbewahrung des Geldes. Die Gottheit sollte die Sicherheit des Geldes garantieren und die Ehrlichkeit der Menschen bewirken, die mit dem Geld umgehen. Im Haus der Gottheit war daher das Geld am besten aufgehoben. Als Hauptdepot und Münzstätte wählte man den Tempel der altitalischen Ehegöttin Juno. Sie mahnt an die bei der Eheschließung versprochene Treue und trägt deshalb den Beinamen Moneta. Davon erhält das in ihrem Tempel hinterlegte Geld die Bezeichnung ‚Monete'; daraus entwickelt sich später die ‚Münze' sowie das englische ‚money'. Auch das deutsche Wort ‚Geld' stammt aus der religiös-kultischen Sprache. Geld ist das, was vor Gott gilt."[129] Was aber vor Gott gilt, gilt überhaupt und ist

[129] W. ZAUNER, Religion und Geld, in: Diakonia 26 (1995) 73-74.

geeignet, zum Geltungsmedium von Verbindlichkeiten jeder Art zu avancieren.

Sozial- und religionsgeschichtliche Theorien zur Geldentstehung müssen vor diesem Hintergrund nicht in einem unaufhebbaren Konkurrenzverhältnis zueinander gesehen werden. Da die vertraglichen Regelungen zwischen Gläubigern und Schuldnern häufig in den Tempelbezirken abgewickelt wurden, erstreckte sich die Autorität der in den Tempeln verehrten Götter nicht nur auf die Einhaltung kultischer Verpflichtungen, sondern konnte auch als Mahnungs- und Eintreibungsinstanz für die auf Schuldverschreibungen festgehaltenen Ansprüche der Gläubiger angerufen werden. Zudem traten die Tempel selbst als Kreditgeber hervor, wobei sie diese Kredite aus Mitteln bestritten, die sie von den Gläubigern als Entgeld für die Eintreibung ihrer Außenstände erhielten. Die Entstehung der Geldwirtschaft in der Sphäre des Religiösen ist somit kaum bestreitbar.

Dass einst der Tempel auch eine Bank sein konnte, erklärt vielleicht auch die anhaltende Neigung vieler Banken, sich mit den Mitteln der Architektur das Aussehen von Tempeln zu geben. Ihre religiöse Erbschaft wird einem entsprechend geschulten Blick zudem deutlich im priesterlich strengen „dress code" der Angestellten, in der tabernakelhaften Form der Tresore und Schließfächer und im altarähnlichen Design der Schalter. Diese und andere modernen Korrelationen zwischen Geld und Religion sind jedoch das Resultat von Konversionen. Das Leitmedium Religion hat in der Moderne keine allgemeine Geltung mehr. Also muss man es in eine gültige Leitwährung konvertieren. Ein solcher Vorgang fällt leicht, wenn die Wechselkurse günstig sind. Von dem frisch zum Katholizismus konvertierten König Henri IV. (1589-1610) ist auf seinem Weg zur Krönung in Chartres der Satz überliefert „Paris ist eine Messe wert." Er hat damit nicht nur „paradigmatisch benannt, was es heißt, sich in bewegten Zeiten innerhalb eines Systems (in seinem Fall innerhalb des Systems Religion) neu zu orientieren, sondern auch, wie schwierig, aber auch, wie unabweisbar er ist, ganze Systeme (wie die Systeme Macht, Ökonomie, Religion) miteinander kompatibel und in diesem Sinn konvertibel zu machen."[130] Er wechselt nicht einfach nur die Konfession, sondern macht vor, dass und wie religiöse Orientierungen in ökonomische konvertiert werden können. Dabei wird eine von der Religion zu-

---

[130] J. HÖRISCH, Konversion, in: J. Harten (Hg.), Das fünfte Element – Geld oder Kunst, Köln 2000, 199.

vor praktizierte Konversion auf diese selbst angewandt. Die Erfindung des Ablasses, mit dem sich ein postmortaler Aufenthalt im Fegefeuer prämortal mit harter und klingender Münze verkürzen ließ, konnte Henri IV. als die eindrückliche Demonstration für die Möglichkeit religiös-ökonomischer Tauschakte und Tauschverhältnisse vor Augen stehen.

Konversionen und Konvertierungen erfolgen stets im Interesse einer Kontinuitätswahrung. Der Wechsel vom Leitmedium Religion zum Leitmedium Geld stellt daher keine substanzielle Umwandlung dar, sondern ereignet sich im Blick auf ihre Funktion. Auf diese funktionale Äquivalenz verweist auch die US-Dollarnote mit ihrer Aufschrift „In God we trust". Geld wird zum funktionalen Doppelgänger Gottes und Gott wird zum Double des Geldes. „Gott und Geld erkennen sich wechselseitig in ihrem Bild (imago) und Gleichnis (similitudo). Das Spiegelstadium zwischen Gott und Geld ist erreicht."[131]

1.3. „Geldreligion": Wechselkursverluste

Die kulturelle Leitgröße der Moderne ist nicht mehr die Vernunft, sondern das Geld. An die Stelle religiöser Weltanschauung ist die profane Geldanschauung getreten. In ihr kommt es zur Inversion und Dekontextuierung des Gottesverhältnisses durch ein Geldverhältnis. Wer genug Geld hat, ist wie Gott - er/sie kann sich alles leisten. „Sich alles leisten zu können", ist die neue Definition von „Allmacht". Und wer sein Vermögen in einer frei konvertierbaren Währung anlegt, kann damit überall hin. Überall hinzukönnen ist die neue, säkulare Definition für „Allgegenwart". Solchermaßen ausgestattet ist es dann auch leicht, sich eine „eigene Existenz aufzubauen" und in völliger Unabhängigkeit zu erhalten. „Finanzielle Unabhängigkeit" ist die monetäre Umschreibung für „Freiheit" und „Autonomie". Was Gott schon lange konnte, vermag nun endlich auch der Mensch - dank seines Geldvermögens.

Nicht nur dem Geldbesitzer, sondern auch dem Geld selbst kommen zunehmend Eigenschaften zu, die einst Gottesprädikate

---

[131] J. v. SOOSTEN, Schwarzer Freitag: Die Diabolik der Erlösung und die Symbolik des Geldes, in: D. Baecker (Hg.), Kapitalismus als Religion, 132. Zu weiteren Beispielen religiöser Ornamentik auf Geldscheinen und -münzen siehe G. GABRIEL, Ästhetik und Rhetorik des Geldes, Stuttgart 2002.

waren. Dies gilt für die Form seiner Präsenz und Wirksamkeit, die gleichsam „sakramentalen" Charakter angenommen haben. „Sakramente sind gemäß einer signifikationshermeneutischen Deutung sichtbare Zeichen unsichtbarer Gnade. Wer also Geld hat, ist im Besitz aller `Gnaden´ der possessiv orientierten, kapitalförmigen Lebenswelt; wer kein Geld hat, bekommt die gnadenlosen Folgen einer solchen Gesellschaft voll zu spüren".[132] Ist Geld also das säkulare Sakrament der bürgerlichen Gesellschaft? Dafür spricht, dass dem Geld gegenüber Haltungen eingefordert werden, die früher Gott gegenüber angebracht waren. Die größte Sorge der Währungsexperten bei der Einführung des EURO bestand darin, dass weite Kreise der Bevölkerung in das neue Geld kein Vertrauen haben würden. Geld ist offensichtlich darauf angewiesen, dass man ihm nicht mit Mißtrauen und „Unglauben" begegnet. Tritt dies ein - wie im Falle neuer Währungen in den Nachfolgestaaten der Sowjetunion - verliert es rasch an Autorität und man wendet sich stärkeren Göttern zu: dem Dollar!

Wer sich langfristig gegen Wechselkursschwankungen und gegen die Wechselfälle des Lebens absichern möchte, besorgt sich eine Lebensversicherung, mit der jedoch nicht das Leben, sondern - weil es sich um eine *Kapital*lebensversicherung handelt - das Kapital versichert wird. Dies liegt in der Logik einer Lebensmaxime, für die das im Leben zählt, wofür man zu zahlen bereit ist. Was am Ende eines Lebens für dieses Leben ausgezahlt wird, steht dann für den Wert dieses Lebens. Das eingezahlte Geld überlebt zudem meist den Geldeinzahler. Manche erreichen das Alter nicht, für das sie auf diese Weise vorsorgen wollten. Was aber von ihnen in dieser Welt bleibt, ist ihr Geld. Wenn ihnen schon eine Reinkarnation der Seele verwehrt ist, soll dann wenigstens ihr Geld weiterleben? Wird das Vererben zum Ersatz für den Glauben an ein Weiterleben nach dem Tod? Das Kapital der Lebensversicherer übernimmt offenkundig den Platz, „den einst eine unsterbliche, mit Sakramenten versicherte Seele besetzt hielt. Kapital ist zeitlos und hat doch eine (mitunter recht spannende) Geschichte - wie die Seele.(...) Kapital lautet auf einen Namen - wie die individuierte Seele; Kapital wird gezeichnet - wie die Seele, die sich Gott (oder dem Teufel) verschreibt und angelobt; für den Erhalt des Kapitals geht man Verpflichtungen ein - wie für den Erhalt und die Rettung der Seele".[133]

---

[132] G. FUCHS, Geldanschauung, 256.
[133] J. HÖRISCH, Kopf oder Zahl, 155.

Beruht also die Faszination des Geldes darauf, nachmetaphysische Äquivalente für religiöse und moralische Kategorien bereitzustellen? Ermöglicht es nicht die Umbuchung von moralischer Schuld in ökonomische Schulden,[134] die Ablösung der Buße durch die Zahlung von Schadensersatz? In Frageform lassen sich Thesen verstecken, die noch die Form des Indikativ scheuen. Festhalten lässt sich jedoch: Geld ist der „god term" der Moderne - nicht allein aus dem Grund, weil es de facto die alles bestimmende Wirklichkeit ist und unter dieser Rücksicht die Nachfolge Gottes angetreten hat, sondern auch, weil man es aus freien Stücken vergöttern und sein Herz daran hängen kann. Dass man es vergöttern kann, dass es dem Menschen so zu Herzen gehen kann, dass es zugleich Gegenstand seiner Begierde wird, mag mit der Magie des Geldes[135] zu tun haben, alles Vergängliche mit der Perspektive des Beständigen zu versehen. In Banken und Tresoren, in Depots und auf Konten festverzinslich oder „floatend", in jedem Falle aber gewinnbringend angelegt, stellt das Geld dem Anleger einen Wechsel auf die Zukunft aus. Dazu braucht er nicht seine Seele, sondern nur seine Zeit zu verpfänden. Hinter diesem Pfand steht keine Notlage und kein Zwang, sondern ein Bedürfnis. Die Geldanlage wird von dem (unbewussten) Wunsch getragen, noch genügend Lebenszeit zur Verfügung zu haben, um das Geld wachsen zu sehen. Als ob für die Dauer der Anlage auch der Tod nicht zu seinem Recht kommen würde, verbindet der Anleger seine Lebenserwartung mit der Laufzeit seiner Anleihen, Schatzbriefe und Lebensversicherungen. Und sollte er in den Genuss der Zuteilung einer erklecklichen Summe kommen, wird er seinen Erben noch genügend übriglassen, dass ihm ein ehrendes Gedenken nicht vorenthalten wird.

Mit der Macht und der Omnipräsenz des Geldes korreliert auf merkwürdige Weise ein weiteres Gottesprädikat: seine Unsichtbarkeit. Die Weltherrschaft des Geldes geht einher mit seiner wachsenden Entstofflichung. Seine physische Substanz spielt fast keine Rolle mehr. Der bargeldlose Zahlungsverkehr war der erste Schritt in die Entsinnlichung des Geldes. Nun ist das Ende des Papiergeldes nach flächendeckender Einführung der Kreditkarte in Sicht.

---

[134] Manches Gerichtsverfahren erübrigt sich, weil sich die Kontrahenten im Vorfeld auf einen finanziellen „Vergleich" einigen, der es ihnen ermöglicht, negative Publicity zu vermeiden und das „Gesicht zu wahren". Wo das Geld das Sagen hat, wird es möglich zu vermeiden, dass auf kostspielige Weise Recht gesprochen wird.

[135] Vgl. H. CHR. BINSWANGER, Geld und Magie. Deutung und Kritik der modernen Wirtschaft anhand von Goethes *Faust*, Stuttgart/Wien 1985.

Zunehmend unerheblich für die Bestimmung des „Geldwertes" werden jene Realwerte, die für eine „Deckung" sorgen oder materiell den Gegenwert eines Geldscheins verkörperten.[136] Der Goldstandard ist längst aufgegeben. Die Härte einer Währung ist abhängig von der Leistungskraft der jeweiligen Volkswirtschaft, die sich nicht mehr nach der Art eines gigantischen „Fort Knox" veranschaulichen läßt. Geld wird heute mit Geld-„Derivaten" (...) verdient, die keine „realwirtschaftlichen" Fundamentalwerte oder Güter widerspiegeln.[137] Den Anfang dieser Entwicklung machten Warentermingeschäfte, die das Handeln mit Dingen ermöglichen, die es noch gar nicht gibt. Zeit ist Geld...

Aber was wird mit der Zeit aus dem Geld, wenn es auch die Zeit dominiert? Wird nun seines Reiches kein Ende mehr sein? Es wird wohl vom Verhältnis des Geldes zur Zeit abhängen, wie lange sein Regime währt. Es kann sein, dass die zunehmende Ökonomisierung der Zeit dazu führt, dass der Ökonomie die Zeit ausgeht. Zeit aber ist nicht für Geld zu haben. Sie lässt sich nicht horten oder vermehren. Im Gegenteil: Sie zehrt all dies auf. Sie lässt „Gold und Silber verrotten" (vgl. Jak 5,1-6). Zwar leben Reiche länger als Arme, aber auch sie können mit Geld die Spanne ihres Lebens nicht beliebig verlängern. Am Ende ereilt auch sie der „Gelduntergang" in Gestalt einer Verlustzuweisung, die schlechthin und durch nichts kompensierbar ist.

Es ist aber nicht nur die Logik der Zeit, die einem Pantheismus des Geldes widerstreitet. Wer nach Analogien zwischen einem Gottes- und einem Geldverhältnis fragt bzw. deren Konvertibilität konstatiert, sollte sich auch nach den „Wechselkursverlusten" erkundigen, die mit solchen Tauschvorgängen verbunden sind. Wo

---

[136] Vgl. etwa H. BONUS, Wertpapiere, Geld und Gold. Über das Unwirkliche in der Ökonomie, Graz/Wien/Köln 1990.

[137] Unter „Derivaten" versteht die Finanzwelt „abgeleitete Produkte", denen ein sog. „Underlying" als (immateriellen) Vermögensgegenstand (z.B. Aktie) oder als Referenzgröße (z.B. Aktienindex DAX) zugeordnet wird. Dazu ein Beispiel: „Ein Börsianer kann sich direkt mit Aktien an einem Unternehmen beteiligen. Er kann aber auch einen sogenannten Optionsschein des Unternehmens erwerben, der ihm das Recht gibt, die Aktie des Unternehmens innerhalb einer festgelegten Frist zu einem festgesetzten Preis zu erwerben. Für diese Option muß der Erwerber einen Preis entrichten, der normalerweise um ein vielfaches günstiger ist als der Direkterwerb der Aktie. Trotzdem kann der Optionsinhaber am Kursverlauf der Aktie über den veränderten Preis der Option teilhaben: Nicht Eigentum selbst wird gehandelt, sondern das Recht, in einem bestimmten Zeitraum zu einem bestimmten Preis Eigentum zu erwerben oder nicht", Th. R. FISCHER, Handel mit der Zukunft. Über die neuen Finanzprodukte, in: Kursbuch 130 (1997) 120.

Theologen feststellen, dass das Geld für jene Größe steht, über die als Allesbewerter hinaus Größeres nicht gedacht werden kann, wo Geld für jene Größe gehalten wird, die den Menschen unbedingt angeht, oder für jenes steht, „wozu man sich versehen soll alles Guten und Zuflucht haben in allen Nöten" (M. Luther), sollte ihre Aufmerksamkeit auch jenen Aspekten gelten, die sich einer ökonomisch-religiösen Ersetzung sperren bzw. bei einem solchen Versuch verlorengehen. Bei ihrer Kritik an der Vergötterung des Geldes ist die Theologie gut beraten, wenn sie darauf verzichtet, das Geld zu dämonisieren. Dämonisierungen des Profanen kommen in der Regel nicht der Sakralität des Sakralen zu Gute. Die theologische Dämonisierung der Welt (aufgrund ihrer vermeintlichen Schlechtigkeit) ist meist Ausdruck von religiöser Weltfremdheit. Die Weltfremdheit der Religion trägt aber nicht zur Verbesserung, sondern eher zur Verschlechterung der Welt bei.

Zur Vergötterung des Geldes hat die christliche Theologie phasenweise selbst durch die Ökonomisierung des Glaubens beigetragen in Theorie (Soteriologie, Gnadentheologie, Sakramententheologie, Eschatologie) und Praxis (z.B. Ablasswesen, Meßstipendien). Es ist in der Tat nur ein kurzer Weg vom „Vergelt's Gott" zum „Vergott's Geld". Beide Slogans, die Gott entweder für eine transzendente Lohnfortzahlung anrufen oder in ökonomischer Prosperität einen Vorschuss auf himmlische Gnaden sehen, sollten der Theologie ein schlechtes Gewissen machen. Sie unterbietet aber ihr Reflexionsniveau und offenbart ein Selbstmissverständnis ihrer Sache, wenn sie (aus schlechtem Gewissen) die Ökonomisierung des Glaubens und (nach bestem Wissen und Gewissen) die Monetarisierung der Gesellschaft lediglich mit den Mitteln der Moral kritisiert. Eine moralische Kritik des Geldpantheismus ist für die Theologie lediglich dort angebracht, wo er zu moralischen Problemen geführt hat.[138] Sie reicht aber nicht aus, um die ökonomische

---

[138] Vgl. etwa R. KRAMER, Ethik des Geldes. Eine theologische und ökonomische Verhältnisbestimmung, Berlin 1996; M. SCHRAMM, Gott, Geld und Moral. Beobachtungen der theologischen Sozialethik, in: Ethica 5 (1997) 135-165. Wo Ökonomie und Moral ihre selbstgestellten Aufgaben nicht erfüllen, gegen ihre eigene Logik verstoßen oder Zuständigkeit für Fragen beanspruchen, die ihrer Logik nicht zugänglich sind, sind sie nicht mit den Mitteln der Theologie, sondern mit Argumenten zu kritisieren, welche den Kriterien ökonomischer und ethischer Rationalität entsprechen. Und wo ökonomische Vorgänge religionsförmig ablaufen, d.h. wo es zu ökonomischen Dekontextuierungen, Inversionen und Dekontextuierungen religiöser Motive, Themen und Traditionen kommt, ist ebenfalls zunächst keine apologetische, sondern eine religionskritische Position einzunehmen. In diesem Falle sind jene religionskritischen Verdachtsmo-

Säkularisierungsresistenz eines genuin christlichen Gottesverhältnisses zu demonstrieren. Dieses Gottesverhältnis ist geprägt von der Beziehung wohltuender Grundlosigkeit und steht jenseits aller Kategorien ökonomischer Rentabilität und moralischen Wohlverhaltens.

Der Theologie unterläuft daher ein Selbstmissverständnis ihrer Sache, wenn sie unter dem Eindruck der Wahlverwandtschaft von Religion, Moral und Ökonomie an die Auslegung religiöser Texte, in denen ökonomische Metaphern und Gleichnisse begegnen, ökonomische und moralische Kategorien anlegt.[139] Eine solche Deutung führt zu ökonomisch-ethischen Widerspruchsproblemen und verfehlt die genuin religiöse Aussage dieser Texte zum existenzialen Bezugsproblem der Religion (vgl. etwa Lk 16,1-8, Mt 20,1-16): Was das Leben zustimmungsfähig macht, ist ökonomisch unverrechenbar und nicht Gegenstand moralischer Verdienste; es ist das ökonomisch und moralisch Unverhältnismäßige (vgl. Jes 55,3; Mk 8,37; Lk 12,16-34; Mt 19,16-30). Der christliche Glaube bestreitet die Möglichkeit, die Frage nach der Daseinsakzeptanz mittels eines widerspruchsfreien ökonomischen Zweck/Mittel-Kalküls oder eines ethischen Diskurses zu entscheiden. Denn die Zustimmung zum Dasein ist nicht analog der Herstellung einer Zustimmung zum Resultat einer ökonomisch rationalen oder moralisch guten Handlung herbeizuführen.

Wo Geld zum „Sakrament" der bürgerlichen Gesellschaft wird, als „sichtbares Zeichen unsichtbarer Gnade" fungiert und zur Teilhabe an allen Segnungen dieser Gesellschaft führt, widerstreitet dem die Logik des christlichen Gnadenbegriffs. Er durchkreuzt das ökonomische Verhältnis von Aufwand und Ertrag, Einlage und Rendite, Leistung und Lohn durch ein Verhältnis der Unverhältnismäßigkeit. Wie das Leben selbst, so ist auch dessen Sinn gratis, d.h. als Gabe oder gar nicht zu erhalten - und zwar ohne Vor- und Gegenleistungen (vgl. 1 Kor 4,7: „Was hast du, das du nicht empfangen hättest?"). Das Beglückende des Glücks besteht darin, sich nicht erklären zu können, weswegen und womit man es letztlich „verdient" hat.

Nochmals: Wo Geld als allesbestimmende Wirklichkeit auftritt, zum „god term" der Gesellschaft avanciert und mit Gottesprädika-

---

mente an die Geldkultur zu richten, denen bisher Religion und Glaube ausgesetzt wurden: Analgetikum oder Opium, Überbau, Projektion, Illusion, Entfremdungscharakter, Verblendungs- und Erblindungszusammenhang.

[139] Vgl. exemplarisch H. SCHRÖDER, Jesus und das Geld. Wirtschaftskommentar zum Neuen Testament, Karlsruhe [3]1981.

ten unterlegt wird („Allmacht“, „Allgegenwart“) widerstreitet dem die Logik des christlichen Gottesbegriffs. Gott ist insofern die alles bestimmende Wirklichkeit, wie er sich selbst als den bestimmt, der den Menschen zu freier Selbstbestimmung bestimmt. Hingegen ist das Geld dazu bestimmt, den Menschen zu bestimmen, sich nach der Logik des Marktes und des Tausches bestimmen zu lassen. Die Allmacht Gottes besteht darin, das Geschaffene in sein Eigensein und seine Freiheit freizulassen. „Das Höchste, das überhaupt für ein Wesen getan werden kann, höher als alles, wozu einer es machen kann, ist, es frei zu machen. Eben dazu gehört Allmacht.“[140] Die Allmacht Gottes bemisst sich daran, dass sie nicht Maß nimmt an Zielen und Zwecken, die diesseits oder jenseits der Freiheit des Geschaffenen liegen. Sie ist grund-los und darum auch maß-los. Gott ist zwar der, ohne den nichts ist. Aber alles, was ohne ihn nicht sein kann, ist sich selbst zu eigen, existiert in Freiheit und somit un-bedingt und zweckfrei.

Hingegen besteht die Logik der Geldmacht nicht im Moment der maß-losen „Freigebigkeit“, sondern im Moment der Anhäufung von Möglichkeiten, weitere Vermögenswerte zu erwerben. Formal ist der Anspruch auf Totalität das „tertium comparationis“ zwischen den Begriffen Gott und Geld. In der Form der Einlösung dieses Anspruchs aber unterscheiden sich (christliche) Religion und Ökonomie. Hier heißt es: Freigabe oder Akkumulation. Das Maß der Freigebigkeit ist Freiheit, das Maß der Akkumulation jedoch ist Knappheit. Denn das Geld gehört zu denjenigen Leitmedien der Gestaltung von Lebensverhältnissen, die selbst unter der Restriktion stehen, die sie normieren wollen: Knappheit. Während die freigebige Gewährung von Freiheit ihren Wert nicht schmälert, führt eine inflationäre Vermehrung von Geld zu dessen Entwertung. Zwar suggeriert die moderne Geldwirtschaft, man könne unermessliche Geldvermögen anhäufen. Aber diese Möglichkeit muss knapp gehalten werden; sie besteht nur solange für alle, wie sie nicht von allen zugleich genutzt wird.

Die Alternative „Freigabe oder Akkumulation“ stellt vor eine Entscheidung. Man kann seine Lebensführungsgewissheiten nicht in beiden Ganzheitssemantiken zugleich beschreiben und man kann auch nicht nach beiden zugleich handeln: „Niemand kann zwei Herren dienen. ... Ihr könnt nicht Gott dienen und dem Mammon“ (Mt 6,24 f.). Für die Begüterten unter den Christen, die einen evangeliumsgemäßen Umgang mit angehäuftem Hab und

[140] S. KIERKEGAARD, Die Tagebücher 1834-1855, München ^{4}1953, 239 f.

Gut üben wollen, bleibt es angezeigt, andere daran teilhaben zu lassen und sich „Freunde zu machen mit Hilfe des ungerechten Mammons“ (Lk 16,9). Evangeliumsgemäß ist ein solches Handeln aber erst, wenn es sich diese Freunde unter den Armen sucht.

Die „soteriologische“ Eigenart des Geldes besteht darin, dass man es erst verdienen, dann besitzen und vermehren muss, um auf seine „Heilsmittlerschaft“ vertrauen zu können. Eine „Erlösung“ aber, die mit monetären Erlösen gekoppelt ist, d.h. die man erst haben und anhäufen muss, damit sie etwas vermag, verliert ihren Vermögenswert, sobald ihre ökonomischen Verdienst- und Erwerbsmöglichkeiten entfallen. Die Logik der christlichen Kategorie „Erlösung“ besteht hingegen darin, dass sie das Heil nicht im Modus des Erwerbens, Verdienens und Habens denkt, sondern es als Verhältnis buchstabiert, in dem der Mensch je schon existiert. Nach christlicher Überzeugung ist das tödliche Verhältnis von Leben und Tod, in dem der Mensch lebt, hineingenommen in das Verhältnis Gottes zu diesem Widerstreit von Leben und Tod, den er zugunsten des Lebens entscheidet.

2. Auf Sendung? Die religiöse Dimension der Medien

Dem Geld kommt keineswegs eine unangefochtene Stellung als sozio-kulturelles Leitmedium zu. Konkurrenz gemacht wird ihm inzwischen von den Medien. Sie machen dem Geld nicht allein seine säkularen Funktionen bei der Koordination sozialer Interaktion streitig, sondern können auch seine Bedeutung als Substitut der Religion für sich beanspruchen. Die von W. Benjamin in seinem Fragment „Kapitalismus als Religion“ (1921) skizzierte Religionsförmigkeit der Ökonomie lässt sich heute weitaus plausibler auf die Medien beziehen. Dies gilt vor allem für ein Charakteristikum, das bisher beim Betrachten des Widerstreites von Geld und Religion ausgeblendet blieb: die rituelle Dimension eines geld- bzw. gottbestimmten Verhältnisses zu den Lebensverhältnissen. Man braucht dazu Benjamins Thesen nur wenig zu variieren, um ihre prophetische Note zu entdecken:[141] Die Medien machen um Ereignisse und Personen „Kult“, ohne hierfür einer speziellen Dogmatik oder Theologie zu bedürfen. Dabei entwinden sie dem Kult das Außergewöhnliche und „Festtägliche“ und lassen nur das Moment der Verstetigung des Besonderen übrig. Sie zelebrieren sich und das, was sie senden, ohne Unterlass und unterwerfen alle Inhalte den rigiden Regeln einer Ökonomie und Ästhetik des Medialen. Dabei haben auch sie Verheißungen im Angebot, die ebenso wie das Geld einen Umgang mit Knappheiten ermöglichen, der sie als Limitationen sinnvollen Daseins transzendiert.

Die Funktion sozialer Leitmedien besteht darin, dass sie eine Koordination sozialer Interaktion ermöglichen. Dazu gehört mehr als die Verabredung verbindlicher Verhaltenserwartungen. Gefragt

---

[141] „Erstens ist der Kapitalismus eine reine Kultreligion, vielleicht die extremste, die es je gegeben hat. Es hat in ihm alles nur unmittelbar mit Beziehung auf den Kultus Bedeutung, er kennt keine spezielle Dogmatik, keine Theologie. Der Utilitarismus gewinnt unter diesem Gesichtspunkt seine religiöse Färbung. Mit dieser Konkretion des Kultus hängt ein zweiter Zug des Kapitalismus zusammen: die permanente Dauer des Kultus. Der Kapitalismus ist die Zelebrierung eines Kultes sans (t)rêve et sans merci. Es gibt da keinen ‚Wochentag‘, keinen Tag, der nicht Festtag in dem fürchterlichen Sinne der Entfaltung allen sakralen Pompes, der äußersten Anspannung des Verehrenden wäre. Dieser Kultus ist zum dritten verschuldend. Der Kapitalismus ist vermutlich der erste Fall eines nicht entsühnenden, sondern verschuldenden Kultus“; W. BENJAMIN, Kapitalismus als Religion, a.a.O.

sind ebenso Hilfestellungen bei der individuellen und kollektiven Bewältigung von Krisen und Kontingenzerfahrungen, die Einpassung individuellen Handelns in die Zeitstrukturen der Gesellschaft, die Vermittlung und symbolische Repräsentation von „Währungen“, in denen all das gehandelt, verbucht und abgerechnet werden kann, was in einer Gesellschaft öffentliche Geltung, Relevanz und Aktualität beansprucht. Dass der moderne Mensch bei der Erfüllung dieser Funktionen auf „postreligiöse“ Medien verzichten und ohne Riten und Rituale auskommen könne und solle, galt lange Zeit als unstrittige Überzeugung einer Gesellschaft, die vom Spontanen, Kreativen und Innovativen lebt und in allem Beharrenden und Wiederkehrenden nur den Widerpart des Fortschritts sehen kann. Inzwischen stellt sich die Einsicht ein, dass man keineswegs alles Überkommene hinter sich lassen muss, um voranzukommen. Gerade im säkularen Raum sind heute Riten und Rituale wieder „in“. Das Kultische ist „kult“ - und still geworden sind jene Stimmen, die angesichts solcher Phänomene stereotyp einen ideologiekritischen Ritualismusverdacht äußern.

Stattdessen stößt wieder die These auf Zustimmung, dass auch moderne Menschen in ihrer Lebensführung nicht ohne stabile und sich wiederholende Momente ihrer Alltagspraxis auskommen.[142] Denn je unübersichtlicher und unvertrauter eine von ständigen Innovationen geprägte Gesellschaft wird, umso notwendiger werden offensichtlich kulturelle Widerlager, die Wirklichkeitsvertrautheit, Biographiekohärenz und Identitätsvergewisserung ermöglichen. Die Beschäftigung mit derartigen Sinnfragen darf für die Betroffenen jedoch nicht sinnenlos erfolgen. Schließlich geht es ihnen weniger um „Übersinnliches“ als um den Sinn des sinnenhaft Zugänglichen. Im Gebrauch der Sinne kommt es aber nicht nur auf die Erschließung der Welt an, sondern auch auf die Bewertung und Bedeutung des dabei Erschlossenen. Allerdings führt die Suche nach entsprechenden Deutungsmustern meist nicht dazu, dass religiöse Sinnofferten nachgefragt werden – zumindest nicht bei den traditionellen religiösen Institutionen. Diese sind offensichtlich

[142] Vgl. Ch. WULF/J. ZIRFAS (Hg.), Die Kultur des Rituals. Inszenierungen, Praktiken, Symbole, München 2004; F. UHL/A. R. BOELDERL (Hg.), Rituale. Zugänge zu einem Phänomen, Düsseldorf/Bonn 1999; A. BELLIGER/D. J. KRIEGER (Hg.), Ritualtheorien, Wiesbaden ^{2}2003.

immer weniger in der Lage, eine die Sinne ansprechende „performance“ von Sinn und Wert des Daseins anzubieten.[143]

Vielmehr scheinen die Medien zunehmend Aufgaben „inszenatorischer“ und „performativer“ Realitätsverarbeitung zu übernehmen, die früher der Religion zukamen. „Sie bauen vor allem permanent an der symbolischen Repräsentation der die Gesellschaft konstituierenden Realitätsauffassungen, Wertorientierungen und Sinnhorizonte.“[144] Die (Massen)Medien vermitteln zwischen individueller Lebenswelt und sozialem Ganzen. In einer hochgradig individualisierten Gesellschaft schließen sie die Individuen an die Prozesse der sozialen Konstruktion gesellschaftlicher und subjektiver Realität an. „Was wir über unsere Gesellschaft, ja über die Welt, in der wir leben wissen, wissen wir durch die Massenmedien.“[145] Sie stellen eine faszinierende Erweiterung der menschlichen Sinne dar; sie prägen das Bewusstsein, sie machen das Dasein mit seinen Höhen und Tiefen bewusst, indem sie diese in Szene setzen; sie transportieren Deutungsvorschläge und Inszenierungsvorgaben für biographische Schwellen und Übergänge; sie sind Wahrnehmungslieferanten und Aufmerksamkeitsfilter für das, was in der Welt geschieht. Sie verwandeln die Frage der Weltakzeptanz buchstäblich zur „Ansichtssache“, indem sie neben dem „Guten, Wahren, Schönen“, welches das Dasein zustimmungsfähig macht, die dunklen Seiten der Realität, das Grausame, Mörderische, das kategorisch Inakzeptable zeigen.[146]

Sollen Sinne und Sinn zusammenkommen, bedarf es offenkundig zunächst einer medialen „Ästhetik“ als *Aisthesis*, als Bemühen um die sinnenvermittelte Wahrnehmungsfähigkeit des Menschen. Die Medien sprechen Sinn und Sinne an. Sie binden das Sinnvolle an das Sinnliche; sie erbringen Mittlerdienste zwischen Sinn und Sinnen.[147] Diese Funktion hat sich im Laufe der Geschichte nicht verändert, wenngleich soziale Stellung, Form und Sinnlichkeit der Medien einen enormen Wandel durchlaufen haben. Am Anfang

---

[143] Zum Begriff der Performanz siehe ausführlich P. M. MEYER (Hg.), Performance im medialen Wandel, München 2006; U. WIRTH (Hg.), Performanz. Zwischen Sprachphilosophie und Kulturwissenschaften, Frankfurt ^{3}2004.

[144] W. GRÄB, Sinn fürs Unendliche. Religion in der Mediengesellschaft, Gütersloh 2002, 13.

[145] N. LUHMANN, Die Realität der Massenmedien, Opladen 1996, 9. Vgl. auch DERS., Die Gesellschaft der Gesellschaft, Frankfurt 1997, 190-412.

[146] Vgl. hierzu etwa A. KEPPLER, Mediale Gegenwart. Eine Theorie des Fernsehens am Beispiel der Darstellung von Gewalt, Frankfurt 2006.

[147] Vgl. J. HÖRISCH, Der Sinn und die Sinne. Eine Geschichte der Medien, Frankfurt 2001.

der Mediengeschichte stehen Gesellschaften, die im religiösen Kult, in Mythen und Ritualen sich ihrer Herkunft und Einheit vergewissern, Wirklichkeitsvertrautheit und Daseinsakzeptanz generieren und die Wechselfälle des Lebens mit (Be-)Deutungen versehen.[148] Im Mythos und mit dem Ritual schaffen sich die Menschen eine Symbolwelt, die ein Repertoire an Zeichen enthält, die auf diese Sinndeutungen verweisen, sie sinnhaft repräsentieren und in ihrer Bedeutung zu tradieren erlauben. Mythos und Ritual sind in der Mediengeschichte die ersten Formen, mit denen Menschen sich in ihrem gesellschaftlichen Kontext über ihr Weltwissen, über die Ordnung der Welt und den eigenen Ort darin verständigt haben. An ihrem vorläufigen Ende stehen die digitalen elektronischen Medien, die nicht nur in ihrer Funktion, sondern auch in den Formaten ihrer „Sinnbilder" die Nachfolge der Religion antreten.

Manchen Beobachtern erscheint nicht zuletzt das Fernsehen als ein „Drehkreuz" religiöser Symbolsysteme und Stile, das Dasein in der Welt auszulegen, es in seinen Zusammenhängen und Brüchen zu vergegenwärtigen, sein Scheitern und sein Gelingen in Bildern und Geschichten zu erzählen.[149] Hier werden in verschiedenen Genres Träume von einem „roten Faden" in einer verworrenen Welt und der Wunsch nach biographischer Identität inszeniert (Serien und Mehrteiler); hier wird der Widerstreit zwischen „gut" und böse" ausgetragen und der Wunsch nach Gerechtigkeit ebenso aufgegriffen (Krimis) wie die Sehnsucht nach einer unbeschwerten „anderen" Seite des Lebens bedient (Unterhaltungsshows).[150]

2.1. Ansichtssachen? Telegene Sinnwelten

Eine „medienreligiöse" Sondierung der gegenwärtigen Fernsehlandschaft bleibt jedoch ohne Trennschärfe, wenn sie sich mit dem bloßen Abgleich medialer und religiöser Genres zufrieden gibt und sie am Ende für konvertibel hält. Erst recht muss eine Theorie religiöser Dispersion, die auch an der Eigen- und Widerständigkeit des

---

[148] Vgl. hierzu ausführlich W. FAULSTICH, Die Geschichte der Medien. 3 Bde., Göttingen 1996-98.

[149] Vgl. etwa K. HICKETHIER, Medien und Religion, in: B. Weyel/W. Gräb (Hg.), Religion in der modernen Lebenswelt, Göttingen 2006, 61-83.

[150] Vgl. hierzu mit entsprechenden Beispielen E. BIEGER, Den Alltag erhöhen. Wie Zuschauer das Fernsehen mit ihrem Leben verknüpfen, Köln 1997.

Religiösen gegenüber dem Medialen interessiert ist, zu einer simplen Konkurrenz- oder Substitutionsthese auf Distanz gehen.[151] Dies gilt erst recht im Hinblick auf die lebensweltliche Bedeutung des Fernsehens. Wie die Geldbestimmtheit der Lebensführung so ragt auch die mediale Prägung der Lebenswelt weit in den Bereich des Existenziellen hinein. Nirgendwo sonst werden Sehgewohnheiten und Sichtweisen des Menschen so umfassend geprägt, wie im und vom Medium Fernsehen. Nirgendwo sonst erscheinen menschliche Sehnsüchte so deutlich als Sehsüchte.

In existentialpragmatischer Sicht gewinnen diese Beobachtungen zusätzliche Tiefenschärfe. Hier zeigt sich, dass und wie die Medien die Thematik der Selbst- und Daseinsakzeptanz ästhetisch neu formatieren. Sie beziehen sie auf die Frage, bei welchen Sinnen man sein muss, damit sich das zeigt, was das Leben zustimmungsfähig und somit sinnvoll macht. Die elektronischen Unterhaltungs- und Informationsmedien bieten allen vergewisserungsbedürftigen Zeitgenossen hierfür vornehmlich eine Schulung ihres Seh-Sinnes an. Das Zustimmungsfähige wird dabei mit dem Sehenswerten und Ansehnlichen „verlinkt". Die Medien öffnen Blicke auf die Welt, die Unansehnliches und Sehenswürdigkeiten einfangen. Über Erkenntnis und Wissen in Sinn- und Wertfragen verfügen am Ende diejenigen Zuschauer, die Durchblick oder zumindest einen Überblick gewonnen haben und sich ein eigenes Bild von allem machen können. Die Medien fordern und fördern Personen und Ereignisse, die sich sehen lassen können. Selbstakzeptanz bemisst sich dann nach dem Ansehen, das jemand findet. Aber auch dies ist ein knappes Gut. Der Mangel an Ansehen und Anerkennung schlägt darum nicht weniger heftig zu Buche als Geldmangel. Die Medien regeln den Zugang zum Markt dieses knappen Gutes „Ansehen". Wer es geschafft hat, „in" die Medien zu kommen und dauerhaft in ihnen vorzukommen, erhält die höhere Weihen der „Prominenz" und darf sich fortan als „Star" feiern lassen.

Neben dem knappen Gut der Anerkennung haben die Medien das nicht weniger knappe Gut der Teilhabe am Spektakulären, Exklusiven, Einmaligen im Angebot. Sie offerieren Teilhaberschaft an besonderen Ereignissen, die auch jenen offenstehen, die räumlich und zeitlich von diesen „events" ausgeschlossen und dennoch „live" dabei sind. Dabei leisten sie eine elektronische Überwin-

---

[151] Vgl. J. NEWMAN, Religion vs. Television. Competitors in Cultural Context, London/Westport 1996.

dung der „Limitationen“ Raum und Zeit.[152] Sie vermitteln die Realpräsenz des Fernen im Hier und Jetzt des Zuschauers. Die Medien verhelfen einem von Zeitdruck und Zeitmangel geplagten Menschen dazu, dass er nichts verpasst. Was gleichzeitig geschieht und gesendet wird, lässt sich aufzeichnen und nacheinander anschauen. Die Medien erlösen von der Angst, etwas zu versäumen. Sie machen Partizipation zu einem Akt des passenden „Anschlusses“ (via Antenne, Kabel, Modem).

In ihrer noch unsystematischen und unvollständigen Auflistung lassen diese ersten Hinweise auf die Verheißungen des medialen Evangeliums bei der weiteren Spurensuche von Sehsüchten, Sinnfragen und ihrer medialen Codierung die Vermutung aufkommen, dass der Theologie und dem Glauben im Massenmedium Fernsehen „nicht ein 'Anderes', sondern ein 'Ähnliches' begegnet“.[153] Beide finden im Fernsehen nicht allein eine „säkulare“ Kultur, sondern - so die nachfolgend zu explizierende These - ein eigentümliches Spiegelbild religiöser Symbolsysteme mit jeweils eigenen religionsanalogen Genres und „Sendeformen“, die über die Aufnahme einzelner religiöser Stoffe und Motive, die dem Christentum entstammen, weit hinausgehen. Die Überformung religiöser Kommunikation durch den ästhetischen Code der Medien kann sich dabei verbinden mit einer religionsanalogen Zweitcodierung medialer Interaktion.[154] Für eine Theorie religiöser Dispersion steht bei die-

---

[152] Vgl. hierzu auch W. KASCHUBA, Die Überwindung der Distanz. Zeit und Raum in der europäischen Moderne, Frankfurt 2004.

[153] G. THOMAS, Medien - Ritual - Religion. Zur religiösen Funktion des Fernsehens, Frankfurt 1998, 21. Vgl. ferner Th. H. BÖHM, Religion durch Medien – Kirche in den Medien und die „Medienreligion“, Stuttgart 2005; E. HURTH, Zwischen Religion und Unterhaltung. Zur Bedeutung der religiösen Dimension in den Medien, Mainz 2001; J. REICHERTZ, Die Frohe Botschaft des Fernsehens, Konstanz 2000; G. THOMAS (Hg.), Religiöse Funktionen des Fernsehens?, Wiesbaden 2000; A. SCHILSON, Medienreligion. Zur religiösen Signatur der Gegenwart, Tübingen/Basel 1997; H. ALBRECHT, Die Religion der Massenmedien, Stuttgart 1993; W.-R. SCHMIDT, Fernsehen als Religion?, in: C. Eurich/I. de Haen (Hg.), Hören und Sehen, Stuttgart 1991, 113-118; H. N. JANOWSKI (Hg.), Die kanalisierte Botschaft. Religion in den Medien – Medienreligion, Gütersloh 1987; H.-J. BENEDICT, Fernsehen als Sinnsystem?, in: W. Fischer/W. Marhold (Hg.), Religionssoziologie als Wissenssoziologie, Stuttgart 1978, 117-135.

[154] Damit erübrigt sich natürlich nicht der Auftrag einer „Medientheologie“, für sogenannte „Verkündigungssendungen“ angemessene Formate zu identifizieren, in denen die kirchlich tradierten Inhalte, Motive und Traditionen des Christentums in kirchlichen Sprach- und Symbolmustern antreffbar werden Vgl. hierzu etwa E. GARHAMMER/D. HOBER (Hg.), Vom Non-Prophet-Unternehmen zu einer visionären Kirche. Verkündigung in der Mediengesellschaft,

sen Sondierungen die Frage im Vordergrund, inwieweit die Medien selbst zu einem „Religiosum“ werden, d.h. ob auf dem Wege der medialen Dekonstruktion des Religiösen auch Züge der religiösen Aufladung des Medialen hervortreten - bis dahin, dass die Medien zu Produktionsorten von Neo-Mythen werden[155] und am Ende selbst mit der Aura des Mythischen umgeben werden.[156]

Jede Aura ist buchstäblich „Ansichtssache“ und verlangt zu ihrer Wahrnehmung den passenden Blick. Auch dazu leistet das Medium Fernsehen seinen Beitrag. Was es zeigt, ist eo ipso „telegen“ (d.h. von ihm hervorgebracht) und untersteht den Ansprüchen der Ansehnlichkeit. Seine „Sinnbilder“ spiegeln ein spezifisches ästhetisches Verhältnis zu den Lebensverhältnissen, in dem die Frage dominiert, ob die Optik stimmt und welche Bilder als „Blickfänger“ taugen, um für eine Sendung Aufmerksamkeit und für ihr Thema die optimale Veranschaulichung herzustellen. Die Moderne hat das (Fern-)Sehen zum Leitsinn von Mensch und Kultur erhoben. Dieser „iconic turn“ hat die Kategorie der Bildlichkeit als Dreh- und Angelpunkt.[157] Sich erfolgreich ins rechte Bild setzen zu können, ist die Schlüsselqualifikation für Angehörige des Medienzeitalters, zu dessen Zeichen gehört, eine Zeit des Zeigens zu sein.[158] Wer und was für wichtig gehalten werden will, muss sich sichtbar machen. Das aber kann nur, wer gegenüber anderen Mitbewerbern um öffentliche Aufmerksamkeit etwas vorzuzeigen hat. Öffentliches Ansehen hängt davon ab, dass man über möglichst

---

Würzburg 2002. Sendungen in kircheneigener Regie (z.B. „Wort zum Sonntag“, Pontifikalämter an Weihnachten und Ostern, der päpstliche TV-Segen „Urbi et orbi“) theologisch „dechiffrieren” zu wollen, erübrigt sich jedoch weitgehend für eine Theorie religiöser Dispersion, weil der Inhalt solcher Sendungen sich bereits als theologisch codiert behauptet. Hier steht auf der Verpackung schon drauf, was drinstecken soll. Die Kunst der Hermeneutik aber wird erst dort benötigt, wo es darum geht, aus einer Sache etwas herauszukriegen, was nicht draufsteht.

[155] Vgl. N. SCHNEIDER, Fernsehen als Mythenproduzent, in: epd-Doku-mentation Nr. 22 (22.5.1991) 12-22.

[156] Vgl. etwa J. K. BLEICHER, Fernsehen als Mythos. Poetik eines narrativen Erkenntnissystems, Opladen/Wiesbaden 1999; St. MÜNKER/A. ROESLER (Hg.), Mythos Internet, Frankfurt 1997.

[157] Vgl. hierzu u.a. K. SACHS-HOMBACH (Hg.), Bildwissenschaft, Frankfurt 2005; Ch. MAAR/H. BURDA (Hg.), Iconic Turn. Die neue Macht der Bilder, Köln 2004; D. BACHMANN-MEDICK, Cultural Turns, 329-380.

[158] Vgl. hierzu auch H.-J. HÖHN, „Ansichtssache“. Ästhetik zwischen Zeitdiagnose und Sozialanalyse, in: W. Fürst (Hg.), Pastoralästhetik, Freiburg/Basel/Wien 2002, 75-90; DERS., Zeit der Zeichen - oder: Sehsüchte in der Gegenwartskultur, in: forum medienethik 1998/1, 6-15.

viel Ansehnliches verfügt, das man herausstellen kann. Der kategorische Imperativ dieser Zeit wird ästhetisch definiert und lautet „Zeig's mir!". Was nicht sichtbar gemacht werden kann, bleibt im Vagen, Ungefähren, Mutmaßlichen, Unwirklichen. Überhaupt wird man nur dann etwas in dieser Welt, wenn man es seinen Konkurrenten „so richtig zeigt". Wer daraufhin etwas geworden ist, bekommt wiederum etwas, das man herumzeigen kann: einen Orden, ein Verdienstkreuz, eine Urkunde. Für Medienschaffende gibt es den Oscar, den Grammy oder den Grimme-Preis. Wer solche Auszeichnungen erhält, ist bedeutend. Der Bedeutungsträger „Auszeichnung" läßt bereits bei mittlerer Brennweite einer Kamera erkennen, mit wem man es zu tun hat. Sichtkontakt wird somit über Bedeutungsträger hergestellt – Würdenträger belassen es sogar oft dabei.

Wo alles eine Frage der Optik wird, greift die Sinnlichkeit des Bildes auch auf die anderen Sinne über. Hören und Fühlen legieren sich mit dem Sehen. Töne werden zu sprechenden Bildern. „Musik, die man sehen" kann – so lautet die kürzeste Definition für einen Videoclip. Die Musiksender MTV und VIVA machen rund um die Uhr das sichtbar, was früher einmal nur fürs Hören bestimmt war.[159] Die Medien verlangen nach dem „Augenmenschen", aber sie versetzen ihn weder ins Zeitalter der Weltanschauungen noch in die Epoche der Weltbilder. Sie umgeben ihn vielmehr mit Bildwelten. Hier braucht man sich nicht mehr ein Bild von der Welt zu machen, sondern kann die Welt als Bild begreifen.

In einer Zeit, in der die Welt so aussieht, wie man sie anschaut, werden alte Hoffnungen neu formatiert. Moderne Visionen sind Televisionen. Sie verlegen das hier und heute Erhoffte nicht in ferne Zeiten, sondern liefern das Entlegene gleich frei Haus – mit Live-Bildern und Live-Tönen. Das ist die erste Gnade, die das Fernsehen für seh(n)süchtige Zeitgenossen im Angebot hat: Überbrückung von Distanzen in Raum und Zeit, die Faszination des unmittelbaren Dabeiseins, die Herstellung von Teilhabe über die elektronisch vermittelte Teilnahme.[160]

---

[159] Vgl. hierzu K. NEUMANN-BRAUN, Viva MTV. Popmusik im Fernsehen, Frankfurt 1999.

[160] Zum Ganzen vgl. auch B. GUGGENBERGER, Das digitale Nirwana. Vom Verlust der Wirklichkeit in der schönen neuen Online-Welt, Reinbek 1999.

2.2. Sehsüchte: Das mediale Evangelium

Zu den Sinnversprechen der Medien gehört nicht nur die freie Sicht auf die Welt, sondern auch die Tilgung weiterer Barrieren des In-der-Welt-Seins, die mit Raum und Zeit zu tun haben. Die Fernsehkamera macht es möglich, live an politischen Gipfeltreffen und sportlichen Großereignissen teilzunehmen. Man ist präsent, ohne anwesend sein zu müssen. Wer sich vor Ort aufhält, läuft Gefahr im Gedränge unterzugehen und nichts mitzukriegen. Nur wer zu Hause bleibt, den Fernseher einschaltet, bekommt alles mit. Teilhabe ist möglich, ohne dass alle Ereignisteilhaber an der nämlichen Zeit partizipieren. Videorecorder erlauben, die Zwänge der Zeit zu durchbrechen. Was zur gleichen Zeit, jedoch an verschiedener Stelle und Welle passierte, lässt sich nun nacheinander betrachten. Nachdem die Bilder laufen lernten, braucht sich der Mensch nicht mehr anzustrengen. Mit dem Finger an der Fernbedienung wird der Zuschauer zur ontologischen Letztgröße: zum unbewegten Beweger. Individuelle Immobilität verurteilt nicht zur Einsamkeit, sondern ist Partizipationsbedingung.

Während die geldbestimmte Fähigkeit zur „Allgegenwart“ den Geldbesitzer bei der Nutzung dieser Fähigkeit zu realen Ortsveränderungen nötigt, hat die medienbestimmte Omnipräsenz den Vorteil der „stabilitas loci“. Man muss nicht mehr verreisen, um überall dabei zu sein. Mehr noch: Nur wer auf Selbstbewegung verzichtet, kriegt über das Fernsehen alles mit. Und wer noch alles mitkriegt, ist bekanntlich noch nicht tot, sondern steht mitten im Leben. Mitten im Leben ist man auch nicht einsam. „Video, ergo sum.” – „Ich sehe fern, also bin ich nicht allein“ (auf der Welt). Irgendwo muss ja jemand sein, der auf Sendung gegangen ist. Und da keine TV-Station mehr einen Sendeschluss kennt, ist man auch zu keinem Zeitpunkt allein auf dieser Welt.

Gemeinschaftsbildung geschieht auf dem Weg der Videosynthese. Und diese Gemeinschaft ist eine Gemeinschaft von Gleichen. Das Fernsehen ebnet Differenzen und Hierarchien ein, die sonst den Zugang zu Ereignissen steuern. Alle sehen und hören das Gleiche; niemand hat eine von Geld, Status oder Herkunft abhängige privilegierte Position. Bei ARD und ZDF sitzen - gemäß ihrer

Eigenreklame - alle sogar immer „in der ersten Reihe".[161] Nur unverbesserliche Kulturkritiker vom Schlage Adornos sehen im Fernsehen den Ersatz „einer gesellschaftlichen Unmittelbarkeit, die den Menschen versagt ist. Sie verwechseln das ganz und gar Vermittelte, illusionär Geplante mit der Verbundenheit, nach der sie darben".[162]

Vielen Mediennutzern genügt jedoch die mediale Verbundenheit in einer Zeit, in der das Virtuelle auch eine Realität darstellt. Das Virtuelle kann zu täuschend echten Erfahrungen führen. Das Affektfernsehen[163] lebt von der Attraktivität der Blickfänger, die Blicke auf Bilder und nicht auf die Wirklichkeit „hinter" diesen Bildern ziehen. In diesen Bildern wird das Reale medial reproduziert, was zunehmend dazu führt, dass das Reale primär in seinen technischen Reproduktionen angetroffen wird. Wer tiefe Gefühle erleben will, schaut sich im Fernsehen tiefe Gefühle an und hat dann selber welche. Das Medienbegräbnis von Lady Diana 1997 lieferte hierfür einen eindrucksvollen Beleg.[164]

Für immer mehr Menschen ist das Fernsehen jedoch mehr als ein bloßes Ereignis- oder Affektmedium. Für sie avanciert das Fernsehen zum optimalen Tagesbegleitmedium, das sie vom Frühstücks-TV über das Mittagsmagazin bis zur Late-Night-Show auf unverbindliche Weise mit der Welt in Verbindung hält und es ihnen ermöglicht, immer im Bild zu sein.[165] Es übernimmt die Vollversorgung mit Informationen, Unterhaltung und Werbung aus dem Hintergrund. Der Fernseher ist nicht mehr ein Gerät, das man eigens einschalten muss, sondern das man eigens abschalten muss. Er ist eine Art Nabelschnur, die mit den Zentren der Politik, der Kultur, der Welt verbindet. „Damit diese Nabelschnur pulsiert, muß der Fernseher eingeschaltet sein - es genügt, daß er seine Bilder herzeigt und seine Texte murmelt, der Konsument selbst muß

---

[161] Vgl. hierzu etwa A. KEPPLER, Die Kommunion des Dabeiseins. Formen des Sakralen in der Fernsehunterhaltung, in: Rundfunk und Fernsehen 43 (1995) 301-311.

[162] Th. W. ADORNO, Prolog zum Fernsehen, in: Ders., Kulturkritik und Gesellschaft II (Ges. Schr. 10/2), Frankfurt 1997, 512.

[163] Vgl. hierzu etwa G. BENTE/B. FROMM, Affektfernsehen. Motive, Angebotsweisen und Wirkungen, Opladen 1997.

[164] Vgl. dazu auch die Fallstudien von M. MECKEL u.a., Medien-Mythos? Die Inszenierung von Prominenz und Schicksal am Beispiel von Diana Spencer, Opladen/Wiesbaden 1999 sowie Th. H. BÖHM, Religion durch Medien, 182-202 (Lit.).

[165] Vgl. B. SICHTERMANN, Vom Medienerlebnis zum Tagesbegleitmedium, in: St. Münker/A. Roesler (Hg.), Televisionen, Frankfurt 1999, 113-126.

nicht auf Empfang schalten. Er kann telefonieren, einen Gast empfangen oder sogar das Zimmer verlassen - sowie der Knopf gedrückt ist, rauscht der Kommunikationsfluss, auch wenn der Nutzer nichts wahrnimmt. Das bloße Senden, allein für die Polstergarnitur, reicht aus, daß der Bewohner dieses Salons sich angeschlossen fühlt, an das Kommunikationsdelta seiner Zeit."[166] Man muss nur hinschauen und schon ist man wieder auf dem Laufenden – mittels laufender Bilder.

Überboten wird all dies nur dadurch, dass man einmal selbst Teil eines solchen Bildes wird. Die höchste Gnade, die das Fernsehen zu vergeben hat, besteht darin, einmal selbst im Gesehenen zu sein. Das verschafft Ansehen – eine Auszeichnung, über die hinaus Größeres in der Mediengesellschaft nicht gedacht werden kann. Denn *eine* Ungleichheit können auch die Medien nicht beseitigen: den Unterschied zwischen denen, die zusehen und jenen, die gesehen werden. Gleichwohl ist diese Restungleichheit der Gegenwartsgesellschaft durchaus willkommen. Sie kann genutzt werden, um sich und anderen zu zeigen, dass man bei allen Gemeinsamkeiten doch noch etwas Besonderes ist. Sie kann genutzt werden, um einer Verlegenheit zu entkommen, in die die nivellierte Wohlstandsgesellschaft geraten ist. Wenn sich immer mehr Menschen die Symbole des materiellen Wohlstands leisten können, dann muss sich der Wille nach Unterscheidung auf etwas anderes als nur auf die herkömmlichen Statussymbole richten. Gesucht sind Attribute, die selektiver sind als hohes Einkommen, chice Wohnung und Urlaub in der Karibik. Je mehr Menschen dies zufällt, umso bedeutungsloser werden diese Güter.

Es gibt nur noch ein Distinktionsmerkmal, das jemand aus der Bedeutungslosigkeit heraushebt: Prominenz. Prominent ist im Medienzeitalter nicht der Großverdiener in Finanzdingen, sondern in Sachen Ansehen und Aufmerksamkeit.[167] Prominenz aber ist Resultat medialer Präsenz. Medien sind Herstellungsorte von Publicity, denn sie tun nichts anderes, als öffentliche Aufmerksamkeit zu organisieren. Die Aufmerksamkeit anderer Menschen ist nicht nur für Schauspieler und Sportler, für Politiker und Marketingberufe die größte Sehnsucht und die am meisten begehrte Auszeichnung. Sie rangiert auch für Durchschnittsmenschen vor Macht und Geld.

---

[166] Ebd., 119.

[167] Das Folgende ist inspiriert von G. FRANCK, Ökonomie der Aufmerksamkeit, in: Merkur 47 (1993) 748-761; DERS., Ökonomie der Aufmerksamkeit, München/Wien 1998.

Wer Großverdiener in Sachen Ansehen werden will, muss daher irgendwann den Weg in die Medien finden. Dabei sollte dieser Weg selbst multimedial beschritten werden. Am besten ist es, wenn man mit einem neuen Buch, einem neuen Film oder einer neuen CD ins Fernsehen kommt und wenn dies tags zuvor, am selben Tag und tags darauf in der Zeitung steht. Erst dann zahlt es sich für den medialen Newcomer aus. Aber auch die Medien wollen auf ihre Kosten kommen. Sie geben daher nur jenen eine Chance, von denen sie sich positive Auswirkungen auf Einschaltquote und Auflage versprechen.

Nur dadurch, dass Talkgäste in der Währung des Ansehens und der Aufmerksamkeit rechnen, lässt sich ihre Bereitschaft erklären, für ein Taschengeld oder für Kost und Logis während eines Drehtages sich öffentlich Blößen zu geben. Man war wenigstens einmal dort, wo die meisten nie hinkommen: im Fernsehen. Das Geniale an der Idee der Talkshows[168] ist die Aufteilung der Öffentlichkeitsrendite nach finanziellem Erlös einerseits und Aufmerksamkeitsanteilen andererseits. Der Sender bekommt das Geld und die Talkgäste die Aufmerksamkeit. Wenn der Sender dabei obendrein sein Renommé steigert (wie weiland das ZDF mit dem Intellektuellen-Talk „Willemsens Woche") und die Mediengäste anschließend ihre Medienauftritte vermarkten können, kommt die Gnade des Doppelverdienertums noch hinzu. Finanziert wird dieses Zusatzeinkommen nicht durch öffentlich-rechtliche Rundfunk- und Fernsehgebühren oder durch Werbekunden. Die Aufmerksamkeit, welche die Medien vermitteln, verdankt sich den Aufmerksamkeitsspenden der Mediennutzer. Sie zahlen in der Währung der Aufmerksamkeit dafür, dass die Medien herausfinden und herausbringen, was ihnen gefällt. Und das ist auch das einzige Opfer, das für die Medien-Rituale der Aufmerksamkeit und die Medien-Kulte der Prominenz aufgebracht werden muss.

Am Beispiel der Talkshows lässt sich noch ein weiterer Aspekt eines medialen „Evangeliums" verdeutlichen. Hier trügt der erste Eindruck, als hätten wir es einzig mit inszenierten Tabu-Brüchen und einem Laufsteg sexueller Perversionen zu tun. Unbestritten üben Talkshows Anziehungskraft auf Seelenstripper, Voyeure und Exhibitionisten aus.[169] Was aber zunächst wie eine Revue der A-

---

[168] Vgl. zu diesem Format K. PLAKE, Talkshows. Die Industrialisierung der Kommunikation, Darmstadt 1999.

[169] Vgl. P. VORDERER, Tabubruch erwünscht. Was erwartet das Publikum von Infotainment- und Talkformaten?, in: Agenda 26 (1996) H. 1/12, 6-11.

moral aussieht, weist auch Züge von Reinigungsritualen auf. Man könnte diese Shows auch „als eine säkulare Version religiöser Gemeindeversammlungen deuten. Die Gäste, die sich in den Talkshows offenbaren, erleichtern ihre Seele, indem sie ihre intimen Geheimnisse und Probleme öffentlich aussprechen und damit zu einer Sache der ganzen Gemeinschaft machen. Das Publikum, das sich mit ihnen auseinandersetzt und sich darüber erregt, überprüft dabei seine Kriterien für die moralische und soziale Verträglichkeit individuellen Verhaltens und legt im Fluß des kommunikativen Prozesses immer neu die verbindlichen Grenzen dessen fest, was die Öffentlichkeit als mit ihren moralischen Standards konformgehend akzeptieren kann. Die Talkshows bieten somit eine populäre Form der Einpassung individueller Verhaltensweisen in den moralischen Konsens einer pluralistischen Massengesellschaft, die keine definitiven Verhaltensmuster mehr vorschreibt, die den Tabubruch zum emanzipatorischen Prinzip und das Selbstverwirklichungsstreben zum schlechthin arglosen Guten erhoben hat“[170].

Hier ereignet sich nichts Geringeres als die Einziehung einer Grenze, die für Jahrhunderte zwischen dem „Privaten“ und dem „Öffentlichen“ bestand, d.h. zwischen zwei Bereichen mit recht unterschiedlichen Verhaltensnormen. „Was in dem einen erlaubt war, galt in dem anderen als verboten oder als geächtet. In der Privatsphäre hatte die Darstellung der Emotionen ihren legitimen Platz, in der Öffentlichkeit jedoch nicht. Um die privaten Emotionen, das scheinbar ‚Authentische’, stellten die Akteure Zäune auf, um so dem Blick der Öffentlichkeit zu entgehen“[171] bzw. um sich im öffentlichen Raum nicht von den eigenen Gefühlen überwältigen und dadurch bloßstellen zu lassen. Eben diese Zäune werden in den Talkshows abgebaut. Was bisher eingezäunt war, wird entgrenzt. Das moralisch begründete Tabuisieren öffentlicher Darstellung des Intimen wird enttabuisiert.[172]

Natürlich wagen sich die Talkshowmacher auch gerne an vermeintliche Tabuthemen heran. Doch in den seltensten Fällen geht

---

[170] R. HERZINGER, Konsensrituale. Zur medialen Vergemeinschaftung des Privaten und Moralisierung des Öffentlichen, in: Merkur 52 (1998) 675. Vgl. ferner B. FROMM, Privatgespräche vor Millionen. Fernsehauftritte aus psychologischer und soziologischer Perspektive, Konstanz 1999.

[171] J. REICHERTZ, Die Frohe Botschaft des Fernsehens, 26.

[172] Vgl. hierzu auch G. BURKART (Hg.), Die Ausweitung der Bekenntniskultur – neue Formen der Selbstthematisierung?, Wiesbaden 2006; P. WINTERHOFF-SPURK/K. HILPERT (Hg.), Die Lust am öffentlichen Bekenntnis. Persönliche Probleme in den Medien, St. Ingbert 1999.

es ihnen primär um die Untergrabung der öffentlichen Moral. In den Vordergrund wird eher ein sozialtherapeutisches Motiv gerückt. Es ist gerichtet auf das Ziel, „noch im scheinbar absonderlichsten Außenseiter den Menschen wie du und ich freizulegen. Fetischisten, ..., werden mit dem gleichen respektvollen Ernst behandelt wie UFO-Gläubige und Wunderheiler. Ihr abweichendes Verhalten ebnet sich, erst einmal in den Strudel des Darüberredens gezogen, auf einem gemeinsamen Punkt ein: Alles geht, jedes Verhalten ist zulässig, solange es nur der Allgemeinheit offenbart und sein guter Sinn in einer für alle einleuchtenden Weise vermittelt wird. Solange man seine Rechenschaftspflicht gegenüber der Gemeinschaft erfüllt, bleibt es jedermanns und jederfrau Privatsache, welchen Lebensstil sie bevorzugen. Zur Privatsache erklärt wird also paradoxerweise nur, was von der Öffentlichkeit eingehend durchleuchtet und für unbedenklich erklärt werden kann. Wer diese Rechenschaftspflicht verweigert und sein Schweigen mit dem Recht auf die eigene Privatsphäre begründet, macht sich automatisch verdächtig, etwas für die Öffentlichkeit Schädliches zu treiben. Das verschwiegene Private wird so zur ultimativen Provokation für die Öffentlichkeit, zum letzten und eigentlichen öffentlichen Problem“.[173]

Die Moral der Talkshows verlangt von den Mitwirkenden keine Unterordnung unter einen festgelegten Verhaltenskodex mehr. Sie lässt prinzipiell jeden Lebensstil zu, unterwirft ihn jedoch dem Test der Sozialverträglichkeit. Wer nachweisen kann, „dass sich hinter seinen Neigungen keine gemeinschaftsstörenden Energien verbergen, erhält dafür von der Gemeinschaft das Zertifikat der Sozialverträglichkeit und wird wohlwollend toleriert.“[174] Verdächtig macht sich hingegen, wer etwas verschweigen will. Wer sich aber der Öffentlichkeit stellt und Intimes preisgibt, wirkt mit im großen Ritual des Einanderverstehens, „in dem alle Beteiligten sich als Angehörige einer medial gestifteten Gemeinde verstehen können – der Gemeinde derer, die jeden so zu nehmen versteht, wie er nun einmal ist.“[175] Eben dies scheint auch eine weitere Gnade zu sein, die heute gesellschaftlich vergeben werden kann: anerkannt zu werden als jemand, wie er oder sie nun einmal ist.

---

[173] R. HERZINGER, Konsensrituale, 674 f.
[174] Ebd., 675.
[175] A. KEPPELER, „Medienreligion“ ist keine Religion, in: G. Thomas (Hg.), Religiöse Funktionen des Fernsehens, 225.

Ziehen wir an dieser Stelle ein kleines Fazit hinsichtlich dessen, was das „Evangelium“ der Medien, speziell des Fernsehens ausmacht: Es sind nicht primär die Inhalte des Fernsehens, die dieses Medium zu einem „Religiosum“ machen; es ist seine besondere Einheit von Strukturen, Funktionen und Prozessen, es ist die performative Bild(schirm)präsenz als solche, die ihm in der modernen Alltagskultur diesen Status verleiht. Das Fernsehen stellt Zugehörigkeiten und Verbindungen her, aus denen keine Verbindlichkeiten erwachsen („belonging without believing“); ihm gelingt die Entgrenzung von Raum und Zeit, so dass sie ihren dissoziierenden Charakter verlieren; es leistet die Neuorganisation von Gleichheit und Prominenz, d.h. es hebt heraus, zeichnet aus und gibt den Nichtausgezeichneten die Macht, (via TED) über Auszeichnungen abzustimmen; es bietet immanente Transzendenzen an, d.h. Übergänge zwischen dem Realen und Fiktionalen; es heftet existenziellen Sinn an mediale Bedeutung, indem es Sinnvermittlung mit der Partizipation an Ereignissen verknüpft, welche die Medien repräsentieren („Sinnvoll leben heißt: nichts verpassen und dort dabeisein, wo etwas abgeht“).

2.3. Umschalten? Ästhetik und Kritik medialer Religionspräsenz

Wer auf der Phänomenebene Konvertierungen von Säkularem und Religiösem entdecken will, muss auf der Methoden- und Theorieebene entsprechend disponiert sein. Dies fällt säkularen Religionsbeobachtern in der Regel leichter als theologischen Medienbeobachtern. Zur Wahrnehmung medienreligiöser Phänomene bedürfen diese zudem eines Blicks, der nicht nur das Eigene im Anderen erkennt, sondern auch den nicht-religiösen Blick wahrnimmt, mit dem das Eigene von Anderen gesehen wird. Ohne diesen Blickwechsel besteht bei einer theologischen Decodierung des Eigenen im Fremden immer auch die Gefahr der Projektion, der überzogenen Analogiebildung und unzulässigen Vereinnahmung.

Es mag sein, dass im TV-Krimi das Mythem des Widerstreits von Gut und Böse auflebt, dass „daily soaps“, Serien und Mehrteiler auf seiten der Rezipienten das anthropologische Bedürfnis nach biographischer Kontinuität ansprechen und in den Spielshows die Suche nach einer „anderen“ Seite des Lebens inszeniert wird. Aber es wäre falsch zu behaupten, „die Produzenten und Fernsehmacher seien, indem sie solche Momente des Medienreligiösen vermitteln, selbst von religiösen Motiven oder Ambitionen bestimmt, so als seien sie die geheimen Missionare dieser besonders gearteten welthaften Religiosität in diesem Medium".[176] Es darf nicht übersehen werden, dass der Kontext, in dem Religiöses in den Medien auftaucht, kein religiöser ist und selbst noch einmal in einem größeren (ökonomischen) Funktionszusammenhang steht. Aufmerksamen Fernsehbeoachtern stellt sich immer deutlicher heraus, dass viele „daily soaps" zunehmend ein Umfeldprodukt der Werbebranche darstellen und ihrerseits durch Begleitmedien (z.B. CDs, Fanbücher und -zeitschriften) eine forcierte Selbstvermarktung betreiben.[177] Auch dieser Umstand dürfte die Zweifel nähren, dass es sich bei der medialen Präsenz religiöser Stoffe, Symbole und Motive um die gleichzeitige Fortdauer ihrer genuin religiösen Bedeutungen und Funktionen handelt.[178]

Entsprechende Vorbehalte sind auch gegen Medienbeobachter vorzubringen, für die Talkshows an die Stelle des Beichtstuhls getreten sind. Im Frühjahr 2006 haben an jedem Werktag 7 TV-Sender zusammen etwa 10 Stunden für dieses Format vorgesehen. Die Palette der Themen deckt alles ab, was auch ein klassischer Beichtspiegel auflistet: Generationenkonflikte, Vermögensdelikte, prekäre Sexualtechniken, Süchte und Laster. Hier kann offenkundig am laufenden Band Sündiges bekannt und ohne große Bußleistung öffentlich Vergebung erlangt werden. Die Frage ist jedoch, ob diese Analogien ausreichen, um eine säkulare Variante des Bußsakramentes auszumachen.[179] Ist es tatsächlich berechtigt, in den Talkshows das „revival" eines religiösen Rituals zu sehen, das sich innerkirchlich in einer Dauerkrise befindet? Sind die Prozesse der

---

[176] A. SCHILSON, Jenseits aller Kommunikation, in: H. Kochanek (Hg.), Ich habe meine eigene Religion, Zürich/Düsseldorf 1999, 146. Zuweilen ist es auch theologisch entlarvend, zu welchen Assoziationen theologische Fernsehkritiker gelangen. So wurde etwa an der als „reality soap" angelegten Show „Big Brother" (RTL II) kritisiert, die Video-Rundumüberwachung der Protagonisten komme der anmaßenden Einnahme eines allein Gott vorbehaltenen Blicks auf die Welt zu...

[177] Vgl. hierzu ausführlich U. GÖTTLICH/J.-U. NIELAND, Daily Soaps als Umfeld von Marken, Moden und Trends, in: M. Jäckel (Hg.), Die umworbene Gesellschaft, Wiesbaden/Opladen 1998, 179-208.

[178] Zu dieser Skepsis vgl. auch H. TIMM, Die Kanalisierung des Heiligen. Zur Ästhetik postmoderner Medienreligiosität, in: S. v. Kortzfleisch/P. Cornehl (Hg.), Medienkult – Medienkultur, Hamburg 1993, 105-120.

[179] Vgl. H.-J. HÖHN, Vom Beichtstuhl zur Talkshow? Zur Inflation des Intimen, in: IkaZ 33 (2004) 116-122.

fremdgesteuerten oder selbstbestimmten Entblößung („outing“ bzw. „coming out“) vor einem Millionenpublikum wirklich vergleichbar mit dem religiösen Vollzug des Bekennens? Wird hier ein Dementi geliefert zu dem anhaltenden Trend, die Negativa der eigenen Persönlichkeit zu verbergen und bei aufgedeckter Verstrickung in dubiose Machenschaften sich in der Kunst zu üben, es nicht gewesen zu sein? Talkshows suggerieren Authentisches: Vor Millionen Zuschauern geben Durchschnittsmenschen Intimes von sich preis und verlieren zuweilen die Kontrolle über ihre Gefühle. Zwischen Tragik und Komik bewegen sich ihre Geständnisse, wenn etwa nach 30-jähriger Ehe „er“ damit herausrückt, dass er seinen Hund mehr liebt als „sie“. An die Grenze ihrer psychischen Belastbarkeit lässt sich ein anderes Paar führen, das vor laufender Kamera auf die Bekanntgabe eines Vaterschaftstests wartet. Kann man an Talkshows den moralischen Pegelstand einer Gesellschaft ablesen? Trifft man hier auf eine mediale Kultur des Vergebens und Verzeihens? Oder sind die Rituale der Talkshows nichts anderes als Ausdruck einer erbarmungslosen Bezichtigungs- und Entlarvungsmentalität, die ständig auf der Suche nach Skandalen ist und nicht nachlässt, bis sie die mutmaßlichen Urheber an den medialen Pranger stellen kann?

Auch wenn man weiß, dass etliche Auftritte nur ein medialer „fake“ sind, so lebt diese Täuschung doch davon, dass das TV-Format nicht mehr Schein und Wirklichkeit zu trennen erlaubt. Erst die Umkehrung der Blickrichtung macht wieder deutlich, dass die Unterschiede zwischen Talkshow und Beichtsakrament größer als die Gemeinsamkeiten ausfallen: Die Geständigen sind keine reuigen Pönitenten, sondern Kandidaten für einen Medienauftritt. Ihr Gegenüber ist kein Beichtvater mit Absolutionsvollmacht, sondern ein Moderator mit dem Auftrag, die Zuschauerquote zu steigern. Hier wird Intimes preisgegeben – jedoch nicht in einer Sphäre der Diskretion, sondern in einem Studio mit angeschlossenem Massenpublikum. Ein wirkliches Buß- oder Umkehrritual, wie es das christliche Beichtsakrament darstellt, ist damit jedoch nicht verknüpft. Es ist noch nicht einmal dessen säkularisierte Schwundstufe. Denn es kann in keiner Weise auf jene Grunderfahrung bezogen werden, um deren Bewältigung es im Bußsakrament geht.[180]

---

[180] Vgl. hierzu ausführlicher H.-J. HÖHN, Spüren. Die ästhetische Kraft der Sakramente, Würzburg 2002, 103-113. Vgl. auch J. NEGEL, Ambivalenes Opfer, Paderorn/München/Wien 2005.

Diese Grunderfahrung besteht in der Konfrontation eines Menschen mit einer Tat, durch die er in einen Zwiespalt mit sich selbst und seiner Lebenswelt geraten ist, den weder er noch andere überwinden können. Etwas getan zu haben, was sich nicht wiedergutmachen lässt, führt den Menschen in einen solchen Zwiespalt. Es geht hierbei nicht nur um die Unterbrechung eines bisher störungsfreien Lebenslaufes: „Wie konnte mir so etwas passieren“? Es geht auch nicht um bloß die Irritation eines vormaligen Einklangs mit der Wirklichkeit: „Was ist das für eine Welt, in der so etwas passieren kann?“ Vielmehr bricht ein Missverhältnis im Selbst- und Weltverhältnis des Menschen auf: „Wer bin ich, dass ich so etwas tun konnte“? Wer etwas getan hat, für das es keine Genugtuung, keine Wiedergutmachung und kein Verzeihen von seiten des Opfers gibt, muss sich eingestehen, zur Herstellung eines ungeteilten Lebenszusammenhangs selbst nicht in der Lage zu sein. Sie kann ihm auch nicht durch die Exkulpation von seiten der Gesellschaft gewährt werden. Denn welches Mandat soll sie dazu haben? Die resignative Selbstidentifikation von Täter und (Un-)Tat „Ich bin nun einmal so“, die letztlich auf eine Leugnung von Freiheit und Verantwortung hinausläuft, wird im Bußsakrament dementiert im Akt der Vergebung: „Nein, so (einer) bist du nicht! Von Gott her bist du anders gewollt und kannst du anders sein“! Der Reuige wird angenommen – es bleibt aber bei der Unannehmbarkeit seiner Tat und Schuld. Hier wird nicht einfach eine Amnestie geübt, die einhergeht mit einer Amnesie hinsichtlich der Opfer. Hier heißt es nicht beschwichtigend: „Komm, lass gut sein“! Dies wäre eine Lüge. Das Unheil besteht ja gerade darin, dass sich nichts mehr „nachbessern“ lässt.

Der ehrliche Anfang und Ernst aller Versöhnung liegt im Wissen um das Ausmaß der Schuld sowie der gleichzeitigen Zusage, dem Gescheiterten eine gemeinsame Zukunft offenzuhalten und ihn bereits jetzt als den zu betrachten, der er von Gott her sein kann. In dieser Weise den Zwiespalt menschlichen Daseins wahrzunehmen, ist etwas anderes und Anspruchsvolleres als die mediale Variante unbegrenzten Verstehens. Es mag sein, dass wegen dieses Anspruches seine Bedeutung schwer zu vermitteln ist.

Allerdings zeichnet sich ab, dass auch für die medialen Rituale unbegrenzten Verstehens nur begrenzte Nachfrage besteht. In der Zuschauergunst nehmen die Talkshows ab und viele Sender reduzieren ihren Programmanteil. Offensichtlich wird das Angebot einer auf Dauer gestellten, öffentlich zugänglichen Intimität von inflationären Nebenwirkungen eingeholt. Die mediale „Tyrannei der

Intimität" (R. Sennett) entwertet diese Form der Publizität. „Wenn sich die Subjekte ... medienkommunikativ auf den Leib rücken, wenn sie sich mehr und mehr dem Zwang des Selbstoffenbarens unterwerfen, dann führt diese Tendenz keineswegs zu einer neuen Qualität von Nähe. Vielmehr entsteht eine Intimität, die Gefahr läuft, in Anonymität zurückzuschlagen".[181] Wo zuvor emotionale Beteiligung und seelisches Angerührtsein entstand, macht sich nun Gleichgültigkeit breit. Vielleicht ist diese Nivellierung auch ein Grund dafür, dass ein anderes, ebenfalls religionsanaloges Fernsehformat inzwischen die nachmittäglichen Bildschirme dominiert. Es sind nunmehr „Gerichtsshows" (z.B. Richterin Barbara Salesch, SAT 1), die ein Massenpublikum finden und im Unterschied zu den Talkshows nicht mehr allein bußfreie Absolutionen verkünden, sondern auch Schuldsprüche fällen – zuweilen auch Bewährungsstrafen aussprechen, so dass sich dem theologisch geschulten Beobachter die Assoziation eines medial zubereiteten „Fegefeuers" aufdrängt.

Aus diesen Beobachtungen ist jedoch kein Aufruf zur religiösen Medienaskese zu machen. Zwischen dem Medialen und dem Religiösen besteht kein Ausschlussverhältnis. Zur Logik religiöser Lebensverhältnisse passt eine Ästhetik, die das Religiöse nicht unter das Mediale subsumiert, sondern im Medialen eine „offene Stelle" für ein religiöses Verhältnis zu den Lebensverhältnissen lässt. Jede Religion ist selbst „medial" konstituiert, d.h. zu ihren Grundfunktionen gehört es, selbst Medium zu sein: für den Grenzverkehr zwischen Immanenz und Transzendenz, für die Vergegenwärtigung des „Jenseitigen", für die sinnliche Repräsentanz des den Sinnen Entzogenen, für das Gewahrwerden vermittelter Unmittelbarkeit. Jede Religion ist selbst ein ästhetisches Phänomen.[182] Was ein Beobachter stets zuerst von ihr wahrnimmt, ist ihr Erscheinen in Riten und Ritualen; erst viel später ist dahinter eine religiöse Lehre oder Moral zu entdecken. Rituale ermöglichen eine ästhetisch-performative Darstellung eines religiösen Verhältnisses zu den Lebensverhältnissen des Menschen jenseits seiner moralischen oder dogmatischen Codierung. Moral verlangt, dass Taten folgen, damit sich eine Überzeugung praktisch auswirken kann. Ein Ritual ist bereits selbst eine „Tathandlung", d.h. es realisiert bereits die

---

[181] Th. JUNG/St. MÜLLER-DOHM, Das Tabu, das Geheimnis und das Private, in: K. Imhof/P. Schulz (Hg.), Die Veröffentlichung des Privaten – die Privatisierung des Öffentlichen, Opladen 1998, 145.

[182] Vgl. hierzu auch S. LANDWERD, Religionsästhetik. Studien zum Verhältnis von Symbol und Sinnlichkeit, Würzburg 2002.

Sphäre, in der es wirkt. Dogmatik ist der begriffliche Reflex einer Einsicht und Erfahrung, die den Menschen „gepackt" hat; ein Ritual vollzieht Ergriffenheit. Man kann sich im Ritual sinnlich von dem ergreifen lassen, wovon sonst in begrifflicher Distanz die Rede ist. Ein Ritual spricht nicht (nur) über etwas, sondern spricht etwas zu. Nicht das Nacheinander von Information und Rezeption, sondern die Gleichzeitigkeit dieser Aspekte, ihr Ineinander in einer „performance", die Zuschauer zu Mitspielern machen kann, ist für religiöse Rituale charakteristisch.[183]

Das Fernsehen kann religiöse Rituale nur zeigen, aber nicht selbst vollziehen. Dies gilt in besonderer Weise für die christlichen Sakramente. Sie sind die „mediale" Bewältigung des Problems, wie man eine historisch einmalige und als solche unwiederholbare religiöse Grunderfahrung „tradieren" kann. Sie antworten auf die Frage, wie es möglich ist, ein Ereignis der Vergangenheit so zu vergegenwärtigen, dass es heute und in Zukunft auch bei jenen unverfälscht („originalgetreu") ankommt, die nicht zu ursprünglichen Augen- und Ohrenzeugen zählen. Diese Frage wäre leicht lösbar, könnte man das Geschehen einer religiösen Offenbarung als Akt der Information, als Mitteilung von Wissensbeständen verstehen. In diesem Fall kann der Inhalt des ursprünglich Mitgeteilten weitergegeben werden, ohne den ursprünglichen Akt der Mitteilung wiederholen zu müssen. Anders aber verhält es sich, wenn der Inhalt der Offenbarung mit ihrem Akt koinzidiert. Dann ist es unabdingbar, zu diesem Akt Zugang zu finden – dann muss er „reaktualisiert" werden. Wenn nun die Grundbotschaft des Christentums in der Zusage unbedingter Zuwendung Gottes zum Menschen besteht und diese Zuwendung in der Einheit von Vollzug und Gehalt besteht, dann muss die Praxis dieser Verkündigung ihrerseits in der Einheit von Vollzug und Gehalt unbedingter Zuwendung bestehen, d.h. sie muss das erschließen und realisieren, was sie verkündet. Zu tradieren und zu kommunizieren ist die Koinzidenz von Vollzug und Gehalt unbedingter Zuwendung. Gelingen kann dies nur vermittels eines interpersonalen Begegnungsgeschehens, das durch kein anderes Medium ersetzbar ist.[184]

---

[183] Vgl. K.-H. BIERITZ, Einladung zum Mitspielen. Riten-Diakonie und Ritualtheorie, in: B. Kranemann u.a. (Hg.), Die diakonale Dimension der Liturgie, Freiburg/Basel/Wien 2006, 284-304.

[184] Unter dieser Rücksicht wäre auch die Diskussion über die theologische Valenz von Gottesdienstübertragungen noch einmal neu aufzurollen. Vgl. hierzu die Problemanzeige von J. SEIP, Haben Medien einen Inhalt?, in: LebSeel 55 (2004) 369-374.

Unbedingte Zuwendung ist nur relational beschreibbar und vollziehbar. Sie ist eine Beziehungswirklichkeit, die nicht als solche wahrnehmbar ist, sondern darauf angewiesen ist, sich in die Lebensverhältnisse des Menschen zu übersetzen. Religiöse Rituale und Symbole begleiten diesen Übersetzungsvorgang und können ihn ihrerseits nicht ersetzen. Was damit gemeint ist, zeigt sich im Blick auf die Logik und Ästhetik religiöser Symbole. Ihre besondere Struktur besteht darin, dass sie - recht verstanden - nichts Ganzes und nichts Halbes sind. Sie sind nichts Ganzes, weil sie noch nicht die fertige Übersetzung in konkrete Lebensverhältnisse verkörpern. Und sie sind nichts Halbes, weil sie das zu Übersetzende verkörpern.[185] Diese Logik und Ästhetik des „schon und noch nicht“ steht für den „Eigensinn“ des Religiösen gegenüber den Bild-Medien der Moderne und ebnet auch ein Verständnis dafür, warum von seiten des Christentums ein kritisches Verhältnis zur Macht der Bilder unvermeidlich ist.

2.4. Bildstörung! Religion - Macht - Medien

Der Kampf um Macht ist in der Geschichte stets auch ein Kampf um Bilder gewesen. Lediglich die Schauplätze und die Beteiligten dieses Kampfes variieren. Die Logik des Macht- und Bilderkampfes bleibt jedoch gleich. Es geht darum, die Macht über die Bilder der Macht zu erringen. Die erste Maßnahme nach einer solchen Machtübernahme ist oft die Zensur. Dabei reichte es in der Vergangenheit als Legitimation nicht immer aus, bloß Inhaber irdischer Macht zu sein. Wer Repräsentant höherer Mächte und Gewalten war, hatte es leichter, ein Bilderverbot durchzusetzen. Dabei bezog sich die Reichweite dieses Verbotes nicht zuletzt auf jene Bilder, um die ein Kult entstanden war, weil man ihnen eine eigene Macht zusprach. In der Geschichte des Christentums haben es Theologen und Kirchenfürsten immer wieder versucht, „materiellen Bildern ihre Macht zu entreißen, wenn diese im Begriff waren zuviel Macht in der Kirche zu gewinnen. Bilder waren unerwünscht, sobald sie größeren Zulauf erreichten als die Institution

[185] Vgl. hierzu ausführlicher H.-J. HÖHN, Wider das Schwinden der Sinne! Impulse für eine zeitkritische Ästhetik des Glaubens, in: B. Kranemann u.a. (Hg.), Die missionarische Dimension der Liturgie. Gott feiern in nachchristlicher Gesellschaft, Stuttgart 1998, 45-59.

selbst und ihrerseits im Namen Gottes zu agieren begannen. (...) Niemals führten sie die Bilder aus freien Stücken ein, aber sie verboten sie umso lieber. Nur wenn andere sie verboten hatten und damit gescheitert waren, führten sie die Bilder wieder ein, weil sie in den Wünschen der Gläubigen präsent geblieben waren. Ihre Zulassung konnte man an Bedingungen knüpfen, die garantierten, daß man den Überblick behielt. Wenn sie die Bilder ‚erklärt' und den Zugang zu ihnen reguliert hatten, waren die Theologen zuversichtlich, die Dinge wieder in der Hand zu haben."[186]

Allerdings gilt diese These des Kunsthistorikers Hans Belting vom „ikonischen" Zulassungs- und Deutungsmonopol der Theologen nur für die von ihm untersuchte Epoche – die ersten 1000 Jahre des Christentums. Im Blick auf die Moderne hat sie keine Gültigkeit mehr. Längst sind es nicht mehr die Theologen und die Kirche, die Macht über die Bilder haben. Es sind nun die Medien und diejenigen, die Macht über die Medien haben. Aber nach wie vor stellt die Möglichkeit, Bilder und ihre Verbreitung kontrollieren zu können, ein Herrschaftsinstrument dar. „Von der Drehgenehmigung vor allem in totalitären Staaten über die Medienkontrolle durch staatliche oder kirchliche Institutionen bis zu den Genehmigungspraktiken des Internationalen Olympischen Komitees reicht die Beispielpalette des Machtanspruchs. Wer die Bilder kontrolliert, besetzt die Themen; wer die Themen besetzt, schafft den Rahmen für politischen Einfluß."[187] Wer bestimmt, was Menschen zu sehen bekommen, bestimmt darüber, was es in der Welt von der Welt zu sehen gibt. Jede Macht lässt sich steigern durch die Macht des Bildes. Gleichwohl gäbe es diese Möglichkeit nicht, wenn nicht bereits im Bild selbst die Potenz und Tendenz der Herrschaftsausübung liegen würde. Den Bann und Zauber der Bilder zu brechen, kann darum auch ein Akt der Befreiung sein. Die Entmachtung der Herrschenden wird daher stets mit der Entfernung der Insignien ihrer Macht besiegelt.

Mit der Macht der Bilder und der Begrenzung dieser Macht verbindet sich im Christentum die Bedeutung des alttestamentlichen „Bilderverbots". Es bezieht sich zwar auf die Nichtdarstellbarkeit Gottes, ist aber von beträchtlicher heuristischer Bedeutung für die Bestimmung von Nähe und Distanz medialer und religiöser Ästhe-

---

[186] H. BELTING, Bild und Kult. Eine Geschichte des Bildes vor dem Zeitalter der Kunst, München 1990, 11.

[187] I. HERMANN, Was heißt heute eigentlich Bilderverbot?, in: Jahrbuch Politische Theologie 2 (1997) 10.

tik. Das Bilderverbot begegnet im Alten Testament an zwei prominenten Stellen, an denen der Dekalog vorgestellt bzw. kommentiert wird.[188] Das zweite der Zehn Gebote lautet in Ex 20,4: „Du sollst Dir kein Gottesbild machen und keine Darstellung von irgendetwas oben, auf der Erde unten oder im Wasser unter der Erde“. Etwas ausführlicher und nachdrücklicher heißt es in Dtn 4,16f.: „Lauft nicht in euer Verderben, und macht euch kein Gottesbildnis, das irgendetwas darstellt, keine Statue, kein Abbild irgend eines Tieres, das auf der Erde lebt, kein Abbild eines gefiederten Vogels, der am Himmel fliegt, kein Abbild irgendeines Meerestieres im Wasser unter der Erde“.

Der Kontext dieser Gebote macht klar: Das Bilderverbot ist weder ein Denk-, noch ein Sprach- oder ein Kunstverbot.[189] Hier geht es nicht um die Sinnlichkeit von Kunst und Kultur, sondern um die prekäre Sinnlichkeit der Religion und des religiösen Kultes. Verboten werden alle von Menschenhand hergestellten oder bearbeiteten Gegenstände, die Gott darstellen oder vergegenwärtigen sollen. Ein solcher Versuch fällt zurück in ein magisches Gottesverhältnis, das die Transzendenz, die Unverfügbarkeit Gottes verkennt. Dazu gehört auch die Auffassung, dass das Abgebildete im Bild anwesend sein könnte, so dass dem Bild selbst religiöse Verehrung gebührt. Dagegen setzt das Judentum die Markierung einer Differenz: Zwar ist alles in der Welt Gottes Schöpfung, so dass alles in der Welt ganz auf Gott, seinen Schöpfer verweist. Zugleich aber ist alles in der Welt ganz und gar, restlos von Gott verschieden. Daher kann es nichts in der Welt geben, das Gott gleich, ihm ähnlich oder seine „Erscheinung“ ist, so dass es selbst Verehrung und Anbetung beanspruchen dürfte. Es wäre gleichermaßen eine Missachtung des Schöpfers wie der Geschöpfe, sähe man in irgendetwas vom Menschen Gemachten die Darstellung Gottes selbst. Letztlich würde dabei nur etwas Innerweltliches vergöttert.[190]

---

[188] Zum exegetischen Befund siehe B. JANOWSKI/N. ZCHOMELIDSE (Hg.), Die Sichtbarkeit des Unsichtbaren, Stuttgart 2003; I. BALDERMANN u.a. (Hg.), Die Macht der Bilder (JBTh 13), Neukirchen-Vluyn 1999; Ch. DOHMEN, Das Bilderverbot. Seine Entstehung und seine Entwicklung im Alten Testament, Frankfurt ^{2}1987.

[189] Entsprechende Vorurteile sind längst widerlegt von S. SCHROER, In Israel gab es Bilder. Nachrichten von darstellender Kunst im Alten Testament, Freiburg/Göttingen 1987; O. KEEL/Ch. UELINGER, Göttinnen, Götter und Gottessymbole, Freiburg/Basel/Wien ^{3}1993.

[190] Die Aufnahme des Bilderverbotes als Vertauschungs- und Vergöttlichungsverbot, begegnet auch bei Th. W. ADORNO/M. HORKHEIMER, Dialektik der Auf-

Das Bilderverbot setzt nicht nur eine erkenntnistheoretische Schranke, indem es an die Unmöglichkeit erinnert, vom Endlichen auf das Unendliche zu schließen. Es steht auch für einen „wohltuenden" Unterschied zwischen Schöpfer und Geschöpf, insofern alles Weltliche in sein Eigensein und Selbstsein freigesetzt wird. Von einem Verwiesensein auf Gott kann somit niemals gesprochen werden, ohne die radikale Verschiedenheit von Gott zur Geltung zu bringen. Daher gilt: Wer von einer Beziehung zwischen Gott und Welt redet, muss immer auch von einem je größeren Unterschied zwischen ihnen reden. Darum gilt auch: Nur solche Bilder sind erlaubt, in denen Nichtgöttliches und Nichtgeschöpfliches dargestellt wird. Erlaubt sind hier nur solche Bilder, die etwas zeigen, das weder im Himmel noch auf der Erde oder im Wasser zu finden ist. Daher zeigt etwa die jüdische Kunst des Mittelalters lediglich fragmentierte Figuren, die nur aus Kopf und Flügeln bestehen; es sind „Hybriden", aus Mensch- und Tiergestalt komponierte Wesen, die allem Lebendigen unähnlich sind und darum sowohl eine Bild- als auch eine Sehstörung provozieren.[191] Die Theologie des Bilderverbotes arbeitet mit der Logik des wohltuenden Unterschieds. Sie markiert eine Differenz um der Freiheit und des Selbstseins von Bild und Abgebildetem willen. Sie insistiert auf einem Moment der Unverfügbarkeit, das im Geschehen des Zeigens und Sehens gewahrt bleiben soll. Sie fordert, dass im Bild etwas Entscheidendes „außen vor" bleiben soll und dass dies gerade ein Bild erkennen läßt.[192]

Unversehens hat im Frühjahr 2006 der Topos „Bilderverbot" mediale Aufmerksamkeit erlangt. Nach dem Erscheinen einer Serie von „Mohammedkarikaturen" in der dänischen Zeitung „Jyllands-

---

klärung (GS 3), Frankfurt 1997, als Ausdruck der Weigerung, „das Falsche als Gott anzurufen, das Endliche als das Unendliche, die Lüge als Wahrheit" (40).

[191] Vgl. L. KÖTZSCHE/P. V. D. OSTEN-SACKEN (Hg.), Wenn der Messias kommt. Das jüdisch-christliche Verhältnis im Spiegel mittelalterlicher Kunst, Berlin 1984.

[192] Hier wird ein Topos vorbereitet, der für die Ästhetik der Moderne konstitutiv wird: die Autonomie des Kunstwerks. Das Kunstwerk hat eine eigene Realität und ist nicht auf eine Abbildungs-, Stellvertreter- oder Darstellungsfunktion in Bezug auf eine Realität außerhalb seiner selbst zu reduzieren. Eben dies kennzeichnet auch die Logik religiöser Ästhetik. Sie will nicht „etwas" zeigen, sondern (den Blick) zeigen, wie man sich und die Welt sehen kann. Zum Ganzen vgl. auch E. NORDHOFEN (Hg.), Bilderverbot: Die Sichtbarkeit des Unsichtbaren, Paderborn 2001; DERS., Der Fromme hat kein Bild. Ikonoklasmus und Negative Theologie, Stuttgart 1990; H. BELTING, Das echte Bild. Bildfragen als Glaubensfragen, München 2005.

Posten", die von Muslimen als blasphemisch und als Verletzung ihrer religiösen Gefühle empfunden werden, brandet in der arabischen Welt eine Welle gewalttätiger Protestaktionen auf.[193] Zwar wird bald klar, dass es sich hierbei auch um medienwirksame Inszenierungen handelt, die gemäß den Imperativen der Aufmerksamkeitsökonomie primär durch die Skandalisierung eines Ereignisses öffentliche Beachtung suchen.[194] Dennoch ist innerhalb weniger Tage angesichts der politischen Dimension der Ausschreitungen gegen europäische Botschaften und der ökonomischen Folgen des angedrohten Boykotts westlicher Importe ein Schwellenwert erreicht. Die Demonstration einer Verletzung religiöser Gefühle wird nun selbst in säkularen Kreisen so ernst genommen, dass sie die Reichweite der Pressefreiheit neu ausloten wollen. Gegen ein solches Ansinnen meldet sich wiederum harscher Protest. Schließlich stehen mit der Presse- und Meinungsfreiheit ein Grundrecht und eine Errungenschaft der Aufklärung auf dem Spiel. Dabei ist die religiöse Logik und Ästhetik des (islamischen) Bilderverbotes auf beiden Seiten kaum thematisiert worden.[195] Stattdessen hat man es in Europa primär als ein moralisches Verdikt mit medienpolitischer Sperrfunktion verstanden und eine weitgehende enttabuisierte Mediengesellschaft plagte sich mit dem Gedanken, ob sie der Verletzung religiöser Gefühle tabuisierende Wirkung zuerkennen will. Zwar dürfte aus (sozial)ethischer Sicht diese Frage unschwer negativ zu entscheiden sein, aber die Frage nach der Sensibilität für die Macht der Bilder und nach der legitimen Ausübung dieser Macht ist damit noch nicht erledigt.[196]

Man kann einem Menschen nicht näher kommen, als dass man seine Gefühle berührt. Wer ihn in seinen Gefühlen anrührt, trifft ihn im Innersten. Es gibt keine größere Macht, die Menschen über andere ausüben können, als die Macht über ihre Gefühle. Auch Bilder haben Macht. Sie können entlarven und bloßstellen, aufrütteln und schockieren. Wer Macht über Bilder hat, die Macht über

---

[193] Vgl. L. REUTER, Hintergründe zum dänischen Karikaturenstreit, in: StZ 131 (2006) 239-252.

[194] Vgl. hierzu etwa Ch. TÜRCKE, Erregte Gesellschaft. Philosophie der Sensation, München 2002; O. GREML/A. KEIL (Hg.), Mediale Emotionen. Zur Lenkung von Gefühlen durch Bild und Sound, Frankfurt 2005.

[195] Siehe dazu T. NAGEL, Die religionsgeschichtlichen Wurzeln des sogenannten Bilderverbotes im Islam, in: H.-J. Klimkeit (Hg.), Götterbild in Kunst und Schrift, Bonn 1984, 93-114.

[196] Vgl. H.-J. HÖHN, Verletzte Gefühle. Religion, Moral, Medien, in: Orientierung 70 (2006) 50-53.

Menschen haben, steht in besonderer Verantwortung. Das Recht bietet hierfür nur einen allgemeinen Rahmen. Rechtlich geschützt ist die Freiheit zum Gebrauch von Bildern als Medien der Meinungsäußerung, aber ebenso das Recht des Einzelnen, keine ehrverletzenden oder herabwürdigenden Darstellungen von sich selbst dulden zu müssen. Die im Konfliktfall notwendigen Abwägungen haben neben juristischen und ethischen Kriterien auch ästhetische Aspekte zu berücksichtigen.[197] Eine besondere Bedeutung kommt dabei der genretypischen Ästhetik zu. Das gilt vor allem für politische Karikaturen. Hier steht die Bildsprache in einem engen Verhältnis zur Intention des Autors und zum Geltungsanspruch, den er vertritt. Karikaturen ironisieren oft die Arroganz der Mächtigen und „outen" ihre unfreiwillige Komik. Sie verdeutlichen Mißstände und Fehlhaltungen, indem sie diese buchstäblich überzeichnen. Sie zeigen nicht nur Skandale auf, sondern präsentieren auch einen bisweilen skandalösen Blick auf das Skandalöse. Sie zeigen auf, wie man die Welt auch und anders sehen kann. Es würde viel zur Versachlichung beitragen, wenn bei aller Aufregung um als skandalös empfundene Karikaturen jeweils deutlich werden könnte, dass die anstößige Ästhetik mit den Geltungsansprüchen dieses Genres korrespondiert und nicht einen Akt der Missachtung oder Verunglimpfung einer religiösen Ästhetik darstellt. In der Folge müsste dann nicht über die emotionale Wirkung einer politischen Bildästhetik debattiert werden, sondern könnte über die Berechtigung der ins Bild gesetzten Kritik gestritten werden.

In den Auseinandersetzungen um die „Mohammedkarikaturen" hat sich kein Konflikt angedeutet, der Religionen zu Konfliktparteien macht. Liberale und aufgeklärte Gesellschaften stehen auch nicht vor der Alternative: Medienfreiheit – ja oder nein? Wenn Religionen um den Respekt ihrer Traditionen und die öffentliche Bekräftigung dieses Respekts ringen, kann dies in einer weltanschaulich und religiös pluralen Gesellschaft nicht um den Preis der Einschränkung von Grundrechten geschehen. In einer „postsäkularen" Zeit, in der man sich auf das Fortbestehen und Wiedererstarken religiöser Traditionen einerseits gegenüber sich fortwährend säkularisierenden Traditionen andererseits einstellen muss, ist mehr und anderes verlangt. Die Anerkennung bestimmter Rechte ist beschränkt auf die gleichrangige Zuerkennung von verallgemeinerba-

---

[197] Zu den wenigen Publikationen, die an diese Fragen heranführen, siehe G. FRANKENBERG/P. NIESEN (Hg.), Bilderverbot. Recht, Ethik und Ästhetik der öffentlichen Darstellung, Münster 2004.

ren Ansprüchen auf Teilhabe am öffentlichen Leben. Man wird sich dabei an Kriterien orientieren müssen, die von allen Menschen gleichermaßen erfüllt werden können. Davon zu unterscheiden ist eine mögliche Form der Anerkennung und des Respekts von Eigenschaften, durch die Menschen in ihrer persönlichen Unterschiedenheit bzw. in ihrer Individualität charakterisiert sind. Medium dieser Anerkennung aber kann nicht das Recht sein. Denn dieses bezieht sich auf solche Eigenschaften und Merkmale einer Person, wodurch sie sich nicht von anderen Personen unterscheidet.

Stattdessen kommt für die mögliche Anerkennung partikularer religiöser Traditionen eine Wertschätzung in Frage, deren Ort die „Zivilgesellschaft" und deren Bezugsgröße die ethisch-politische Selbstverständigung von Bürgern eines demokratischen Staates ist.[198] Dies aber setzt voraus, dass die Vertreter religiöser Traditionen nicht auf den Bestand von „Parallelgesellschaften" kalkulieren, in denen allein ihre religiösen Normen gelten, sondern sich als Akteure einer zivilgesellschaftlichen Öffentlichkeit verstehen und deutlich machen, dass sie deren Angebot der Beteiligungsgerechtigkeit und deren Forderung der Pluralitätsfähigkeit ernstnehmen. Nachdem die Karikaturen verschwunden sind, muss die Debatte wietergehen um die wechselseitigen Zumutungen, denen das Religiöse und das Säkulare ausgesetzt sind. Es geht um eine Neujustierung der Umgangsformen gläubiger und ungläubiger Bürger miteinander. Religiösen Bürgern ist zuzumuten, ihren Anspruch auf den Respekt ihrer religiösen Überzeugungen und Gefühle in die säkulare Sprache der Argumentation zu übersetzen. Der säkularen Seite ist mehr abzuverlangen als eine oberflächliche Toleranz, unter der sich Gleichgültigkeit, ironische Distanz oder eine zynische Überheblichkeit verbergen. Sie muss Sensibilität für religiöse Symbole aufbringen, in denen sich etwas Unantastbares artikuliert. Vielleicht kann sie darin sogar eine Quelle der Inspiration und eine ästhetische Ressource für jene Werte erkennen, die auch für ein säkulares Ethos unantastbar sind.

---

[198] Vgl. hierzu G. KRUIP/W. VÖGELE (Hg.), Schatten der Differenz. Das Paradigma der Anerkennung und die Realität gesellschaftlicher Konflikte, Münster 2006.

3. Staat machen?
Die religiösen Ressourcen der Politik

In zahlreichen Sozialanalysen und Zeitdiagnosen der letzten 15 Jahre hat die Kategorie „Zivilgesellschaft" eine besondere Karriere gemacht.[199] Sie steht für jene Sphäre politischer und medialer Öffentlichkeit, die sich zwischen die Leitsysteme Staat und Wirtschaft einerseits und die private Lebenswelt andererseits geschoben hat. Sie wird von einer Vielzahl (autonomer) nicht-staatlicher und nicht-ökonomischer Vereinigungen, sozialer Bewegungen, Gruppen, Verbände und Initiativen genutzt als Arena der Darstellung und Diskussion von Angelegenheiten, die alle angehen sollen. Hier treten die Bürger/innen mit ihren Interessen und Wertpräferenzen aus der Privatsphäre heraus und streben im Vorfeld institutionalisierter, demokratischer Entscheidungsprozesse für ihre Anliegen mit kommunikativen Mitteln allgemeine Anerkennung an. Das Forum der Zivilgesellschaft bietet unterschiedlichsten Akteuren die Chance, Öffentlichkeitsarbeit für jene Belange zu leisten, die in der Lebenswelt der Menschen virulent werden, aber strukturelle Ursachen haben (z.B. Arbeitslosigkeit), oder Grundwerte und Normen tangieren, die für das soziale Ganze von Bedeutung sind. Unter dieser Rücksicht ist sie für die Vitalität eines demokratischen Gemeinwesens nicht nur de facto, sondern auch in normativer Hinsicht relevant. Eine liberale Demokratie hat nur Bestand, wenn sie für die Freiheiten, die sie verbürgt, und für die Sicherung

---

[199] Vgl. als Überblick F. ADLOFF, Zivilgesellschaft. Theorie und politische Praxis, Frankfurt 2005; J. INTHORN (Hg.), Zivilgesellschaft auf dem Prüfstand, Stuttgart 2005; A. KLEIN, Der Diskurs der Zivilgesellschaft, Opladen 2001; G. KNEER, Zivilgesellschaft, in: Ders. u.a. (Hg.), Soziologische Gesellschaftsbegriffe, München 1997, 228-251. Idealtypisch lassen sich zwei Varianten des Konzepts „Zivilgesellschaft" unterscheiden: Die „wirtschaftsliberale" Fassung will die sozial- und wirtschaftspolitische Aktivität des Staates eingrenzen und zielt über eine Stärkung der Individualrechte der Bürger auf eine Steigerung ihrer Selbstverantwortung für Fragen der Zukunftssicherung. Die „kommunitaristische" Variante versteht „Zivilgesellschaft" als Programmwort für eine an Solidarität und Partizipation orientierte Erneuerung der Demokratie. Auch sie plädiert für eine Stärkung der Individualrechte zur Überwindung sozialer Asymmetrien, verbindet damit aber eine besondere Sensibilität für die Belange jener Personen und Gruppen, die an den gesellschaftlichen und wirtschaftlichen Prozessen nicht als Akteure teilhaben, sondern ihnen als Betroffene ausgesetzt sind. Vom Staat wird die Bereitstellung jener materiellen Sicherungen erwartet, an die effektive soziale und politische Partizipationschancen geknüpft sind.

ihrer Erhaltungsbedingungen auf nicht-staatliche Ressourcen zurückgreifen kann.

Für die Gesellschaftstheorie bedeutet die „Entdeckung" der Zivilgesellschaft eine Modifizierung und Erweiterung einer Theorie der Moderne, die sich am Paradigma der Differenzierung orientiert: Einerseits lässt sich eine strukturelle Differenzierung moderner Gesellschaften beobachten, die zu *funktionalen* Teilsystemen führt, die jeweils nach eigener Logik operieren und stellvertretend für das soziale Ganze bestimmte Leistungen erbringen, welche unabdingbar für dessen Bestandssicherung sind (z.B. Wirtschaft, Wissenschaft, Medien). Andererseits bilden sich *korporative* Subsysteme heraus, die freiwillige Assoziationen darstellen und deren Mitglieder einen solidarischen Umgang miteinander pflegen. Die Integration funktionaler Teilsysteme erfolgt über zweckrationale und instrumentelle Imperative, die Integration korporativer Teilsysteme erfolgt über eine Matrix gemeinsamer Werte und Interessen. Korporative Teilsysteme können auf der Ebene der Zivilgesellschaft auch als „intermediäre" Institutionen auftreten (z.B. Verbände, Gewerkschaften, Nicht-Regierungsorganisationen), indem sie auf der Ebene „zwischen" dem sozialen Gesamt- und seinen Leitsystemen einerseits und der Lebenswelt der Bürger/innen andererseits operieren und dort auch die Funktion der „Übersetzung" bzw. Vermittlung sozialer Fragen nach „oben" und „unten" leisten.[200]

Ursprünglich ein Fachterminus weniger Theorieexperten bei der Beobachtung des Wandels sozialer Strukturen, ist der Begriff „Zivilgesellschaft" bald auch in das Vokabular der von diesem Wandel Betroffenen eingegangen. Vermutlich ermöglicht er vielen gesellschaftlichen Akteuren, die nicht institutionell in die sozialen Leitsysteme „Wirtschaft" und „Politik" eingebunden sind, soziale Orts- und Funktionsbestimmungen, die unmittelbar anschlussfähig sind für ihr Selbstverständnis. Auf jeden Fall erleichtert er die Legitimation ihres Anspruchs, eine Sache zu vertreten, die an die Öffentlichkeit will, weil sie dorthin gehört. Dazu zählen inzwischen auch etliche Vertreter der christlichen Kirchen und anderer Religionsgemeinschaften, die hier eine Möglichkeit sehen, ihren Öffentlichkeitsanspruch soziologisch neu zu formatieren und der Abstufung des Religiösen zu einer reinen Privatangelegenheit entgegenzutreten. Endlich scheint es eine Möglichkeit zu geben, sich mit

---

[200] Vgl. Th. LUCKMANN (Hg.), Moral im Alltag. Sinnvermittlung und moralische Kommunikation in intermediären Institutionen, Gütersloh 1998.

soziologischen Argumenten und nicht bloß mit theologischen Behauptungen der Verdrängung des Christentums in ein politisches Niemandsland zu widersetzen.[201] Die Zivilgesellschaft würde in der Tat ihr eigenes Leitbild vor allem im Blick auf die Teilnehmer und Themen öffentlicher Debatten diskreditieren, wenn sie die Kirchen als zivilgesellschaftliche Akteure nicht anerkennen wollte – vor allem dann, wenn diese advokatorisch die Stimme für sozial Benachteiligte erheben oder sich an den ethischen Selbstverständigungsdiskursen der Gesellschaft beteiligen. Diese Aussicht dürfte nicht der geringste Grund für die wachsende Wertschätzung dieser Kategorie auch in kirchlichen Kreisen sein. Dabei werden vor allem sozialethische Überlegungen angestellt, um zu zeigen, dass nicht bloß und bereits der soziale Status der Kirchen sowie ihr soziales Wirken ihre Anerkennung als zivilgesellschaftliche Akteure rechtfertigt.[202] Häufig wird zusätzlich ins Feld geführt, dass ein demokratisches Gemeinwesen auch auf ideelle Voraussetzungen angewiesen ist, die der Staat selbst nicht garantieren kann, und dass das Christentum als vorpolitische, sozialmoralische Ressource für die Entstehungs- oder Erhaltungsbedingungen einer an den Menschenrechten orientierten liberalen Demokratie zu betrachten und zu beachten ist.[203]

Für eine Theorie religiöser Dispersion ist in diesem Kontext vor allem ein Aspekt einer spezifisch „postsäkularen" Konstellation

---

[201] Dies unterstreicht auch die häufige Bezugnahme auf die Kategorie „Zivilgesellschaft" in dem 2004 vom Päpstlichen Rat für Gerechtigkeit und Frieden herausgegebenen „Kompendium der Soziallehre der Kirche" (dt. Freiburg/Basel/Wien 2006).

[202] Vgl. H.-J. HÖHN, In der Welt und für die Welt. Ort und Auftrag der Kirche in der Zivilgesellschaft, in: H. Krysteczko (Hg.), Europa christlich gestalten, Kattowitz 2005, 188-203.

[203] Viele kirchliche Wortmeldungen berufen sich dabei auch auf die bereits 1967 aufgestellte These von E.-W. BÖCKENFÖRDE, Die Entstehung des Staates als Vorgang der Säkularisation, in: Säkularisation und Utopie, Stuttgart 1976, 93: „Der freiheitliche säkularisierte Staat lebt von Voraussetzungen, die er selbst nicht garantieren kann, ohne seine Freiheitlichkeit in Frage zu stellen." Wie ein spätes Echo auf diese These klingt eine Passage im Vorwort von J. HABERMAS, Zwischen Naturalismus und Religion, Frankfurt 2005, 9: „Der demokratische Staat zehrt von einer rechtlich nicht erzwingbaren Solidarität von Staatsbürgern, die sich gegenseitig als freie und gleiche Mitglieder ihres politischen Gemeinwesens achten. (...) Indem der liberale Staat seinen Bürgern ein kooperatives Verhalten über weltanschauliche Grenzen hinweg ansinnt, muss er voraussetzen, dass sich die dazu auf religiöser wie auf säkularer Seite erforderlichen kognitiven Einstellungen bereits als Ergebnis historischer Lernprozesse herausgebildet haben. (...) Der liberale Staat ist langfristig auf Mentalitäten angewiesen, die er nicht aus eigenen Ressourcen erzeugen kann".

des Verhältnisses von Religion und Gesellschaft wichtig, der die Bedeutung religiöser Semantik und Ästhetik in der Politik betrifft: Begünstigt die Bürgergesellschaft wirklich ein konturenscharfes und profiliertes Christentum oder begrenzt sie seine öffentliche Antreffbarkeit letztlich bloß auf die Bestände eines Kulturchristentums und auf „zivilreligiöse" Bedürfnisse?[204] Bleibt in diesem Zusammenhang vom Christentum lediglich die öffentliche Darstellung religiöser Symbolik als letztes Mittel symbolischer Politik in Krisensituationen übrig, wenn etwa angesichts „humanitärer Katastrophen" das profane Kondolenzvermögen am Ende ist und für die Gestaltung von öffentlichen Trauerfeiern nach der Ritenkompetenz der Kirchen gefragt wird?

Vielleicht ist aber auch in postsäkularen Zeiten neu über eine Rehabilitierung der Kategorie des Zivilreligiösen nachzudenken. Sie bezeichnet die öffentliche, außerhalb des Teilsystems „Religion" erfolgende Verwendung und Darstellung religiöser Symbolik, die für die Vergewisserung der Bestandsgrundlagen eines politischen Gemeinwesens für bedeutsam gehalten wird. Stehen die Inhalte und Vollzüge der Zivilreligion nur im Dienste einer längst obsolet gewordenen politischen Legitimationsbeschaffung und Kontingenzbewältigung? Oder sind sie nicht auch Ausdruck für die notwendige politische Anerkennung des politisch Unverfügbaren? Verweisen sie nicht auf Ereignisse und Konstellationen menschlichen Daseins, die auch nach erfolgreich verlaufener Säkularisierung und Aufklärung einer religiösen Deutung zugänglich sind?

Falls es Indizien für eine positive Antwort gibt, wären die Gesellschaften der späten Moderne auch in dem Sinne „postsäkular", dass je säkularer die moderne Welt wird, desto seltener keineswegs die Anlässe werden, zu denen Menschen nach mehr verlangen, als ihnen Politik, Technik und Wissenschaft geben können.

Aber auch in diesem Fall ist keineswegs eine Vorentscheidung gefallen, dass von dieser Nachfrage das Christentum profitieren kann. Die bisherigen Befunde einer Dispersion des Religiösen, vor allem die Beobachtungen zur Neuformatierung religiöser Daseinsvergewisserung (u.a. Subjektzentrierung, Ästhetisierung, Erlebnis-

---

[204] Zur theologischen Kritik vgl. etwa H.-J. GROSSE KRACHT, Zwischen Zivilreligion und Zivilgesellschaft?, in: J. Wiemeyer u.a. (Hg.), Der Öffentlichkeitsauftrag der Kirche, Münster 1999, 7-27; J. MOLTMANN, Politische Theologie - Politische Ethik, München 1984, 70-78; Ch. FREY, Brauchen wir einen neuen Kulturprotestantismus?, in: ZEE 34 (1990) 3-6; T. RENDTORFF, Civil Religion, in: G. Mertens u.a. (Hg.), Markierungen der Humanität, Paderborn 1992, 265-280.

orientierung) jenseits religiöser Moral und Dogmatik lassen erwarten, dass dieses „mehr" zum einen meist weniger und zum anderen anders ist als das, was die kirchliche Dogmatik und Moral offerieren. Es tendiert zum einen auf jenes Minimum hin, das in einer weltanschaulich pluralen Gesellschaft maximal konsensfähig ist: bestimmungsoffene Deutungen von Transzendenz. Zum anderen tendiert es auf ein Maximum hinsichtlich der individuellen Artikulation religiöser Fragen und Interpretation religiöser Deutungsofferten.

3.1. Kulturelles Sediment? Die politische Pluralitätsfähigkeit der „Zivilreligion"

Die Debatte um Phänomen und Theorie der sogenannten „Zivilreligion" wurde im deutschsprachigen Raum vor allem in den 1980er Jahren intensiv geführt und ist seitdem mit unterschiedlicher Intensität immer wieder neu belebt worden.[205] Auf ihrer Tagesordnung steht das Verhältnis von Gesellschaft und Religion nach der vollzogenen Trennung von Kirche und Staat. Was diese Debatte für eine Theorie religiöser Dispersion interessant macht, ist der Umstand, dass sie den empirisch nachweisbaren Rückgang einer gesellschaftlichen Abstützung konfessioneller Christlichkeit ernst nimmt und gleichzeitig den Fortbestand eines religiösen Sedimentes in der Gesellschaft registriert, das unabhängig von kirchlichen und konfessionellen „Verwaltungen" des Religiösen kulturell präsent ist. Sie liefert Anhaltspunkte für die bleibende gesamtgesellschaftliche Bedeutung von Religion, ohne diese Bedeutung davon abhängig zu machen, dass Religion noch ein Leitsystem der Gesellschaft bildet.

[205] Vgl. hierzu H. KLEGER/A. MÜLLER (Hg.), Religion des Bürgers. Zivilreligion in Amerika und Europa, München 1986; R. SCHIEDER, Civil Religion. Die religiöse Dimension der politischen Kultur, Gütersloh 1987; DERS., Wieviel Religion verträgt Deutschland?, Frankfurt 2001; DERS. (Hg.), Religionspolitik und Zivilreligion, Baden-Baden 2001; W. VÖGELE, Zivilreligion in der Bundesrepublik Deutschland, Gütersloh 1994; M. HILDEBRANDT, Politische Kultur und Zivilreligion, Würzburg 1996; R. WITHÖFT, Civil Religion und Pluralismus, Frankfurt 1998; Th. HASE, Zivilreligion, Würzburg 2001; E. HERMS, Zivilreligion. Systematische Aspekte einer geschichtlichen Realität, in: ThQ 183 (2003) 97-127; E. JÜNGEL, Religion, Zivilreligion und christlicher Glaube, in: Essener Gespräche 39 (2005) 53-82.

Das Urheberrecht für den Begriff „religion civil" darf *Jean Jacques Rousseau* (1712-1778) für sich beanspruchen. Am Ende seiner Abhandlung über den Gesellschaftsvertrag[206] stellt er sich die Frage, von welchen nicht-politischen Ressourcen ein solcher Gesellschaftsvertrag bestandsabhängig ist. Wenn in einem aufgeklärten Staat hierfür die Religion in Frage kommen soll, kann dies jedoch nicht ein konfessionell und regional zersplittertes Christentum sein. Eine Religion, die in ihren eigenen Reihen den Dissens aufrechterhält, kommt kaum für die Herstellung eines gesellschaftlichen Konsenses in Betracht. Wenn überhaupt, kommen hierfür nur religiöse Leitbilder in Frage, die nicht im Definitionsbereich einer partikularen Konfession stehen. Wenn überhaupt, kommt nur ein religiöser Minimalkonsens in Frage, dessen Bestand und Geltung nicht eine Kirche, sondern der aufgeklärte Staat verbürgt. Diese religiösen Minima sind rasch aufgezählt: die Annahme der Existenz Gottes, die Wahrnehmung der Welt als Gottes Schöpfung, die Praxis der Toleranz, die Erwartung des Jüngsten Gerichtes mit der Belohnung der Guten und Bestrafung der Bösen, die Anerkennung der Heiligkeit gerechter weltlicher Ordnungen.

Die eigentliche Karriere des Begriffs „civil religion" beginnt jedoch im Herbst 1967, als der amerikanische Soziologe *Robert N. Bellah* in der Zeitschrift „Daedalus" ihn als Überschrift wählt für den Versuch, religiöse Phänomene in der Politik zu orten und Religion als Quelle einer öffentlichen Moral auszuzeichnen, die den Fliehkräften eines politischen und ökonomischen Liberalismus entgegenwirkt.[207] Dieser Versuch ist ebenso interessant wie gewagt. Bekanntlich zeichnet sich das US-amerikanische Modell der Verhältnisbestimmung von Religion und Politik dadurch aus, dass einerseits eine strikte institutionelle Trennung von Kirche und Staat etabliert wurde, der Staat sich in religiöse Angelegenheiten nicht einmischt und im Interesse des sozialen und religiösen Friedens kein religiöses Bekenntnis privilegiert. Zugleich aber durchzieht die amerikanische Geschichte das Bemühen des Staates, auch eine religiös begründete Zustimmung zu sich selbst bzw. zum amerikanischen Gemeinwesen herzustellen. Bellah nennt als Beleg die verbreitete Formel vom Volk der USA als dem „neuen Israel", dem Gott mit der Unabhängigkeitserklärung einen neuen historischen Auftrag gegeben habe. Dieser „neue Bund" verleihe den von

---

[206] Vgl. J.-J. ROUSSEAU, Vom Gesellschaftsvertrag (1762), Stuttgart 1977.

[207] Vgl. R. N. BELLAH, Zivilreligion in Amerika, in: H. Kleger/A. Müller (Hg.), Religion des Bürgers, 19-41.

Gott gegebenen Grundrechten auf Unversehrtheit, Freiheit, auf das Streben nach Glück mit der Verpflichtung auf Toleranz, Gerechtigkeit und Nächstenliebe eine besondere Qualität. Ein solches Argumentationsmuster entdeckte Bellah in den Antrittsreden aller amerikanischen Präsidenten, in mehr als 90% der Predigten an Unabhängigkeitstagen und im Selbstverständnis zahlloser Verbände, die sich im gelobten Land der unbegrenzten Möglichkeiten formiert haben. Es steht ebenso hinter der Überzeugung, die USA seien „God's own country", wie es auch erklärt, warum auf der Dollar-Note zu lesen ist „In God we trust".

Zum Kern dieser „civil religion" gehört ein entkonfessionalisiertes Credo, das wiederum die Voraussetzung für ein religiös grundiertes Bekenntnis zum Gemeinwesen ist. Da die Civil Religion in ihren Inhalten gleichsam die „Quersumme" der zahlreichen Denominationen darstellt, ist sie religiös pluralitätsfähig und gesellschaftlich mehrheitsfähig. Da sie nicht wiederum eine neue und zusätzliche Denomination darstellt, sondern im Bereich der politischen Symbolik und Ästhetik, der nationalen Historiographie und der öffentlichen Moral angesiedelt ist, bleibt sie kompatibel mit einem Staat, der sich in konfessionelle Angelegenheiten nicht einmischt und dennoch das Politische vom Religiösen nicht gänzlich entkoppeln möchte. Die besondere Funktion der Civil Religion besteht hier nicht nur darin, dass sie als Legitimationsbeschaffer der Regierung oder nationaler Loyalitätsverstärker auftritt. Sie steht auch für jene Elemente, aus denen sich die historische und kulturelle Identität der US-Gesellschaft zusammensetzt, die ihrerseits nach Bellah nicht ohne ein moralisches Wertesystem auskommen kann.

Bellahs Studien haben eine Vielzahl von weiteren Untersuchungen auch außerhalb der USA angestoßen. Für nicht wenige Soziologen und Philosophen haben sich diese Impulse jedoch in ganz anders gelagerten Auffassungen und Schlussfolgerungen niedergeschlagen. Bellah musste sich entgegenhalten lassen, dass seine Arbeit als religiöse Verbrämung der amerikanischen Politik empfunden oder als utopische Gemeinschaftsromantik verstanden werden könnte. Bei seinem Plädoyer für eine „Remoralisierung" und zivilreligiöse Grundierung politischer und ökonomischer Abläufe wurde ihm ein anachronistisches Politik- und Religionsverständnis vorgehalten. Angezeigt sei nicht eine weitere religiöse Aufladung der Politik, sondern deren Entideologisierung.

In diese Richtung weist auch Hermann Lübbe als prominentester deutschsprachiger Zivilreligionstheoretiker.[208] Ihm geht es nicht um die Entgrenzung von Moral, Religion und Politik, sondern um die Selbstbegrenzung des politischen Systems durch die Anerkennung von Sachverhalten, über die die Politik nicht verfügen kann. Diese Selbstbegrenzung unterscheidet liberale, aufgeklärte Politik von totalitären Systemen und ist Ausweis ihrer Legitimität. In den Formen und Gehalten der Zivilreligion manifestiert sich die Anerkennung des politisch Unableitbaren und Unabstimmbaren. Als Platzhalter und Ausdruck dieses Unverfügbaren legitimiert sich wiederum die Zivilreligion; aufgrund dieser Funktion ist sie kompatibel mit weltanschaulich pluralen und liberalen Gesellschaften. Zur Zivilreligion zählt Lübbe „exklusiv diejenigen Symbole, symbolischen Handlungen, rituellen und freien Bekundungen, Normen und freien Gewohnheiten, durch die innerhalb des politischen Systems öffentlich ein Sinnbezug zu prinzipiell nicht disponiblen Voraussetzungen seiner eigenen Existenz hergestellt wird und durch die darüber hinaus der Grund benannt und anerkannt wird, der uns normativ festlegen läßt, was prinzipiell menschlicher Dispositionsfreiheit entzogen sein soll“.[209]

Diese Definition klingt abstrakt, lässt sich aber unschwer aus der politischen Alltagskultur mit Beispielen und Belegen illustrieren. So gilt etwa die „nominatio Dei“ in der Präambel des Grundgesetzes[210] als jene „offene Stelle“ in der Verfassung, durch deren

---

[208] Als einschlägig gilt der Aufsatz von H. LÜBBE, Staat und Zivilreligion. Ein Aspekt politischer Legitimität, in: H. Kleger/A. Müller (Hg.), Religion des Bürgers, 195-220. Eine umfassende Auswertung weiterer Veröffentlichungen Lübbes und der Sekundärliteratur bietet W. VÖGELE, Zivilreligion in der Bundesrepublik Deutschland, 74-207.

[209] H. LÜBBE, Religion nach der Aufklärung, Graz/Wien/Köln 1986, 320 f. Vgl. ebd.: „Zivilreligion ist das Ensemble derjenigen Bestände religiöser Kultur, die in das politische System faktisch oder sogar förmlich-institutionell,..., integriert sind, die unbeschadet gewährleisteter Freiheit der Religion die Bürger unabhängig von ihren konfessionellen Zugehörigkeitsverhältnissen auch in ihrer religiösen Existenz an das Gemeinwesen binden und dieses Gemeinwesen selbst in seinen Institutionen und Repräsentanten als in letzter Instanz religiös legitimieren, das heißt auch im religiösen Lebensvollzug anerkennungsfähig darstellen.“

[210] „Im Bewußtsein seiner Verantwortung vor Gott und den Menschen, ..., hat sich das Deutsche Volk kraft seiner verfassungsgebenden Gewalt dieses Grundgesetz gegeben“, Grundgesetz für die Bundesrepublik Deutschland vom 23. Mai 1949, zuletzt geändert durch Gesetz vom 26. Juli 2002 (BGBl I S. 2863). Diese Nennung Gottes stellt keine „invocatio dei“ dar, d.h. es erfolgt keine „Anrufung“ Gottes, den man als Autorität in Anspruch nimmt, in deren Namen man handelt (wie dies etwa in den Verfassungen Irlands und Griechenlands erfolgt).

Wahrung sich totalitäre und antitotalitäre Systeme unterscheiden. Sie ist sprachlicher Ausdruck einer Selbstvergewisserung, in der sich der Staat auf „letztbegründende“ Voraussetzungen menschlichen Miteinanders bezieht, über die er selbst nicht verfügen kann, sondern sie nur anerkennen kann. Ähnliches wird für den religiösen Zusatz („So wahr mir Gott helfe!“) bei der Vereidigung von Ministern geltend gemacht. Wer Macht hat, gesteht ein, bei der Ausübung dieser Macht auf etwas angewiesen zu sein, das nicht in seiner Macht steht. Zu einem Politiker, der dies einräumt, haben religiöse Menschen mehr Vertrauen als zu jemandem, der auf dieses Bekenntnis verzichtet. Insofern erfüllt die religiöse Eidesformel eine zentrale zivilreligiöse Aufgabe: Staatsbürger werden durch sie auch in ihrer religiösen Existenz an das Gemeinwesen gebunden und dieses Gemeinwesen selbst stellt sich ihnen auch hinsichtlich ihres religiösen Weltverständnisses als anerkennungsfähig dar.

Die besondere Zuständigkeit der Zivilreligion liegt aber in der Bewältigung positiver wie negativer Kontingenzen, die das Gemeinwesen als Ganzes betreffen. Wer Bundestagsreden aus dem Wendejahr 1989/90 studiert, entdeckt zahlreiche Aussagen, die in dem unverhofften und unverdienten Glück einer friedlichen Revolution eine Gnade Gottes erkennen. Das Unverfügbare und Unverrechenbare wird für Staat und Politik aber unmittelbar und dramatisch auch dort deutlich, wo als Folge staatlichen Handelns etwas eintritt, was nicht wieder gut zu machen ist. Unter diesen Umständen ist Zivilreligion das, was ein Staat tut, wenn nichts mehr zu machen ist. So sind Kranzniederlegungen vor den Denkmälern für die Gefallenen der beiden Weltkriege am Volkstrauertag – meist unter Einbeziehung der katholischen und evangelischen Geistlichkeit – zivilreligiöse Handlungen. Wenn etwa angesichts „humanitärer Katastrophen“ das profane Trauer- und Kondolenzvermögen am Ende ist, kommt die politische Elite des Landes nicht umhin, ihre metaphysische Verblüffungsfestigkeit aufzugeben. Das Vertrauen in die politische Führung hängt hier daran, dass sich ihre Vertreter nicht indifferent gegenüber dem Schicksal der Opfer zeigen. Als im Sommer 2000 für die Opfer des Flugzeugabsturzes der „Concorde“ im Kölner Dom auf Anregung staatlicher Stellen ein Gedenkgottesdienst abgehalten wurde, war dies ein bemerkenswertes Dementi der zuvor in Regierungskreisen geäußerten Meinung, Religion sei Privatsache. Von den Vertretern der christlichen Kir-

---

Vielmehr bestimmt das GG das Volk als verfassunggebende Gewalt und gemäß Art. 20 (2) GG geht alle Staatsgewalt vom Volk aus.

chen wurde allerdings beim Reden über Leiden und Tod dogmatische Diskretion verlangt. Es wurde stärker auf den Trost menschlicher Nähe und Solidarität gesetzt als die christliche Hoffnung auf ein Leben nach dem Tod genährt.

An diesem Beispiel wird ein wesentlicher Zug der Zivilreligion deutlich: Ihr Inhalt tendiert auf jenes Minimum hin, das innerhalb einer weithin säkularen und weltanschaulich pluralen Gesellschaft als maximal konsensfähig erachtet wird. Ferner muss er zum gemeinsamen kulturellen Erbe aller Staatsbürger zählen und unterliegt daher nicht mehr dem bestimmenden Einfluss konfessionsgeprägter Religionsgemeinschaften. Öffentlich sichtbar wird die Zivilreligion schließlich auf Veranlassung politischer Akteure. Gleichwohl bleibt der Politik das genuin religiöse Moment der jeweiligen Anlässe entzogen. Es hat zu tun mit Ereignissen und Konstellationen menschlichen Daseins, die auch nach erfolgreich verlaufener Säkularisierung und Aufklärung einer religiösen Deutung zugänglich sind. An den Grenzen der Politik wird deutlich, dass der Mensch auch in modernen Gesellschaften vieles zum Leben bitter nötig hat, das politisch nicht verfügbar ist. Wer die Bitterkeit der Not und des Lebens zu spüren bekommt, braucht mehr und anderes als nur Politik. Und die Politik braucht ihrerseits dieses „Andere“, um nicht an Selbstüberforderungen zu scheitern.

Lübbes Analysen verweisen auf die säkularisierungsresistenten Anteile von Religion und wecken Hoffnungen auf einen Fortbestand des religiösen Segmentes liberaler Gesellschaften. Offenkundig gehört die (Zivil-)Religion zu den kulturellen Erhaltungsbedingungen der Errungenschaften der Aufklärung, die sich u.a. in einer freiheitlichen Demokratie niedergeschlagen haben. Wer diese Errungenschaften auf Dauer bewahren will, muss sich bewusst sein, hierbei auf Voraussetzungen angewiesen zu sein, die sich mit den Mitteln der Politik nicht schaffen lassen. Davon scheint auf den ersten Blick auch das kirchlich institutionalisierte Christentum Nutzen ziehen zu können. Denn die Zivilreligion ist nicht nur angewiesen auf die Produktion von Symbolen und Ritualen der christlichen Konfessionen, die für die Zwecke der politischen Ästhetik weiterverarbeitet werden können. Sie zehrt in vielfältiger Hinsicht von dem, dessen Schwundstufe sie darstellt: Sie braucht ein lebensweltlich verankertes Ethos der Solidarität und Toleranz, ohne das politische Aktionen gegen Ausländerfeindlichkeit nur Strohfeuer bleiben. Sie braucht ein kulturelles Gedächtnis, das auch „gefährliche Erinnerungen“ (J. B. Metz) birgt und das Skandalöse des Skandals von Krieg, Vertreibung und Rassenhass benennt, soll das Gedenken an die Opfer nicht ein hohles Ritual werden, das dann seinerseits zum Gegenstand zynischer Kommentare verkommt.[211]

Umgekehrt besteht von seiten des kirchlich verfassten Christentums kein Grund, sich gänzlich vom Bereich des Zivilreligiösen zu distanzieren. Er kann gleichsam als Resonanzraum in der sozialen Umwelt der Kirchen betrachtet werden, ohne den ihre Verkündigung gesellschaftlich nicht mehr anschlussfähig wäre. In vielen Fällen ist es die Berufung auf ein „christliches Menschenbild", das solche Anschlussleistungen zwischen Vertretern der Kirchen und der politischen Parteien ermöglicht. Offenkundig sind auch die Kirchen davon abhängig, dass in der Gesellschaft ein Sinn für die Artikulationskraft religiöser Semantik erhalten geblieben ist, wenn sie etwa Stellungnahmen zu bioethischen Fragen veröffentlichen. Auch sie sind auf entgegenkommende Motivationslagen und Sensibilitäten in de Gesellschaft angewiesen, sollen ihre Wortmeldungen nicht ins Leere laufen. Wo keine religiöse Grundierung von Kultur und Gesellschaft mehr antreffbar ist, wird es zunehmend schwieriger, ihre religiöse Kernbotschaft „unter die Leute" zu bringen. Das Evangelium droht dann zu einem religiösen Text ohne kulturellen Kontext zu werden. Wo sich keine Anknüpfungspunkte für die christliche Gottesrede mehr zeigen und ihre Verstehensvoraussetzungen nicht mehr geteilt werden, muss sie für viele Zeitgenossen zu einer unassimilierbaren Fremdsprache werden. Gäbe es nicht mehr die zwar weitgehend säkularisierten christlichen Feiertage im Jahreskreis, existierte nicht einmal mehr der gesellschaftliche Anlass, auf das Evangelium als Hintergrund kultureller Zeitordnungen zu verweisen.[212]

Allerdings lässt sich gegen eine Stützung zivilreligiöser Kulturbestände von seiten des Christentums auch einwenden, dass hierbei dem Religiösen nur zu oft die Rolle eines prophylaktisch oder therapeutisch einzusetzenden Mittels gegen Politikversagen zugewiesen wird, das Christentum auf die Funktion eines politischen Sedativs reduziert und seine kulturelle Präsenz in die Nähe von Folklore gerückt wird. Zudem haben sich für die Aufgabe der gesellschaftlichen Integration und Kontingenzbewältigung längst Alternativen gefunden. Der EURO weist im Unterschied zum Dollar keine Spu-

[211] Vgl. hierzu E. KLAUSA, Die deutsche Gedenkreligion des Holocaust, in: Merkur 53 (1999) 911-921.

[212] Vgl. in diesem Kontext die sozio-kulturelle und theologische Ortung des Weihnachtsfestes von M. MORGENROTH, Weihnachts-Christentum. Moderner Religiosität auf der Spur, Gütersloh 2002.

ren christlich-religiöser Symbolik mehr auf. Die Einweihung öffentlicher Gebäude erfolgt heute vielerorts durch das Durchschneiden eines bunten Bandes durch die politische Lokalprominenz und kommt ohne das Weihwasser des Ortspfarrers aus. In Großstädten wird bei der Anlage neuer Friedhöfe immer häufiger auf die Verwendung jedweder religiöser Symbolik verzichtet. An die Stelle des Religiösen tritt das Ästhetische in Gestalt einer Architektur, die allenfalls in ihrer formalen Bausprache an etwas Sakrales erinnert. Wie anders soll auch eine multikulturelle und multireligiöse Gesellschaft sich selbst gegenübertreten, wenn sie dabei niemanden ausschließen will? Sie orientiert sich an jenem Minimum, das innerhalb einer weithin säkularen und weltanschaulich pluralen Gesellschaft als maximal konsensfähig erachtet wird. Und das ist offensichtlich immer seltener das Religiöse.

Wer offensiv das Konzept einer Zivilreligion mit der Funktion politischer Ersatzlegitimation vertritt, hat offensichtlich nicht verstanden, dass es dem normativen Niveau eines demokratischen Gemeinwesens nicht entspricht, sich auf eine transzendente Autorität zu berufen, sondern von der freiwilligen und rationalen Selbstbindung freier und gleicher Staatsbürger, d.h. von der Idee einer autonomen Selbstregierung des Volkes zu leben.[213] Die Feststellung, dass ein demokratisches Gemeinwesen von Voraussetzungen lebt, die es selbst nicht garantieren kann, ist nicht auf die Legitimitätsgrundlagen der Demokratie, sondern auf die Bedingungen ihres

[213] „Das Bild vom öffentlichen Raum einer kollektiven Begegnungs- und Diskurspraxis gleichberechtigter, aber individualisierter und in gesellschaftlichen Konflikten lebender Staatsbürger tritt damit an die Stelle gesellschaftsjenseitig fixierter Wahrheiten und Wertvorgaben. Dieses radikal profanisierte Verständnis vom politischen Prozess verlangt letztlich nur noch eine formale Grundlage, auf die sich alle Staatsbürger verpflichten müssen: eine öffentliche, für alle zugängliche und egalitär strukturierte gesellschaftliche Verständigungspraxis, mit deren Hilfe stets vorläufige und jederzeit revidierbare kollektive, politische Willensäußerungen der Zivilgesellschaft hervorgebracht und auf transparente, für alle Gesellschaftsmitglieder offenstehende Weise an den Staatsapparat vermittelt werden können. Diese unverzichtbare gemeinsame Grundlage beruht nun aber nicht mehr auf einer vorgegebenen, für alle verbindlichen materialen Wahrheit, sondern nur noch auf einer wechselseitigen freiwilligen Selbstbindung gleichberechtigter Staatsbürger, die sich im Akt der Verfassungsgebung auf gemeinsame moralische und politische Standards ihres gesellschaftlichen Zusammenlebens einigen und sich deren Einhaltung in einer wechselseitigen Selbstverpflichtung versprechen", H.-J. GROSSE KRACHT, Zwischen Zivilreligion und Zivilgesellschaft, 18. Zum Ganzen vgl. auch DERS., Selbstbewusste öffentliche Koexistenz. Überlegungen zum Verhältnis von Religionen und Republik im Kontext moderner Gesellschaften, in: JCSW 44 (2003) 225-272.

faktischen Funktionierens zu beziehen. Religion kann einem demokratischen Staat in Legitimationsfragen nicht zur Seite stehen, sondern tritt ihm allenfalls in der Zivilgesellschaft gegenüber.

3.2. Nicht mehrheitsfähig? Gott in der Verfassung

Ein eindrucksvolles Lehrstück einer postsäkularen Konstellation von Religion und Gesellschaft, bei der es zugleich zu einer Dispersion zentraler Inhalte religiöser Überlieferungen kommt, stellt die Debatte um einen Gottesbezug in der Präambel der Europäischen Verfassung dar.[214] Gerade die Befürworter der Einführung einer „nominatio dei" haben eingeräumt, man müsse auf eine weitere inhaltliche Bestimmung des Gottesbegriffs verzichten, damit die Präambel mit der Liberalität und der weltanschaulichen Pluralität Europas kompatibel bleibe. Im übrigen stelle es eine Verkürzung dar, wenn der Ausdruck „Gott" inhaltlich auf ein dezidiert „konfessionelles" Bekenntnis enggeführt werde, vielmehr finde er sich in den bedeutendsten philosophischen und „transkonfessionellen" Traditionen Europas in den Reflexionen über Grund und Sinn menschlicher Existenz. Ist es aber mit dem Gehalt des christlichen Gottesbegriffs vereinbar, wenn er verstanden wird als bloße Chiffre für das politisch Unverfügbare, als Platzhalter für eine Instanz, vor der sich Menschen letztlich zu verantworten haben, als Markierung eines Einspruchs zur Versuchung, innerweltliche Macht zur alles bestimmende Wirklichkeit zu erheben, als metaphysischer Sperriegel, der die Unbedingtheit der Menschenwürde sichern soll? Ist es theologisch vertretbar und politisch angemessen, „dem Wort ‚Gott' einen prominenten Platz in der Europäischen Verfassung einzuräumen, um es sogleich mit dem Vorbehalt zu versehen, mehr als

[214] Die Präambel des EU-Verfassungsentwurfes vom 29.10.2004 verzichtet auf die Erwähnung eines Gottesbezuges. Stattdessen heißt es im einleitenden Satz: „Schöpfend aus dem kulturellen, religiösen und humanistischen Erbe Europas, aus dem sich die unverletzlichen und unveräußerlichen Rechte des Menschen sowie Freiheit, Demokratie, Gleichheit und Rechtsstaatlichkeit als universelle Werte entwickelt haben ...", Th. LÄUFER (Hg.), Verfassung der Europäischen Union, Bonn 2005, 32. Zum Folgenden vgl. vor allem G. ESSEN, Sinnstiftende Unruhe im System des Rechts. Religion im Beziehungsgeflecht von modernem Verfassungsstaat und säkularer Zivilgesellschaft, Göttingen 2004 (Lit.); H. GOERLICH/W. HUBER/K. LEHMANN, Verfassung ohne Gottesbezug? Zu einer aktuellen europäischen Kontroverse, Leipzig 2004; J.H.H. WEILER, Ein christliches Europa. Erkundungsgänge, Salzburg 2003.

eine vage dahinschweifende Transzendenz dürfe mit ihm nicht verbunden werden?"[215]

Wenn seine Erwähnung jedoch nur darauf hindeuten soll, dass zu den humanistischen Überlieferungen Europas das Christentum einen entscheidenden Beitrag geleistet hat, bleibt zu fragen, ob diese Erinnerung in einer „nominatio dei" erfolgen muss. Eine kulturgeschichtliche Würdigung des christlichen Erbes, dem die europäische Rechtskultur wesentliche Elemente verdankt, kann ohne diese rhetorische Figur auskommen. Oder steht hinter ihrer Verwendung der Gedanke, dass auch ein demokratischer Staat noch weiterer Formen religiöser Unterstützung bedarf? Steht er auf so instabilem Fundament, dass er auf eine (funktionale) Indienstnahme religiöser Traditionen und Deutungsmuster nicht verzichten kann? Sind die säkularen Ressourcen zu schwach, um das Normen- und Wertgefüge der Demokratie stützen und stärken zu können?

Die Intensität, mit der aus Kirchenkreisen auf die Verankerung eines Gottesbezuges in der Verfassung hingearbeitet wurde, lässt aber auch einen anderen Verdacht aufkommen: Kommen die Kirchen im demokratischen Staat ohne wie auch immer geartete staatliche Unterstützung nicht aus, für die sie bereit sind, sich mit zivilreligiösen Dienstleistungen erkenntlich zu zeigen? Tragen aber die Kirchen nicht zur Dispersion des Christlichen aktiv bei, wenn sie selbst in zivilreligiöser Verdünnung „die Substanz des christlichen Glaubens auf die bürgerlichen Grundtugenden von Toleranz, Demokratiefreundlichkeit, Antitotalitarismus und Gemeinschaftsfähigkeit"[216] zurückstutzen und im Gestus nachholender Aufklärung auf eine öffentliche Artikulation ihrer durchaus auch unbürgerlichen Glaubensüberzeugungen verzichten?

Ein zentrales Merkmal eines postsäkularen Verhältnisses von Religion und Gesellschaft besteht darin, dass sich die Religionen auf die „Prämissen des Verfassungsstaates einlassen, die sich aus einer profanen Moral begründen".[217] Denn die Möglichkeit allgemeinverbindlicher ethischer Diskurse und politischer Beschlüsse in einem demokratischen Gemeinwesen muss einen Geltungsgrund moralischen Sollens voraussetzen, der universal als sittlich verbindlich einsehbar ist. Wer im Kontext eines weltanschaulichen Pluralismus ethische und politische Pflichten durch die Berufung auf einen Willen Gottes begründen will, stellt die unbedingte Ver-

---

[215] G. ESSEN, Sinnstiftende Unruhe, 17.
[216] H.-J. GROSSE KRACHT, Zwischen Zivilreligion und Zivilgesellschaft, 27.
[217] J. HABERMAS, Glauben und Wissen, 14.

pflichtung zu ethischem Handeln offenkundig unter den Vorbehalt einer vorgängigen Anerkennung Gottes. Damit würde die Verbindlichkeit des Ethischen an eine Prämisse gebunden, die faktisch nicht von allen Mitgliedern dieses Gemeinwesens geteilt wird und deren Anerkennung in einem liberalen Rechtsstaat, der Bekenntnis- und Religionsfreiheit gewährleistet, auch grundsätzlich nicht von ihnen eingefordert werden kann. Politische Willensbildung und Entscheidungsfindung müssen daher auf säkularen Entscheidungsgrundlagen basieren, die grundsätzlich von allen Bürgerinnen und Bürgern anerkannt werden können. Dies gilt auch für den Verweis auf die Notwendigkeit einer metapositiven Legitimations- und Begründungsinstanz der Gesetzgebung. Die Geltung von Verfassungsprinzipien darf nicht von einem Geltungsgrund abhängig sein, der in einem pluralistisch verfassten Gemeinwesen nicht allgemein anerkennungsfähig ist. Sie bedarf nicht einer theonomen Legitimation, sondern verfügt mit der Anerkennung der unveräußerlichen Menschenrechte über ein entsprechendes säkulares Äquivalent ethischer „Letztbegründung".

Schließlich ist der moderne Verfassungsstaat auch erfunden worden, „um einen friedlichen religiösen Pluralismus zu ermöglichen. Erst die weltanschaulich neutrale Ausübung einer rechtsstaatlich verfassten säkularen Herrschaftsgewalt kann das gleichberechtigte und tolerante Zusammenleben verschiedener, in der Substanz ihrer Weltanschauungen oder Doktrinen nach wie vor unversöhnter Glaubensgemeinschaften gewährleisten. Die Säkularisierung der Staatsgewalt und die positive wie negative Freiheit der Religionsausübung sind zwei Seiten derselben Medaille. Sie haben die Religionsgemeinschaften nicht nur vor den destruktiven Folgen der blutigen Konflikte untereinander, sondern auch vor der religionsfeindlichen Gesinnung einer säkularistischen Gesellschaft geschützt."[218]

Wenn zum Signum postsäkularer Gesellschaften nunmehr eine Neubewertung der modernen Säkularisierungsprozesse gehört, dürfte es keinen Gewinn bedeuten, dem Staat eine andere als eine säkulare Legitimationsbasis zuzuweisen. Dies schließt jedoch nicht aus, dass eine neue Nachdenklichkeit einsetzt, ob ein demokratisches Gemeinwesen angesichts der religiösen Prägung seiner mo-

---

[218] J. HABERMAS, Zwischen Naturalismus und Religion, 9.

ralischen Ressourcen sich nur in historisierender Einstellung mit einer Erinnerung dieser Herkunft begnügen darf.[219]

Einerseits kann ein säkularer Rechtsstaat nur bestehen, „wenn sich die Freiheit, die er seinen Bürgern gewährt, von innen her, aus der moralischen Substanz des einzelnen und der Homogenität der Gesellschaft reguliert. Andererseits aber kann er diese inneren Regulierungskräfte nicht von sich aus, das heißt mit den Mitteln des Rechtszwanges und autoritativen Gebots, zu garantieren suchen, ohne seine Freiheitlichkeit aufzugeben und – auf säkularisierter Ebene – in jenen Totalitätsanspruch zurückzufallen, aus dem er in den konfessionellen Bürgerkriegen herausgeführt hat."[220] Demnach hat sich zwar der Staat von der Auffassung gelöst, dass für ihn die Bindungskräfte der Religion essentiell sind, aber für ihn besteht noch immer die Notwendigkeit der Bindung an ihm vorausliegende unverfügbare Bedingungen eines Daseins in Freiheit. Verfügt aber die säkulare Vernunft mit dem Vermögen diese Prämissen zu erkennen auch schon über das Vermögen, ihre Umsetzung gewährleisten zu können? Kann von den formalen Arrangements und Verfahren einer diskursiven Willensbildung und Entscheidungsfindung erwartet werden, dass sie ihre Ressourcen gleichsam von selbst erzeugen? Vermag die säkulare Vernunft die Gehalte einer freiheitlichen Politik, die sie allein legitimieren kann, auch allein zu generieren?[221] Es mag sein, dass Religionen in Fragen der Legitimationsbedingungen eines demokratischen Gemeinwesens nicht über Einsichten verfügen, die über das Potential der säkularen

[219] Vgl. in diesem Kontext DERS., Nachmetaphysisches Denken, Frankfurt ^{2}1988, 23: „So glaube ich nicht, daß wir Europäer Begriffe wie Moralität und Sittlichkeit, Person und Individualität, Freiheit und Emanzipation ... ernstlich verstehen können, ohne uns die Substanz des heilsgeschichtlichen Denkens jüdisch-christlicher Herkunft anzueignen (...). Ohne eine sozialisatorische Vermittlung und ohne eine philosophische Transformation irgendeiner der großen Weltreligionen könnte eines Tages dieses semantische Potential unzugänglich werden; dieses muß sich jede Generation von neuem erschließen, wenn nicht noch der Rest des intersubjektiv geteilten Selbstverständnisses, welches einen humanen Umgang miteinander ermöglicht, zerfallen soll."

[220] E.-W. BÖCKENFÖRDE, Entstehung, 112 f.

[221] Der liberale Staat „darf die Gläubigen und Religionsgemeinschaften nicht entmutigen, sich als solche auch politisch zu äußern, weil er nicht wissen kann, ob sich die säkulare Gesellschaft sonst von wichtigen Ressourcen als Sinnstifter abschneidet. Auch säkulare oder andersgläubige Bürger können unter Umständen aus religiösen Beiträgen etwas lernen, was z.B. dann der Fall ist, wenn sie in den normativen Wahrheitsgehalten einer religiösen Äußerung eigene, manchmal verschüttete Intuitionen wiedererkennen", J. HABERMAS, Zwischen Naturalismus und Religion, 137.

Vernunft hinausgehen. Sie besitzen hier kein höheres Erkenntnisvermögen. Aber kann es nicht ebenso der Fall sein, dass sie den Horizont des Entdeckungszusammenhangs von Werten und Normen menschlichen Miteinanders und des Sinns menschlichen Daseins in Freiheit erweitern? Es sind unter dieser Rücksicht zwar nicht die Legitimations-, wohl aber die Funktionsbedingungen, unter deren Rücksicht ein demokratisches Gemeinwesen bzw. ein liberaler säkularer Staat auf vorpolitische Vorgaben angewiesen ist.[222]

Unter der Voraussetzung eines überzeugendes Aufweises, „daß gerade ein freiheitlicher Staat ein elementares Interesse an Sinnvorgaben haben muß, die er um der Freiheit willen selbst nicht verbürgen kann, widerspricht es seinen Grundlagen nicht, wenn er seine Angewiesenheit auf sie ausdrücklich benennt."[223] Dies kann in der Weise geschehen, dass die bleibende Relevanz der religiösen Traditionen Europas als Vergewisserungsformen dieser Sinnvorgaben auch in einer Verfassungspräambel herausgestellt wird. Sie stellt insofern einen zugleich prominenten wie angemessenen Ort dieser Erwähnung dar, als hier nicht normativ, sondern deskriptiv festgehalten wird, unter welchen Umständen und Bedingungen eine Verfassung beschlossen worden ist. Es handelt sich dabei um Feststellungen über Sachverhalte, die nicht Regelungsgegenstand einer politischen Ordnung und eines Rechtssystems sind, sondern diesen Regelungen vorausliegen. Hierzu zählt zweifellos auch die nachhaltige Prägung der Werte- und Rechtskultur Europas durch das Christentum. Ihr Verschweigen würde signalisieren, dass man das „Projekt Europa" nicht bloß als ein säkulares, sondern auch als ein laizistisches Unternehmen begreift. Ein Laizismus ist aber erst recht mit der pluralen Struktur europäischer Zivilgesellschaften unvereinbar; er ist letztlich anti-pluralistisch und fördert die kulturelle Amnesie. „Gewiss, Demokratie wurzelt im Konsens, das Ethos der Demokratie aber wurzelt im Gedächtnis. Das gibt seinerseits Rechenschaft davon, dass und wie die in der EU-Verfassung abstrakt zitierten ‚Erbschaften' (Kultur, Religion, Humanismus) sich keineswegs isoliert entwickelt haben, sondern vielfach – in gegensei-

---

[222] Vgl. in diesem Kontext das gemeinsame Wort des Rates der EKD und der deutschen Bischofskonferenz »Demokratie braucht Tugenden«, Hannover/Bonn 2006.

[223] G. ESSEN, Sinnstiftende Unruhe, 73.

tiger Kritik und Inspiration – ineinander greifen und so das Ethos Europas prägen."[224]

Würde dagegen in diesem Kontext eine „nominatio dei" gewählt, müsste die Funktion des Gottesbegriffs im Vollzug der Ethos- und Sinnvergewisserung auch nicht-gläubigen Bürgern zumutbar, d.h. rational einsichtig zu ma-chen sein und – im Blick auf die weltanschaulich plurale Struktur moderner Gesellschaften – sprachlich in einer Sequenz stehen, die es gestattet sich neben religiöse auf andere, rational legitimierbare und funktional äquivalente Formen der Ethos- und Sinnvergewisserung zu beziehen.[225] Pluralitätsfähig sind aber nur solche Formen, die eine Sinngewisserung formal so vornehmen können, dass sie zwei Leistungen gleichzeitig erbringen: „erstens die Begründung der unbedingten Verbindlichkeit des jeweiligen Überzeugungsinhalts für die betroffenen Einzelnen bzw. Gruppen; und gleichzeitig zweitens die Begründung für die Existenz anderer weltanschaulich-ethischer Überzeugungen und deren unbedingten Anspruch auf Respekt. Das ist nur denkbar, wenn der Grund jeder derartigen weltanschaulich-ethischen Überzeugung unmissverständlich als ein solcher gedacht und anerkannt wird, der nicht in einer der beteiligten partikularen Instanzen (einzelnen Personen oder Gruppen) selber liegt und auch nicht in irgendwelchen Gegebenheiten, über die eine der partikularen Instanzen verfügt (oder zu verfügen meint)."[226]

Christen erfüllen diese Bedingung, weil ihr Verständnis von Gewissens- und Religionsfreiheit einschließt, mit anderen inhaltlich unterschiedlich benannten, aber funktional äquivalenten Formen zu rechnen und ihnen als solchen Respekt zu zollen. Für Christen wurzelt die Freiheit des Gewissens *formal* in der von Gott ohne Vor- und Nachbedingungen gewährten Freiheit menschlichen Daseins. Diese Unbedingtheit ist nicht nur der Grund für die Verbindlichkeit des Gewissens, sondern auch der Grund jener Toleranz, die mit verschiedenen *materialen* Bestimmungen von Gewissensentscheidungen rechnet.

---

[224] J. B. METZ, Memoria passionis. Ein provozierendes Gedächtnis in pluralistischer Gesellschaft, Freiburg/Basel/Wien 2006, 202.

[225] Diesen Weg beschreitet die polnische Verfassung von 1997. Sie spricht „für diejenigen, die in Gott die Quelle der Wahrheit, der Gerechtigkeit, des Guten und der Schönheit sehen, sowie für diejenigen, die diesen Glauben nicht teilen, aber die allgemeinen Werte anerkennen aufgrund anderer Quellen". Der Text ist wie sämtliche Verfassungen der Mitgliedstaaten der Europäischen Union im Internet abrufbar unter „www.verfassungen.de".

[226] E. HERMS, Kirche für die Welt, Tübingen 1995, 438.

Diese Offenheit entlastet jedoch nicht davon, die theologische Berechtigung eines Gottesbezuges in einer Verfassungspräambel mit Blick auf die genuin christliche Rede von Gott zu überprüfen. Christen müssen dabei „ad intra“ und „ad extra“ zeigen können, dass sie nur so angemessen von Gott reden können, dass sie ihn als Gott aller Menschen verstehen – auch der ungläubigen. Ihre Gottesrede muss also auch den Ungläubigen etwas zu sagen haben. Das ist am ehesten der Fall, wenn klar wird, dass das Gottesthema ein Menschheitsthema ist. Einen möglichen Anknüpfungspunkt, diese These rational einzuholen, sehe ich in der Erinnerung an die Kategorie der freiheits-, identitäts- und sinnkonstitutiven „wohltuenden Grundlosigkeit“ menschlichen Daseins:

Die existentialpragmatische Rekonstruktion des Bezugsproblems religiöser Daseinsvergewisserung führt an die Fraglichkeit einer begründeten Selbst- und Daseinsakzeptanz und sieht die Letztbestimmung menschlicher Existenz in der Grundlosigkeit des Daseins. Diese Grundlosigkeit nicht als Ausdruck von Willkür und Beliebigkeit zu verwerfen, sondern als unverfügbare und unableitbare, alternativenlose und unabstreifbare Sinn- und Akzeptanzbedingung des menschlichen Daseins zu erweisen, ist Anliegen eines christlich-religiösen Verhältnisses zu den Daseinsverhältnisssen. Hier wird die Grundlosigkeit des Daseins als Sinnbedingung von Freiheit und Humanität bzw. als prä-funktionale Voraussetzung aller zweckorientierten, funktionalen Gestaltungen menschlicher Lebensverhältnisse bestimmt. Grundlos am Leben (gelassen) zu sein bedeutet, dass das menschliche Dasein bedeutungslos ist, d.h. es hat keine Bedeutung in dem Sinne, dass es etwas abbildet, an- oder bedeutet und für etwas steht, das es nicht selbst ist. Es ist als grundloses zugleich zwecklos in dem Sinne, dass es nicht als Mittel zum Erreichen eines Zwecks herhalten kann, der nicht autonom vom Daseinssubjekt gesetzt wurde.

Die Erhaltung einer zweckfreien menschlichen Existenz ist letztlich auch die Sinnbedingung und Zielvorgabe der politischen Gestaltung menschlicher Lebensverhältnisse in einer Freiheitsordnung. Dasein in Freiheit kann nur insoweit das Ziel eines demokratischen Gemeinwesens sein, dass es zugleich von der Zustimmungsfähigkeit freien Daseins ausgehen kann. Sie ist nicht Ergebnis einer herstellenden Tätigkeit, sondern ihre Vorgabe und ihr immanentes Richtmaß. Sie ist das, was allen politischen Institutionen und somit auch dem Staat Sinn gibt. Sicherung des Daseins in unverfügbarer Freiheit kann insofern nur dann Resultat staatlichen Handelns sein, wenn die Zustimmungsfähigkeit zweckfreien Daseins dessen Grund ist. Dies anzuerkennen ist Ausdruck der Selbstbeschränkung der Politik und der Erkenntnis des modernen Verfassungsstaates, nur im Modus des Verweisens auf die ihm unverfügbare Sinndimension des Daseins für den Sinn des Lebens seiner Bürger einstehen zu können.[227]

3.3. Nicht von dieser Welt? Theologische Prämissen politischer Gottesrede

Auf die Freiheits- und Sinndimension einer „wohltuenden Grundlosigkeit" menschlicher Existenz zu verweisen, kann durchaus die Funktion eines Gottesbezugs in einer Verfassungspräambel sein. Dieser ist uneingeschränkt mit dem menschlichen Autonomiebewusstsein vereinbar (und steht darum nicht im Verdacht, Atheisten vereinnahmen zu wollen). Dass er auch anschlussfähig für eine theologische Bestimmung menschlichen Daseins ist, wird indessen nur jenen Christen einleuchten, für die „Gott" den Sinngrund einer Grundlosigkeit meint, welche funktionale Notwendigkeit und pragmatische Zweckdienlichkeit „wohltuend" überschreitet. Da die Bedeutung des Gottesbegriffs hier nur über den Vollzug der sinnstiftenden und freiheitsbewahrenden Überschreitung des Notwendigen und Zweckdienlichen erklärt wird, mag dieser Ansatz sich den Vorwurf zuziehen, sich von einer letztlich inhaltsleeren Vorstellung von Gott leiten zu lassen. Aber gerade mit dieser Zurückhaltung wahrt er die Tradition und Logik der jüdisch-christlichen Gottesrede, des Bilderverbotes und der Weisung, seinen Namen nicht zu mißbrauchen (vgl. Ex 20,4-6; Dtn 5,8-11): Gott ist kein „Term", der zur Erklärung oder Begründung innerweltlicher Abläufe oder Sachverhalte nötig wird. Er ist gerade unabhängig von diesen Notwendigkeiten zu denken, wenn angemessen von ihm geredet werden soll. Er ist um seiner selbst willen „interessant" und innerweltlich nicht zu instrumentalisieren. Das Problem der Legitimation politischer Herrschaft bzw. eines demokratischen Gemeinwe-

[227] Unter dieser Rücksicht ist theologisch-ethisch sowohl eine Distanz zu einem positivistischen Rechtsverständnis als auch zu einem sich „metaphysisch" immunisierenden weltanschaulichen Partikularismus geboten. Vgl. hierzu ausführlich J. RÖMELT, Menschenwürde und Freiheit. Rechtsethik und Theologie des Rechts jenseits von Naturrecht und Positivismus, Freiburg/Basel/Wien 2006.

sens stellt keinen Denkzusammenhang dar, innerhalb dessen Christen genötigt werden von Gott zu reden.

Der Verzicht auf eine solche Gottesrede ist von Christen nicht als ein von außen aufgezwungenes Zugeständnis an die Moderne zu betrachten. Vielmehr sind die Anerkennung der Autonomie und Säkularität des Politischen und die Formulierung eines politisch nicht funktionalisierbaren Gottesbegriffs als zwei zusammengehörende Aufgaben zu begreifen - und zwar aus explizit theologischen Gründen. Denn Gott kann nicht als Gott gedacht werden, ohne dass zugleich die Welt und ihre geschichtliche Situation bedacht wird. Die Situation der Welt betrifft aber nicht nur den Gedanken, sondern auch die Wirklichkeit von Gottes Beziehung zu ihr. Gottes Weltverhältnis wird thematisch, wenn die Realität der Welt - seiner Schöpfung - und ihrer geschichtlichen Signatur begriffen wird. Deren Eigenart besteht aber nun darin, die Welt ohne Gott zu denken.[228] Auch theologisch (und spirituell) gilt, dass der moderne Mensch leben muss „etsi Deus non daretur“ (D. Bonhoeffer) - aber dies ist kein „atheistisches“ Postulat, sondern Ausdruck einer Welterfahrung „sub ratione Dei“. Die im Bereich der Wissenschaft, Technik und Politik Gott los gewordene Moderne führt den Menschen zur Erkenntnis seiner eigentlichen Situation vor Gott. „Gott gibt uns zu wissen, daß wir leben müssen als solche, die mit dem Leben ohne Gott fertig werden. Der Gott, der mit uns ist, ist der Gott, der uns verläßt (Mk 15,34)! Der Gott, der uns in der Welt leben läßt ohne die Arbeitshypothese Gott, ist der Gott, vor dem wir dauernd stehen. Vor und mit Gott leben wir ohne Gott“.[229]

---

[228] Die folgenden Überlegungen stehen im Zusammenhang eines breiter angelegten Versuches, eine theologische Hermeneutik der Moderne mit dem Instrumentarium einer „theologia negativa“ in Angriff zu nehmen. Es geht dabei um Aufgabe, Gott nicht ohne eine Welt zu denken, die ohne Gott gedacht werden will, so dass sich die theologische Verarbeitung der neuzeitlichen „Gottlosigkeit“ und das Bemühen um einen (christlichen) Gottesbegriff als einander bedingend zu verstehen sind. Vgl. hierzu H.-J. HÖHN, Abschied von Gott? Theologie an den Grenzen der Moderne, in: J. Beutler/E. Kunz (Hg.), Heute von Gott reden, Würzburg 1998, 9-29; DERS., „Vor und mit Gott leben wir ohne Gott“. Negative Theologie als theologische Hermeneutik der Moderne, in: G. Risse u.a. (Hg.), Wege der Theologie, Paderborn 1996, 97-109.

[229] D. BONHOEFFER, Widerstand und Ergebung. Briefe und Aufzeichnungen aus der Haft, Gütersloh [11]1989, 178. Bonhoeffer greift die vom neuzeitlichen Atheismus konstatierte innerweltliche Nichtnotwendigkeit Gottes in der Formel „etsi Deus non daretur“ auf. Er gibt dabei aber einen genuin theologischen Grund an, der diese Zumutung rechtfertigt. Lange bevor die neuzeitliche Welt Gott los geworden ist, hat es die Vertreibung Gottes aus der Welt schon einmal gegeben. Gott ist schon einmal aus der Welt gedrängt worden – ans Kreuz. Und

Wie die säkulare, autonome Vernunft die Annahme einer innerweltlichen Notwendigkeit Gottes als eine unzulässige Prämisse des Denkens erwiesen hat, so gilt es, in dieser unzulässigen Voraussetzung vernünftigen Denkens auch eine falsche Prämisse theologischen Denkens zu erkennen. Daraus ergibt sich die Notwendigkeit, unter Absehung der Vorstellung von Gottes (funktionaler oder instrumenteller) Notwendigkeit für Aufgaben, die sich in der Welt dem Menschen stellen, von der Wirklichkeit Gottes zu reden. Davon abzusehen dürfte leichtfallen, wenn sich zeigen lässt, dass weder der Anfang noch die Vollendung eines authentischen Gottesverhältnisses darauf angewiesen sind.[230] Der Gottesglaube – so die hier eingebrachte These – gründet nicht in der Einsicht in eine Notwendigkeit Gottes für etwas Innerweltliches und einem darauf folgenden Akt der Affirmation Gottes, sondern in der Negation, d.h. im Nicht-Einverstandensein, im Aufbegehren, im Protest, im Nein zum Ja zur Welt (wie sie ist) und im Ja zum Nein (zur Welt, wie sie ist). Er wurzelt nicht in einem Vollzug der Behauptung, sondern in der Praxis der Bestreitung.

Auf den Gedanken „Gott" kann der Mensch in der Moderne kaum noch auf jenen Wegen kommen, auf denen er nach gängiger philosophischer Auffassung ursprünglich ins religiöse Nachdenken geriet. Sein Anfang ist nicht das Staunen, dass überhaupt etwas ist und nicht vielmehr nichts, sondern das Entsetzen über den Zustand dessen, was ist. Wie kann man eine Welt akzeptieren, in der vieles kategorisch inakzeptabel ist? Wie kann man einverstanden sein mit einem Leben, auf das am Ende unausweichlich nur der Tod wartet? Wie kann man eine Welt annehmen, die durchzogen wird von einer Spur unschuldigen Leidens, welches sie eigentlich unannehmbar macht? Reicht das Unausweichliche und Inakzeptable nicht aus, um das Leben für ein Verhängnis, für ein unverschuldetes Unglück zu halten? Für die Berechtigung der gegenteiligen Annahme,

---

der Weg zum Kreuz war genau die Weise, wie Gott eine Welt trägt und hält, die Gott nicht erträgt und nicht aushält: „Gott läßt sich aus der Welt hinausdrängen ans Kreuz, Gott ist ohnmächtig und schwach in der Welt, und gerade nur so ist er bei uns und hilft uns." (177f). Gott und eine Gott los gewordene Welt zusammendenken zu müssen, ist für das Christentum keine erst von der Moderne ausgehende Nötigung, sondern nach Bonhoeffer ein christologisch bereits gegebenes Mandat der Rede von Gott.

[230] Unter dieser Rücksicht ergibt sich für die Theologie auch nicht die Notwendigkeit, jene Vorschläge einer postsäkularen Rede von Gott zu rezipieren, in denen das Echo von Nietzsches „Gott ist tot" nachhallt. Vgl. etwa dazu R. RORTY/G. VATTIMO, Die Zukunft der Religion, Frankfurt 2006; G. VATTIMO, Jenseits des Christentums. Gibt es eine Welt ohne Gott?, München 2004.

dass menschliches Dasein nicht per se absurd oder gleichgültig ist, sondern zustimmungsfähig und Zustimmungen ermöglichend, besteht eine beträchtliche „Deckungslücke“. Am und im Leben ist nichts ablesbar, das diese Lücke schließen könnte.

Daher bleibt mit jedem Versuch, im Leben etwas über den Sinn und Wert des Lebens im ganzen zu sagen, unabstreifbar das Moment der Differenz und Nicht-Identität verknüpft. Das Gesuchte scheint *am* Leben als dasjenige auf, was *in* ihm fehlt. Diese Fehl-Anzeige läßt sich nur in einem nicht-affirmativen Sprechen artikulieren. Die Perspektive, welche die Annehmbarkeit einer in vielfacher Hinsicht unannehmbaren Existenz zumutbar machen kann, ist nicht in Behauptungssätzen darstellbar. Mit ihr lässt sich keine Abfindung ausrechnen, welche die Ansprüche der im Leben Zukurzgekommenen nach diesem Leben befriedigt. Vielmehr geht es um die Aporiefähigkeit des Menschen: sich mit dem nicht abzufinden, wofür es keine Abfindung gibt. In diesem Kontext auf den Gottesgedanken zu kommen heißt: nach einer Lebenspraxis zu fragen, die sich dort bewährt, wo es nichts mehr zu machen gibt, d.h., wo jede Weise des instrumentellen, zweckrationalen Tuns und Machens nicht mehr weiterführt, sondern zu transzendieren ist in eine Sphäre der Zwecklosigkeit, die keineswegs folgen- oder wirkungslos ist. Sie hat dort ihren Platz, wo man nicht mehr weiter weiß, d.h., wo jede Erkenntnis nach Art und Maß objektivierenden Wissens nicht mehr weiterführt, sondern zu transzendieren ist in eine Gewissheit, die sich einem belehrten Nichtwissen verdankt.

Was nach abstrakter Spekulation klingt, gehört zu den ersten Lektionen jüdisch-christlicher Rede vom Menschenverhältnis Gottes und vom Gottesverhältnis des Menschen: Der erste religiöse Vollzug des Menschen, von dem die Bibel erzählt, ist das Opfer von Kain und Abel (vgl. Gen 4). In dieser Erzählung begegnen alle Motive, von denen zuletzt die Rede war: die Fraglichkeit der Welt- und Selbstakzeptanz, das verzweifelte Versuch der Herstellung von Daseinsakzeptanz, das Gewahrwerden einer Existenz „etsi deus non daretur“ und die Weigerung, sich mit der Situation existenzieller Nichtigkeit abzufinden. Auf den Gottesgedanken kommen Kain und Abel nicht in der Weise eines Gedankens, sondern über einen gänzlich anderen Vollzug. Gott kommt in die Welt, indem er zur Sprache kommt. Es ist dies die Sprache einer Zeichenhandlung. Diese Sprache des „Opfers“ bezeichnet aber nicht etwas in der Weise, dass sie es darstellt oder repräsentiert. Vielmehr verweist sie auf etwas Ausständiges, von dem erhofft wird, dass sich seine Realität (noch) herausstellen wird. Das Affirmative hat hier keinen

Platz, weder zu Beginn der Erzählung noch an ihrem Ende, wenn es um ihre finale Aussage geht:[231]

Die Opferhandlung wurzelt in der Erfahrung eines Mangels, sie ist Ausdruck einer Differenz, einer Nicht-Identität, eines existenziellen Zwiespalts. Dieser Zwiespalt beginnt für Kain und Abel damit, dass es für sie kein Zurück mehr an einen heilen Anfang der Welt gibt. Das Paradies ist unwiederbringlich verloren, die alte Gottesvertrautheit ist dahin. Die Sicherung des Daseins aus eigener Kraft wird zum Gegenstand all ihrer Anstrengungen. Die erfolgreiche Sicherung des Daseins in der Welt erbringt aber noch nicht den Nachweis der Daseinsberechtigung. Hoffnung und Zweifel mischen sich in der Frage, ob die Welt vielleicht doch mehr und anderes verspricht als nur sich selbst, so dass man mehr vom Leben haben kann als all dies, was man ihm mühsam abringt. Dieses unverfügbare „mehr“ und „andere“ wäre besser als das Beste, über das sie verfügen. So kommen sie auf die Idee, ihr Bestes zu geben, um etwas Besseres zu bekommen. Sie sind bereit, es sich nehmen zu lassen. Das deutlichste Zeichen dafür ist ihr Opfer. Wer ein Opfer bringt, gibt sein Bestes - weg. Abel, der Schafhirt, opfert eines von den Erstlingen seiner Herde. Kain, der Ackerbauer, bringt etwas von den Früchten des Feldes dar.

Es reicht jedoch nicht, das Erste und Beste darzubringen, um über das hinwegzukommen, was Grund und Anlass des Opfers war. Das wäre kein Opfer, sondern eine Investition. Wer opfert, bringt einen Zwiespalt zum Ausdruck. Er stellt sich der Zwiespältigkeit seines Daseins, die darin besteht, dass er in einen Zwiespalt geraten ist zwischen seinem Leben und dem (Sinn-)Grund des Lebens. Wer ein Opfer bringt, macht diesen Zwiespalt öffentlich und gesteht zugleich ein, dass er auf Vermittlung angewiesen ist. Die Möglichkeit, sein Dasein für zustimmungsfähig zu halten, muss ihm erst wieder vermittelt werden.

Das Opfer ist in diesem Kontext ein Vollzug der Offenbarung eigener Ohnmacht und der Hoffnung. Offenbar werden der Zwiespalt und die Unmöglichkeit, eines Lebens wieder froh zu werden, durch das ein Riss geht. Gehofft wird darauf, dass in einer Situation, in der „nichts mehr zu machen“ ist, d.h. keine Weise instrumentellen Handelns mehr möglich ist, nur ein letzter Einsatz dessen, was dem Menschen geblieben ist, noch gewagt werden kann. Im Wissen darum, dass der Riss in einer Existenz auch durch die-

---

[231] Zum Folgenden vgl. auch H.-J. HÖHN, Zustimmen. Der zwiespältige Grund des Daseins, Würzburg 2001, 104-111.

sen Einsatz nicht geschlossen werden kann, wird zugleich darauf gehofft, dass das diesem Einsatz Fehlende von „woanders" ergänzt wird. Diese „Ergänzung" besteht darin, dass das Opfer (und d.h. die eigene Existenz) „Ansehen" findet. Dem Opfer eignet aber ein zwiespältiger Charakter, der sich in der Geschichte von Kain und Abel in Gottes zwiespältiger Reaktion auf das Opfer spiegelt: „Und Jahwe sah wohlgefällig auf Abel und sein Opfer, auf Kain aber und sein Opfer sah er nicht" (Gen 4,4-5). Einerseits findet das auch vor Gott Wertschätzung, woran der Mensch sein Wohlgefallen hat. Wenn die Welt etwas hervorbringt, das in den Augen Gottes Anerkennung findet, so kann sie nicht von Grund auf etwas Missglücktes sein. Aber selbst wenn der Mensch sein Bestes (weg) gibt, so ist er andererseits dennoch mit diesem Besten und der Geste des Weggebens nicht identisch. Er ist vor Gott mehr wert als dieses Beste. Daher wäre das Opfer eigentlich auch gar nicht nötig gewesen. Der „Mehrwert" des Menschseins zeigt sich erst jenseits der Logik von Aufwand und Ertrag, jenseits des Zweck/Mittel-Denkens und des Notwendigkeitskalküls.[232]

Dass sich dieses Geschehen „vor" Gott abspielt, ist nichts Nebensächliches, sondern zentral für die Frage, worin die gesellschaftliche und politische Relevanz der Rede von Gott heute gesehen werden kann. Gott kommt in der Lebenspraxis des Menschen „adverbial" ins Spiel. Was das Wort „Gott" bedeutet, erweist sich in den „Umstandsbestimmungen" des Daseins in jenen Situationen, bei denen es für den Menschen um alles oder nichts geht. Dies sind Situationen des Gegen- und Ineinanders von Macht und Ohnmacht, Konstellationen des Widerstreits von Angst und Hoffnung, Provokationen der Bestreitung von Sinn und Verantwortung. Die Ad-Verbien, in denen sich die Bedeutung des Wortes Gott in den Nöten und Nötigungen solcher Lebensverhältnisse andeutet, geben die Umstände an, in denen sich „herausstellt", was es letztlich mit diesem Dasein der Menschen auf sich hat. Es sind Umstände, in de-

[232] Wer dagegen von einem Entsprechungsverhältnis zwischen der Geste des Weggebens und Gottes Ansehen ausgeht, kann die unterschiedlichen Reaktionen Gottes auf das Opfer von Kain und Abel nur als willkürlich und ungerecht empfinden (was sogleich in der Empörung über den Urheber und in der Aggression gegenüber dem Nutznießer solcher Ungerechtigkeit seinen Ausdruck finden muss). Innerhalb dieser Logik, wäre es von Gott als Adressaten des Opfers nur recht und billig gewesen, keinen Unterschied zu machen. Aber gerade dann wäre der Gedanke verloren gegangen, dass der Mensch besser ist als das Beste, mit dem er vor Gott aufwarten kann.

nen man bitter nötig hat, was sich jenseits aller Notwendigkeit dem Menschen zuspricht und gewährt.

Politisch wird eine christliche Gottesrede nicht schon dadurch, dass sie aus dem Wort „Gott“ ein „Tätigkeitswort“ macht (K. Marti) und seinen Gehalt als Ereignis einer bestimmten Praxis buchstabiert. Zweifellos gilt: Wer „verbalisieren“ will, um was es im Glauben geht, darf keinen Nominalstil pflegen, sondern muss Verben verwenden. Der christliche Glaube ist durch seine Praxis definiert. Keine Glaubenssage ist derart, dass man ihr zustimmen und zugleich untätig bleiben kann. Die Praxis des Glaubens ist nicht die Konsequenz der Zustimmung zu seinem Inhalt, sondern die angemessene Weise bereits seiner Annahme. Aber diese Praxis bleibt unterbestimmt, wenn nicht zugleich ihre Umstände und Kontexte benannt werden. Wer den Glauben verbalisieren will, bleibt unpräzise, wenn die Praxis dieser Verben nicht auch adverbial konkretisiert wird. Wer von Gott „handelt“, gerät mit dem eigenen Tun in „andere Umstände“. Und es sind jeweils besondere Verhältnisse in Raum und Zeit, in denen dieses Handeln sein *sujet* erhält.

IV. Religion im Plural: Perspektiven einer transversalen Theologie der Religionen

Wenn es einer Theorie religiöser Dispersion darum geht, Formen und Formate, Verfassung und Kontext des Religiösen zu bestimmen, dann handelt es sich nicht nur um einen säkularen Kontext. Die Moderne ist auch eine Welt religiöser Pluralität und ihre postsäkulare Signatur besteht darin, dass der Plural der Religionen nicht nur ihr Verhältnis zu Staat und Gesellschaft, sondern auch ihre Beziehungen zueinander neu zu denken aufgibt. Anlass dazu bietet nicht zuletzt die Tatsache, dass der Plural der Religionen sich selbst zu einem großen Teil Dispersionsprozessen verdankt. Dies gilt zum einen für eine „äußere" Diversifizierung des Religiösen als Resultat weltweiter, ökonomisch bedingter Migrationsbewegungen, in deren Folge vor allem in den großen Ballungszentren der westlichen Welt die unterschiedlichsten Konfessionen, Kulte und Weltanschauungen auf engstem Raum zusammenleben. Zum anderen betrifft dies die „innere" Pluralisierung religiöser Orientierungsmuster als Konsequenz ihrer zunehmenden Subjektzentrierung.

Der weltanschauliche Pluralismus scheint am Ende der Moderne das Individuum als „homo optionis" auch zum Souverän in Sachen Religion gemacht zu haben. Nicht mehr Berufung oder Erziehung weisen den Weg zu einer religiösen Identität, sondern Entscheidung und Auswahl. Nicht mehr allein Gewohnheit und Sozialisation begründen die Zugehörigkeit eines Subjekts zu einer bestimmten religiösen Szene, sondern mehr und mehr der Abgleich religiöser Angebote mit individuellen Bedürfnislagen. Sogar eine normative Abhängigkeit von religiösen Organisationen, wie sie etwa in fundamentalistischen Zirkeln nachweisbar ist, wird als Fremdkontrolle vom Individuum gesucht und gewollt. Auch die Unterwerfung unter Uniformität, selbst das Nicht-mehr-wählen-können wird gewählt, wobei die freigewählte Preisgabe der Wahlfreiheit in fundamentalistischen Kreisen nur zu gerne als Ausweis des Auserwähltseins ausgegeben wird.

Religiöse Pluralität heißt: freie Auswahl aus allen religiösen Traditionen und freie Kombinierbarkeit der Traditionsinhalte. Das religiöse Subjekt sieht sich heute immer weniger exklusiv auf eine bestimmte Konfession, Kirche oder auch Religion bezogen, zumal die christlichen Konfessionen sich seit geraumer Zeit intern nach diversen Bekenntnis-, Liturgie- und Moralakzentuierungen fragmentiert haben. „Die innere Bindung oder gar eine ausschließliche Orientierung an spezifisch konfessionellen oder kirchlichen Vorgaben des Bekenntnisses, der Disziplin oder Liturgie und des Gemeindelebens hat sich aufgelöst und ist durch eine vielseitige innerkonfessionelle und auch interreligiöse Interessiertheit und Beliebigkeit abgelöst worden.“[233] Eine Konfessionszugehörigkeit gibt in manchen Fällen nur noch die Adresse an, bei der religiöse Dienstleistungen abgerufen werden.

Während der „Konfessionschrist“ früher mit seiner Mitgliedschaft das ganze dogmatische, rituelle und juridische Depositum seines Bekenntnisses erwarb und übernahm, hat er als „Auswahlchrist“ unter den Bedingungen einer auch religiös „multikulturellen“ Gesellschaft die Möglichkeit, „von seiner bisherigen Konfession nur ausgewählte oder zusagende Elemente zu behalten, aber ebenso offen und beliebig religiöse Elemente anderer Herkunft zu übernehmen“.[234] Der neu entstandene Typ des „religiösen Virtuosen“ kann ein personales Gottesverständnis ablehnen und zugleich an himmlische Mächte in Engelsgestalt glauben. Aus der Vielfalt von Orientierungen und Aktivitäten auf doktrinaler und ritueller Ebene wählt er das für sich aus bzw. arrangiert es neu, was seinen jeweils aktuellen psychischen und ästhetischen Dispositionen entspricht.[235] Dabei kommt es zu einer Zusammenstellung von teils sehr heterogenen religiösen Versatzstücken in spirituellen Mischkulturen. Mit dem Glauben an die Geschöpflichkeit der Welt kann einhergehen eine pantheisierende Naturmystik; der Glaube an ein Jenseits wird legiert mit der Überzeugung einer Reinkarnation und das Wissen um Schuld und Buße sucht sich einen passenden Ausdruck im Karma-Gedanken. Auswahl und Übernahme solcher Versatzstücke geschehen oft, ohne die Frage nach der Vereinbarkeit

---

[233] D. WIEDERKEHR, Individualisierung und Pluralisierung des Glaubens: Not und Chance der Kirchen, in: M. Krüggeler/F. Stolz (Hg.), Ein jedes Herz in seiner Sprache. Religiöse Individualisierung als Herausforderung für die Kirchen, Zürich/Basel 1996, 107.

[234] Ebd., 106.

[235] Vgl. hierzu auch V. DREHSEN/W. SPARN (Hg.), Im Schmelztiegel der Religionen. Konturen des modernen Synkretismus, Gütersloh 1996; H. P. SILLER (Hg.), Suchbewegungen. Synkretismus – kulturelle Identität und kirchliches Bekenntnis, Darmstadt 1991.

solcher Glaubensvorstellungen mit dem Christentum (oder der Vernunft) zu stellen. Vielfach ist die Tatsache, dass man als Antwort auf ein persönliches Bedürfnis etwas glaubt, wichtiger ist als die Stimmigkeit des Geglaubten.

Die angedeuteten Veränderungen des religiösen Feldes moderner Gesellschaften haben beträchtliche Konsequenzen für die Selbst- und Fremdwahrnehmung jeder (institutionalisierten) Religion. Der Kontext religiöser Pluralität ist ein Kontext der Konkurrenz und lässt einen wachsenden Markt religiöser Angebote entstehen.[236] Der Wettbewerb um öffentliche Aufmerksamkeit und Anerkennung verschärft sich dabei ebenso wie die Herausforderung, die eigene Identität zu sichern und das Verhältnis zu konkurrierenden religiösen Geltungsansprüchen zu bestimmen. Insofern der Ort dieser doppelten Vergewisserung die Zivilgesellschaft ist, besteht die Erwartung, dass alle Beteiligten hierbei auf die Verfahren und Medien der kommunikativen Vernunft setzen.

Die damit verbundene Aufgabe eines interreligiösen Dialoges ist einerseits alternativenlos, andererseits droht sie zu religionsinternen Zerreißproben zu führen. Denn von den Vertretern einer jeden Religion wird erwartet, dass sie „eine epistemische Einstellung zu fremden Religionen und Weltanschauungen finden, die ihnen innerhalb des bisher von der eigenen Religionen eingenommenen Diskursuniversums begegnen. Dies gelingt in dem Maße, wie sie ihre religiösen Auffassungen selbstreflexiv zu den Aussagen konkurrierender Heilslehren in ein Verhältnis setzen, das den eigenen exklusiven Wahrheitsanspruch nicht gefährdet".[237] Zu dieser Anstrengung gibt es keine Alternative, da sich am Gelingen eines interreligiösen Dialoges auch zeigen wird, inwieweit die Religionen Ursachen und Verstärker kultureller und politischer Konflikte sind oder ob sie selbst ein Potential bergen, diese Konflikte zu überwinden.[238]

Obwohl sich große Hoffnungen an die Erwartung knüpfen, dass eine Verständigung der Religionen über ihre Gemeinsamkeiten einem konfliktreichen und gewaltsamen Zusammenprallen der Kul-

---

[236] Siehe dazu H. ZINSER, Der Markt der Religionen, München 1997.

[237] J. HABERMAS, Zwischen Naturalismus und Religion, 143.

[238] Vgl. P. KOSLOWSKI (Hg.), Philosophischer Dialog der Religionen statt Zusammenstoß der Kulturen im Prozeß der Globalisierung, München 2002; W. KERBER (Hg.), Religion: Grundlage oder Hindernis des Friedens?, München 1995.

turen entgegenwirken könnte,[239] bleibt ihre Realisation immer wieder von Rückschlägen geprägt.[240] Inzwischen ist auch die Arbeit an den Theoriemodellen einer diesen Prozess begleitenden Theologie der Religionen ins Stocken geraten.[241] Die Gründe dafür sind nicht zuletzt darin zu sehen, dass mit der unabdingbaren verständigungsorientierten Grundeinstellung, auf die das interreligiöse Gespräch angewiesen ist, nicht eine ebenso notwendige Hermeneutik der Differenz der Religionen und ihrer divergenten Geltungsansprüche einherging, welche erst der Verschiedenheit der Gesprächspartner gerecht wird.[242]

Die bisherigen Modelle einer exklusivistischen, inklusivistischen oder pluralistischen Religionstheologie haben dieser Differenz und Divergenz nicht zureichend Rechnung tragen können. Entweder wurde die Alterität des religiös Anderen apriori abgewertet (Exklusivismus), lediglich hinsichtlich ihrer Kompatibilität mit dem religiös Eigenen gewürdigt (Inklusivismus) oder nur als Reflex der Manifestation des religiös Einen und Selben (Pluralismus) in den Blick genommen. In diesen Einstellungen gelang genau das nicht, was die elementare Herausforderung einer Theologie der Religionen ausmacht: die Andersheit einer anderen Religion wahrzunehmen und nach Möglichkeiten ihrer religiösen Wertschätzung zu fragen, die das Moment der Differenz, an der gerade die Identität des Anderen hängt, nicht tilgt.

---

[239] Dieser Vision folgt vor allem H. KÜNG, Projekt Weltethos, München/Zürich 1990; DERS. (Hg.), Weltfrieden und Religionsfrieden, München 1993; DERS., Wozu Weltethos? Religion und Ethik im Zeitalter der Globalisierung, Freiburg/Basel/Wien 2002.

[240] Siehe R. BERNHARDT, Ende des Dialogs? Die Begegnung der Religionen und ihre theologische Reflexion, Leipzig 2005.

[241] Vgl. als Übersicht P. SCHMIDT-LEUKEL, Gott ohne Grenzen. Eine christliche und pluralistische Theologie der Religionen, Gütersloh 2005; Ch. DANZ, Einführung in die Theologie der Religionen, Wien 2005; P. F. KNITTER, Introducing Theologies of Religion, Maryknoll/New York 2002; M. HÜTTENHOFF, Der religiöse Pluralismus als Orientierungsproblem, Leipzig 2001, 29-77; H. J. MÜNK/M. DURST (Hg.), Christliche Theologie und Weltreligionen, Fribourg 2003.

[242] Vgl. dazu einige Ansätze bei Ch. DANZ, Theologie der Religionen als Differenzhermeneutik, in: Ders./U. H. J. Körtner (Hg.), Theologie der Religionen, Neukirchen-Vluyn 2005, 77-103 sowie Th. SUNDERMEIER, Den Fremden verstehen. Eine praktische Hermeneutik, Göttingen 1996; DERS. (Hg.), Den Fremden wahrnehmen. Bausteine für eine Xenologie, Gütersloh 1992; DERS./W. USTORF (Hg.), Die Begegnung mit dem Anderen. Plädoyers für eine interkulturelle Hermeneutik, Gütersloh 1991.

Eine Hermeneutik religiöser Pluralität und Differenz muss auch aus soziologischen Gründen an den Anfang einer theologischen Religionstheorie gestellt werden. Dies lässt die Reflexion eigener wie fremder religiöser Geltungsansprüche keineswegs einfacher werden, sondern macht ihre grundlegende Problematik deutlich. Sie liegt einer komparativen Erörtertung von Gemeinsamkeiten und Unterschieden diverser religiöser Bekenntnisse noch voraus: Wenn es in modernen Gesellschaften Religion nur noch im Plural gibt, hat dies eine Relativierung jeder einzelnen Religion und jeder religiösen Beheimatung zur Folge. Was zuvor in religiös „monokulturellen" Gesellschaften eine unbefragte Vorgabe war – das „Hineingeborenwerden" in eine bestimmte Religion – wird etwas Kontingentes: Wenn der Zufall der Geburt darüber entscheidet, in welche Religion man „hineinkommt", ist dann nicht das Hineinkommen wie die jeweilige Religion selbst etwas Zufälliges? Sogar eine von Soziologen immer wieder beschriebene Grundfunktion von Religion überhaupt – Kontingenzbewältigung – wird in der Moderne etwas Kontingentes. Mit den Wechselfällen des Lebens, mit der Problematik von Leiden, Sterben und Tod, mit der Frage nach Heil und Unheil, Sinn und Bedeutung des Daseins lässt sich nach den Deutungsmustern der einen oder anderen Religion, aber auch nicht-religiös umgehen. Für jede einzelne Religion wie für alle gemeinsam stellt sich die Frage, wie angesichts dieser Kontingenz und unter den Bedingungen globaler religiöser Pluralität ein besonderer Geltungsanspruch nicht nur des jeweils eigenen religiösen Bekenntnisses, sondern des Religiösen überhaupt plausibel gemacht werden kann.

1. Das Christentum und die Religionen: Pluralität - Kontingenz - Unüberbietbarkeit

Für eine christliche Theologie wird die mit der Pluralität und Kontingenz des Religiösen aufgeworfene Problematik noch durch einen weiteren Aspekt verschärft: Wenn man den universalen Heilswillen Gottes (vgl. 1 Tim 2,4)[243] ernst nimmt, muss man ihn dann nicht jenseits des Zufalls und des Zufälligen am Werk sehen, d.h. überall, jederzeit und nicht zuletzt auch in anderen Religionen? Wie bringt man es aber dann (als Christ/in) zusammen, in anderen Religionen den Heilswillen Gottes am Werk zu sehen und zugleich im Christentum etwas Besonderes und Unverwechselbares, etwas Einmaliges im Blick auf diesen Heilswillen zu behaupten? Wie kann es gelingen, den *einen* Heilswillen Gottes in anderen Religionen ganz *anders* am Werk zu sehen und mit dieser Sichtweise weder eine Vereinnahmung oder Abwertung dieser Andersheit zu verknüpfen, noch die Besonderheit der *eigenen* Erfahrung dieses Heilswillens zu nivellieren?

Vor diesem Hintergrund ist das Christentum gefragt, ob und inwieweit es aus sich heraus – und nicht allein aus Gründen der „political correctness“ oder eines moralischen Imperativs der religiösen Toleranz – für einen interreligiösen Dialog disponiert und selbst „pluralitätsfähig“ ist. Wenn es nicht zu einem „clash of religions“ kommen soll, muss sich am Miteinander der Religionen beispielhaft zeigen, inwiefern die Anerkennung der Koexistenz differenter weltanschaulicher Geltungsansprüche weder deren Relativierung erzwingt noch auf einen bloßen Konsens über einen unaufhebbaren Dissens hinausläuft. Nur dann aber finden die in „postsäkularen“ Verhältnissen notwendigen neuen epistemischen Einstellungen von religiösen Akteure gegenüber anderen Religionen einen zureichenden Rückhalt für ein gewaltfreies Miteinander, „wenn sie – im Lichte alternativenlos gewordener moderner Lebensbedingungen – aus einer für die Beteiligten selbst einsichtigen Rekonstruktion überlieferter Glaubenswahrheiten hervorgehen.“[244] Gesucht sind dafür also genuin theologische Argumente und nicht bloß politisch-pragmatische oder moralische Motive.

---

[243] Vgl. K. RAHNER, Art. Heilswille Gottes, in: SM II, 656-664.

[244] J. HABERMAS, Zwischen Naturalismus und Religion, 144.

Einer solchen Suche steht jedoch offensichtlich die Grundüberzeugung des Christentums im Wege, die scheinbar jede Aufforderung zu einem interreligiösen Dialog zunächst unterläuft: Das Christentum versteht Wesen und Wirklichkeit von Gottes Heilswillen als Geschehen unbedingter Zuwendung. Das Offenbarwerden dieses Heilswillens bedeutet dann nicht die Manifestation einer Absicht Gottes, die lediglich auf ihre Realisierung verweist, sondern geht mit ihr einher. Als geschichtliches Ereignis dieser Offenbarung, als geschichtliches Erschließungsgeschehen des Heilswillens Gottes behauptet das Christentum das Leben, Sterben und Auferstehen Jesu von Nazareth, in dem aufgeht, dass Gott dem Menschen in Leben und Sterben bleibend zugewandt ist. Realisiert wird in dieser Form und Gestalt von Gottes Heilswillen auch die Entsprechungseinheit von Inhalt und Vollzug. Jesus offenbart Gottes Verhältnis zum Menschen, indem er selbst *interpersonal* vollzieht, was er offenbart: unbedingte Zuwendung. Unbedingt ist die Zuwendung Gottes, weil sie keiner menschlichen Anstrengung verfügbar ist, an nichts Innerweltlichem Maß nimmt, von keinen Vorbedingungen oder Nachforderungen abhängig ist. Keine Macht der Welt – auch nicht der Tod – vermag die Zusage Gottes zur Gemeinschaft mit dem Menschen aufzuheben.

Versucht man nun, Kriterien einer Verhältnisbestimmung zwischen Christentum und anderen Religionen abzuleiten aus dem Gehalt seiner Verkündigung, zeigt sich die „materiale“ Unüberbietbarkeit des Christentums:[245] Inhaltlich ist die Offenbarung Gottes in Jesus von Nazareth aus christlicher Sicht weder ergänzbar

---

[245] Inspirieren lässt sich dieser Versuch von einer fundamentaltheologischen Kriteriologie der Verhältnisbestimmung des Christentums zu anderen Religionen, wie sie in mehreren Anläufen vorgelegt wurde von P. KNAUER, Christus „in“ den Religionen: Interiorismus, in: FZPhTh 51 (2004) 237-252; DERS., Ein anderer Absolutheitsanspruch ohne exklusive oder inklusive Intoleranz, in: F. X. D'Sa/R. Mesquita (Hg.), Hermeneutics of Encounter (FS G. Oberhammer), Wien 1994, 153-173; DERS., Der Glaube kommt vom Hören. Ökumenische Fundamentaltheologie, Freiburg/Basel/Wien [6]1991, 259-270. Mit P. Knauer wird davon ausgegangen, dass alle formalen Verhältnisbestimmungen zwischen Christentum und anderen Religionen abzuleiten sind aus dem materialen Gehalt seiner Verkündigung bzw. aus dem Verhältnis dieses materialen Gehaltes zu den Strukturen seiner Wahrnehmung und den Verlaufsformen seiner Überlieferung. Die weitere Durchführung wird jedoch aus seinen Prämissen andere Konsequenzen ziehen. Dies gilt auch für das Verhältnis zum ebenfalls der Theologie Knauers besonders verpflichteten Ansatz von G. GÄDE, Christus in den Religionen. Der christliche Glaube und die Wahrheit der Religionen, Paderborn 2003; DERS., Viele Religionen – ein Wort Gottes. Einspruch gegen John Hicks pluralistische Religionstheologie, Gütersloh 1998.

noch steigerbar.[246] Aus der materialen Unüberbietbarkeit des Evangeliums folgt jedoch kein religionstheologischer Exklusivismus mit einem formalen „Alleinvertretungsanspruch". Dieser ist gerade ausgeschlossen, weil das Christentum eine „Sache" vertritt, deren Gehalt nicht auf den Kreis der Christen eingeschränkt ist: die *Universalität* des Heilswillens Gottes. Unter dieser Rücksicht begründet die materiale Unüberbietbarkeit des Christentums zugleich seine *Relativität.* Es verkündet die Zuwendung Gottes zu den Menschen, welche nicht auf die historisch partikulare Gemeinschaft der Christenheit begrenzt ist. Zwar gilt: Es gibt kein „Mehr" zu einer Offenbarung Gottes im Leben, Sterben und Auferstehen eines Menschen, zu der die christliche Offenbarung nur eine Teilmenge oder Teilwahrheit bildet. Unzutreffend ist aber auch die Auffassung, die Zuwendung Gottes zur Welt werde durch bzw. in der Person Jesu von Nazareth geschichtlich „vermehrt". Die besondere Bedeutung Jesu liegt vielmehr darin, dass sich in ihm die Zuwendung Gottes zur Welt, wie sie verborgen seit Grundlegung der Welt („Schöpfung") besteht, in der Welt offenbar wird und sich in ihr ereignet („Inkarnation"). Daher gehört er auch für Christen in die „Identifikation" von Gottes Heilswillen hinein, d.h. man kann als Christ/in nicht vom Heilswillen Gottes als Manifestation unbedingter Zuwendung reden, ohne von dem Ereignis dieser Zuwendung in Jesus zu sprechen. Und ebenso gehört Gottes Heilswillen in die „Identifikation" Jesu hinein, d.h. man kann nicht angemessen von Jesus sprechen, ohne ihn mit dem Geschehen unbedingter Zuwendung zu assoziieren.

Konstitutiv für das Geschehen unbedingter Zuwendung ist die Koinzidenz von Vollzug und Gehalt. Außerhalb dieser Koinzidenz ist für das Christentum die Wirklichkeit Gottes als Wirklichkeit unbedingter Zuwendung nicht zu erschließen. So wenig aber daraus notwendig folgt, dass das Christentum jeden Geltungsanspruch anderer Religionen in exklusivistischer Manier negieren muss, so wenig lässt sich auch daraus ableiten, dass die christliche Rede von der Offenbarung Gottes im Leben, Sterben und Auferstehen Jesu v. Nazareth eine „höhere" Wahrheit meint, gegenüber der die Wahr-

---

[246] Der Begriff der materialen Unüberbietbarkeit ist m.E. der Rede von der „Absolutheit" des Christentums vorzuziehen, da er erst das Kriterium angibt, warum das Christentum der Subsumption unter andere Heilsvorstellungen widerstreitet. Zu dieser Problematik vgl. auch R. BERNHARDT, Der Absolutheitsanspruch des Christentums, Gütersloh 1995; J. WERBICK/M. V. BRÜCK (Hg.), Der einzige Weg zum Heil? Die Herausforderung des christlichen Absolutheitsanspruchs durch pluralistische Religionstheologien, Freiburg/Basel/Wien 1993.

heit der anderen Religionen nur eine Teilwahrheit wäre, wie dies der Inklusivismus vertritt. Wenn man aber beides ausschließt, wie kann dann das Christentum für sich eine materiale Unüberbietbarkeit in Anspruch nehmen und der Relativierung dieses Anspruchs angesichts seiner gleichzeitigen Rede vom universalen Heilswillen Gottes entgehen?

2. Transzendenz und Offenbarung: Religiöse Erschließungserfahrungen

Die Rede von einer „Selbstmitteilung" des unbedingten Heilswillens Gottes in der Welt unbestreitbar bedingten Daseins versteht sich keineswegs von selbst. Sie bereitet sogar erhebliche Schwierigkeiten bei dem Versuch einer Rechtfertigung des christlichen Unüberbietbarkeitsanspruchs. Steht einer solchen Rede nicht die von der neuzeitlichen Religions- und Theologiekritik reklamierte Unmöglichkeit einer Begegnung des Unbedingten im Bedingten entgegen, wonach eine solche Begegnung immer nach den Bedingungen des Bedingten geschehen und gerade dadurch ihr Unbedingtheitsmoment verlieren müßte?[247] Bei diesen Einwänden handelt es sich um Bestreitungen, die keineswegs nur das Christentum, sondern grundsätzlich jede religiöse Praxis treffen. Darum ist nicht nur eine christlich-theologische Verarbeitung dieser Kritik in den Blick zu nehmen. Vielmehr ist nach einer Argumentationsfigur zu suchen, der sich auch die Vertreter anderer Religionen anschließen können, sofern diese religiöse Praxis als einen Vollzug beschreiben, in dem sich der bedingte Mensch derart in ein Verhältnis zu seinen Lebensverhältnissen setzt, dass er dabei Bezug nimmt auf etwas (Unbedingtes), das seinen Lebensverhältnissen nicht inhärent ist.[248]

Die Unterscheidung zwischen Bedingtem und Unbedingtem, zwischen Immanenz und Transzendenz erweist sich aus christlicher Sicht als unumgänglich, um die Unverfügbarkeit und Unableitbarkeit der Zuwendung Gottes wahren zu können. Keineswegs unumgänglich ist aber hierfür ein (substanz)metaphysisches oder „onto-theologisches" Paradigma, das Gott mit dem Abgrund des Seins identifiziert, auf den alles Seiende zwar verweist, zugleich aber auch von ihm derart verschieden ist, dass gerade diese Ver-

---

[247] Vgl. etwa M. SECKLER/M. KESSLER, Die Kritik der Offenbarung, in: HFTh² II, 13-39.

[248] Dass der Aspekt eines „Transzendierens" des Bedingten (auf eine „letzte Wirklichkeit", auf das „Geheimnis der Wirklichkeit" o.ä.) ein zentrales Kriterium darstellt sowohl für die aus einer Außenperspektive kommende Identifikation religiöser Vollzüge als auch für die aus einer Innenperspektive kommende Selbstdeutung religiöser Subjekte und somit auch heuristisch fruchtbar ist für einen interreligiösen Religionsbegriff, wird u.a. nahegelegt von J. FIGL, Religionsbegriff – zum Gegenstandsbereich der Religionswissenschaft, in: Ders. (Hg.), Handbuch der Religionswissenschaft, 62-80.

schiedenheit eine (Selbst-)Manifestation dieses Abgrundes als solchen im Begründeten „undenkbar" macht.[249] Bei der Manifestation des unbedingten Heilswillens Gottes handelt es sich jedoch nicht um eine unmittelbare, sondern um eine vermittelte Gegenwart des Unbedingten im Bedingten: um die Manifestation des Weltverhältnisses Gottes in den Lebensverhältnissen des Menschen. Bei der Rede vom unbedingten Heilswillen Gottes, als dessen Adressat sich der vielfach bedingte Mensch verstehen darf, geht es somit nicht um einen substanzmetaphysisch oder „vorhandenheitsontologisch" beschreibbaren Sachverhalt, sondern um die Logik und Struktur eines Verhältnisses.

Zu einem Verhältnis gehört aber, dass man es nicht als solches oder „unmittelbar" wahrnehmen kann. Seine Realität besteht vielmehr darin, dass es sich in anderen Verhältnissen ausdrückt und insofern immer nur „vermittelt" real präsent und wahrnehmbar ist. So macht die Realität einer personalen Beziehung nicht einfachhin eine Beziehung zwischen zwei Personen A und B als solche aus. Vielmehr wird sie insofern real, wie sich die Relation von A und B im Verhältnis zu mindestens einer weiteren Größe ausdrückt. Lediglich im Paradigma einer „Vorhandenheitsontologie" oder bei der Bestimmung physikalischer Verhältnisse gibt es eine Relation zwischen A und B „als solcher", wenn z.B. das Verhältnis räumlicher Nähe (A befindet sich neben/vor/hinter B) oder zeitlichen Nacheinanders (A hat gegenüber B bei einem Radrennen einen Vorsprung von 5 Minuten herausgefahren) zu bestimmen ist. Bei der Beschreibung personaler Beziehungen versagt jedoch dieser Ansatz. Zwei Personen können in größter räumlicher Nähe beisammen sein und dennoch verbindet sie nichts miteinander. So erweist das Verhältnis der Treue, das zwischen A und B besteht, seine Realität nicht in der Feststellung eines puren (räumlichen) Nicht-getrennt-seins, sondern zeigt sich darin, wie A und B die Wechselfälle des Lebens miteinander bestehen (räumliche Trennungen eingeschlossen).

Die Frage, ob das Unbedingte selbst im Bedingten „erscheinen" kann oder ob man „im" Bedingten und „als" Bedingter ein Verhältnis zum Unbedingten aufnehmen kann, wird der Logik und Struktur von Beziehungen nicht gerecht. Präziser erfasst ist die eigentliche Problematik einer Gott/Welt-Beziehung in der Frage, ob und inwiefern das *Verhältnis* des Unbedingten zum Bedingten in den Daseinsverhältnissen des Bedingten aufscheinen kann. Zur

---

[249] Vgl. hierzu ausführlich P. KNAUER, Der Glaube kommt vom Hören, 26-129.

Klärung dieser Problematik ist es unumgänglich, Möglichkeiten und Bedingungen seiner „vermittelten Unmittelbarkeit" zu identifizieren. Von dieser Notwendigkeit ist die christliche Deutung des Heilswillens Gottes als Ereignis unbedingter Zuwendung zum Bedingten keineswegs ausgenommen. Denn hier stellt sich der prima facie-Einwand, dass eine unbedingte Zuwendung zu einem vielfach bedingten Menschen sich doch nur in Maßen seiner Bedingtheit ereignen kann bzw. wahrnehmen lässt.

Man kann diesen Einwand nur scheinbar relativieren, indem man bezweifelt, dass der Mensch in jeglicher Hinsicht nur auf die Dimension des Bedingten festzulegen ist oder ob ihm nicht doch auch eine „wesensmäßige" (transzendentale) Offenheit für das Unbedingte und Unendliche gegeben ist, so dass gilt: finitum capax infiniti. Es ist jedoch nur wenig gewonnen, wenn diese „Unendlichkeitsfähigkeit" darin gesehen wird, dass der Mensch als konstitutiver Pol für das Menschenverhältnis Gottes auftreten kann.[250] Diese Auskunft führt nur zur Wiederholung der Vermittlungsproblematik von Bedingtem und Unbedingtem. Die Lösung ist nicht auf ontologisch-kategorialer Ebene zu suchen. Vielmehr ist in existentialpragmatischer Hinsicht auszugehen vom Vermögen des Menschen, ein Verhältnis zu Lebensverhältnissen einzunehmen, das diese transzendiert. Konstitutiv für diesen Transzendenzvollzug ist die Bezugnahme auf etwas, das den menschlichen Lebensverhältnissen nicht inhärent ist (sonst wäre es kein Transzendieren). Wenn nun von Gott seinerseits gesagt wird, dass sein Menschenverhältnis nur dann unbedingt ist, wenn es sich nicht auf das bezieht oder daran Maß nimmt, was dem menschlichen Selbstverhältnis inhärent ist, dann müsste er sich auf das Verhältnis beziehen, das der Mensch in seinem Transzendenzvollzug aufnimmt.

Religionsphänomenologisch steht für eine solche Form der Selbsttranszendenz des Menschen die Kategorie der „Ergriffenheit". Hier erlebt sich eine Person als „angegangen" von einer

[250] Ein solcher Ansatz übersieht, dass aufgrund der Geschöpflichkeit des Menschen ontologisch lediglich ein einseitiges Bezogensein des Menschen auf Gott, von dem er restlos verschieden ist, gedacht werden kann und der Mensch nicht als *konstitutives* Woraufhin eines Weltverhältnisses Gottes zu verstehen ist. Dieses Problem stellt sich nicht, wenn der endliche Mensch nicht konstitutiver Terminus einer Relation des unendlichen Gottes zu ihm ist, sondern als Geschöpf Gottes „immer schon" hineingenommen ist in den Selbstbezug Gottes. Im Christentum wird dieser Gedanke in einer trinitarischen Gotteslehre und Schöpfungstheologie entfaltet. Vgl. hierzu etwa G. GRESHAKE, An den dreieinen Gott glauben, Freiburg/Basel/Wien 1998, 41-67.

Wirklichkeit, über die sie selbst nicht verfügen kann. Sie erfährt sich „berührt“ von dem, an das sie selbst nicht Hand anlegen kann. Hier wird der Mensch dessen gewahr und gewiss, was „jenseits“ der Vernunft und ihrer Vermögen des logischen Ableitens und technischen Bewerkstelligens waltet. Ergriffenheit gibt es aber nur im Modus eines „aktiven Passivs“, d.h. als Sich-ergreifen-lassen; selbst greifen kann der Mensch nur nach dem, was seinerseits schon ihn ergreift.[251] Was ihn ergreift, kann er aber von sich aus nicht in den Griff kriegen. Es sind solche „Erschließungserfahrungen“, die einen Menschen dazu bringen, ein bestehendes Verhältnis zu seinen Lebensverhältnissen zu transzendieren.[252] Hier begegnet ihm eine Wirklichkeit, die in dem Sinn eine andere Wirklichkeit ist, dass sie sich in seine bisherige Weltsicht nicht einfügt, sondern diese Weltsicht verändert.

Erfahrungen dieser Art sind mehr als nur ein singuläres Widerfahrnis im Leben, sondern betreffen das Leben als ganzes. Widerfahrnisse *im* Leben führen zu Erfahrungen *mit* dem Leben, die wiederum unsere Einstellung *zu* den Dingen und Ereignissen im Leben bestimmen. „Religiös“ ist dann die Einstellung eines Subjekts zu dem, an das es weder ganz herankommt (weil es ihm unverfügbar ist) noch daran vorbeikommt (weil es davon unausweichlich angegangen wird) und das ihm gegenüber keine neutrale Stellungnahme zulässt. „Religiös“ ist die Einstellung zu jenem Unableitbaren, von dem nicht loszukommen ist, weil es das Dasein durchgängig bestimmt und sich als das zeigt, woraus der Mensch leben kann, so dass er von sich sagen kann: Ich werde meiner selbst gewiss und gewahr durch etwas, dessen ich selbst nicht Herr werde. Dasjenige, über das ich selbst nicht Herr werde, lässt mich über mich selbst Herr werden. Dasjenige, was mich befremdet, führt mich zu mir selbst und behält dabei seine Fremdartigkeit. Die Strukturmomente dieser Erfahrung finden sich etwa in alttestamentlichen Berufungs- und Erwählungserzählungen (vgl. Berufung des Mose in Ex 3,1 ff.). Hier wird die Erfahrung eines zugleich Anziehenden und Befremdenden („brennender Dornbusch“) zum Auslöser einer Selbstfindung und Beauftragung bzw. Sendung, in

---

[251] Vgl. hierzu einige „Erfahrungsbelege“ bei H. JOAS, Braucht der Mensch Religion? Über Erfahrungen der Selbsttranszendenz, Freiburg/Basel/Wien 2004, 11-31. Zum Ganzen siehe auch J. SPLETT, Gott-ergriffen. Grundkapitel einer Religionsanthropologie, Köln 2001, 7-20; F. RICKEN (Hg.), Religiöse Erfahrung. Ein interdisziplinärer Klärungsversuch, Stuttgart 2004.

[252] Zum Begriff der Erschließungserfahrung („disclosure“) siehe auch E. HERMS, Offenbarung und Glaube, Tübingen 1992, 168-220, 246-272.

der ein Mensch die Bestimmung seines Lebens findet, ohne dass das Moment des Anziehenden und Befremdenden jemals getilgt oder aufgehoben wird.

Der Hinweis auf derartige Erfahrungen bleibt aber dem Verdacht ausgesetzt, dass hier nicht eine besondere Struktur und Logik von Transzendenzerfahrungen vorliegt, sondern lediglich ein spezifisches Deutungsmuster von Widerfahrnissen vorgeschlagen wurde. Solange das „missing link" nicht gefunden ist, das erläutert, warum Widerfahrnis und Deutung in der skizzierten Weise aufeinander zu beziehen sind, bleibt der Verdacht einer bloßen Montage von religiösem Interpretament und empirischem Interpretandum. Auf Richard Schaeffler geht der Vorschlag zurück, bei der Bewältigung dieser Aufgabe auf eine besondere Korrelation der Gegebenheitsweise des Erfahrenen und des Vollzuges ihrer Wahrnehmung (qua „religiöser" Erfahrung) zu achten.[253] Das „Originäre" einer solchen (religiösen) Erfahrung wäre dann in jener Eigenart zu sehen, wie der Erfahrungsvollzug auf eine besondere Weise der Gegebenheit des Erfahrungsinhalts bezogen ist. Wenn es eine Eigengesetzlichkeit religiöser Erfahrung als Transzendenz- oder Offenbarungserfahrung gibt, dann ist diese nicht direkt an ihrem Inhalt oder ihrer Deutung als vielmehr an der Struktur eines spezifischen Erfahrungsvollzuges und des darin korrelativ gegebenen Erfahrungsinhaltes festzumachen. Ins Zentrum der Reflexion rückt also das Verhältnis der Gegebenheits*weise* einer Erfahrung bzw. ihrer Inhalte zu ihrer Wahrnehmung. Dieses Verhältnis ist auch bei die Frage nach einer (originären) Manifestation und Wahrnehmung des Heilswillens Gottes und seiner „vermittelten Unmittelbarkeit" in den Lebensverhältnissen des Menschen zu bedenken.

Die Schlüsselfrage lautet: In welcher Weise muss ein Vollzug strukturiert sein, dass sich in ihm oder über ihn eine religiöse Offenbarung (hier: der Heilswille Gottes) ereignen kann? Und in welcher spezifischen Gestalt muss das Transzendente sich zeigen, um diesem Akte „originär gegeben" zu sein? Dabei besagt der

---

[253] Die folgenden Überlegungen verdanken sich weitgehend R. SCHAEFFLER, Philosophische Einübung in die Theologie. Bd. 1-2, Freiburg/München 2004; DERS., Religionsphilosophie, Freiburg/München 1983 (^{2}1997), bes. 245-250; DERS., Die religiöse Erfahrung und das Zeugnis von ihr, in: B. J. Hilberath (Hg.), Erfahrung des Absoluten – absolute Erfahrung?, Düsseldorf 1990, 13-34; DERS., Orientierungsaufgaben der Religionsphilosophie, in: P. Koslowski (Hg.), Orientierung durch Philosophie, Tübingen 1991, 196-224; DERS., Zur phänomenologischen Methode in der Religionsphilosophie, in: Erbe und Auftrag 62 (1986) 102-111.

Ausdruck „originär" soviel wie „nicht durch Vermittlung anderer Akte". In dieser Frage kommt jene Regel zum Ausdruck, die auf Edmund Husserl (1859-1938) zurückgeht und sich auf die enge Korrelation von *Noesis* (Bewusstseinsvollzug) und *Noema* (Bewusstseinsinhalt) bezieht. Diese Korrelation bedingt, dass weder Noesis noch Noema außerhalb ihrer Wechselbeziehung adäquat beschrieben werden können.[254] Husserls *„Phänomenologisches Grundgesetz"* besagt: Zwischen der Struktur eines Aktes und derjenigen Wesenseigentümlichkeit, in der diesem Akt Gegenstände „originär" gegeben sind, besteht eine „strenge Korrelation".

Was in diesem Grundgesetz sehr abstrakt ausgesprochen wird, kann durch folgende Beispiele erläutert werden:[255] Farben sieht man, sie sind nur dem Akt des Sehens „originär gegeben". Wenn man von Farben etwas hört, z.B. indem jemand über sie spricht, dann nur deshalb, weil sie zunächst in Akten des Sehens „originär gegeben" worden sind. Man kann Farben immer nur nachträglich „hörbar" machen, indem man etwa die Wiedergabe ihrer Wellenlänge auf einem Spektrometer jeweils mit Tönen unterschiedlicher Höhe verknüpft. Hätte niemals jemand Farben gesehen, könnten sie auch nicht „hörbar" gemacht werden. Dem Sprechen und Hören sind Farben daher nur sekundär, vermittelt durch Akte des Sehens gegeben. Töne dagegen hört man, sie sind nur dem Akt des Hörens „originär gegeben". Man kann Töne ihrerseits nur nachträglich „sichtbar" machen, indem man ihre „Höhe" oder „Tiefe" als „Welle" darstellt oder in ein Notenbild fasst. Das „Lesen" der Noten ist zwar ein optischer Vollzug, der aber begleitet wird von einem „inneren" Hören qua Ton-Imagination. Hätte niemals jemand Töne gehört, könnte man sie auch nicht im Notenbild fassen und dann, im abgeleiteten Sinne, auch nicht „sichtbar" machen. Dem Sehen aber sind Töne nur sekundär, vermittelt durch Akte des Hörens, gegeben. Ein Partitur will derart „interpretiert" werden, dass sie gespielt und zum Klingen gebracht wird. Töne können in Bilder „übersetzt", aber nicht auf das Moment des Optischen zurückgeführt werden. Ähnlich können Farben einen akustischen Ausdruck finden, reduziert man sie jedoch darauf, verlieren sie gerade ihr Proprium der Farbigkeit.

---

[254] E. HUSSERL, Ideen zu einer reinen Phänomenologie und phänomenologischen Philosophie, Tübingen [6]2002 ([1]1913). Vgl. auch L. WENZLER, Das Phänomen des Heiligen in der Korrelation von Noesis und Noemas, in: K. Kienzler (Hg.), Das Heilige im Denken, Münster 2006, 15-32.

[255] Vgl. R. SCHAEFFLER, Orientierungsaufgaben, 210 f.

Übertragen auf das Feld der Religion ergibt sich: Was „Transzendenz", „Ergriffenheit" oder „Offenbarung" ist, das kann nach phänomenologischer Grundüberzeugung nur dadurch geklärt werden, dass die spezifische Zuordnung von religiösen Akten und ihrer spezifischen Struktur zu denjenigen Offenbarungsgehalten untersucht wird, die in einer unverwechselbaren spezifischen „Wesens-Eigenart" nur diesen Akten „originär gegeben" sind. Diese spezifische Korrelation von Gehalt und Vollzug begründet darum auch eine gewisse „Autonomie" religiöser Erfahrung im Sinne einer „Nicht-Rückführbarkeit" auf andere Vollzug/Gehalt-Strukturen bzw. einer „Nichtableitbarkeit" von diesen. Wenn nämlich Gegenstände einer je besonderen Wesensart nur Akten von einer je besonderen Struktur „originär gegeben" sind, dann folgt das Verhältnis von Akt und Gegenstand jeweils seinen eigenen Gesetzen. Wer sich grundsätzlich weigert oder nicht fähig ist, Akte von einer bestimmten Struktur zu vollziehen, kann über die Wesensverhältnisse derjenigen Gegenstände, die diesen Akten originär gegeben sind, nichts aussagen. Wer sich grundsätzlich weigert oder unfähig ist zu sehen, kann über Farben und Farbverhältnisse nicht urteilen. Wer erwartet, dass die Gegenstände (Farben und Töne) uns „gegeben" werden können ohne Bezug auf die ihnen entsprechenden Akte, macht sich selbst auf diesem speziellen Gegenstandsfelde blind bzw. taub. Das gilt analog auch für das Feld der Religion. Auch hier muss nach der spezifischen Weise gefragt werden, in der der Gegenstand einer Erfahrung in dieser Erfahrung wahrnehmbar wird, genauer: in welcher Weise dieser Gegenstand in einer Erfahrung gegeben ist, welche diese zu einer religiösen Erfahrung macht.[256]

Die Korrelation von Wahrnehmungsakt, Gegenstand und „Gegebenheitsweise" lässt sich bei religiösen Erfahrungen dahinge-

[256] Diese Form einer Erschließungserfahrung, für die es in allen Religionen entsprechende Zeugnisse gibt (mit beträchtlicher Streuung vom prophetischen Berufungserlebnis bis zum Geschehen der mystischen Begegnung mit dem „Heiligen"), kann als originäre Erfahrung von Unbedingtheit bezeichnet werden. Außerhalb dieser Erfahrung ist demnach die Wirklichkeit des Unbedingten nicht zu erschließen. Wer nun verlangt, dass ihm auf nicht-religiöse Weise bewiesen werde, dass es Offenbarung gibt, gleicht einem Menschen, der sich weigert Farben zu sehen, ehe ihm auf eine nicht-optische Weise bewiesen wurde, dass es Farben gibt. Wer philosophische Offenbarungs*beweise* verlangt, ehe er sich Offenbarungs*erfahrungen* öffnet, macht sich religiös gegenstandsblind, denn der religiöse Gegenstand kann nur dem (religiösen) Akt des Sich-ergreifen-lassens „originär gegeben" werden. Vgl. ähnlich R. SCHAEFFLER, Religionsphilosophie, 105-142, 245-250.

hend präzisieren, dass es sich um das Transzendieren des Bedingten im Angegangenwerden vom „Unbedingten" (P. Tillich) bzw. um ein Überschreiten bisheriger Einstellungen zum Leben und seinen vielfältigen Bezügen handelt, bei dem man zugleich „ergriffen" und „gepackt" wird von etwas, das diesen Bezügen nicht inhärent ist: Was den Menschen hierbei angeht, ist dasjenige, das nichts „Dingliches" oder etwas Bedingtes ist, sondern die Bedingung der Möglichkeit für ein Verhältnis des Menschen zu seinen Lebensverhältnissen, das diese Lebensverhältnisse zugleich transzendiert. Dieses Unbedingten wird man nur gewahr und gewiss in der Weise des kategorischen Angegangenwerdens und Angerufenseins. Der Wahrnehmungsakt ist dabei ineins ein Akt der Selbstwahrnehmung („es geht *mich selbst, mein Selbst* unbedingt an"), der Wahrnehmung von Andersheit („ich werde von einem unbedingten *Anderen* angegangen"), gegenüber der sich das Subjekt nichts „ausbedingen" kann. Hinzu kommt der Eindruck, dass die Begegnung mit unbedingter Andersheit sich anders vollzieht als jede andere Begegnung mit Anderen/m in dieser Welt, d.h. sie ist von ihnen her nicht ableitbar und insofern selbst *un-bedingt.*

3. Die Unüberbietbarkeit des Evangeliums: Pluralitätsfähiges Christentum?

Für die (philosophische) Rechtfertigung religiöser Geltungsansprüche kommt es entscheidend darauf an, ob das „phänomenologische Grundgesetz" jeweils angewandt werden kann und die einzelnen Religionen auf entsprechende „originäre Gegebenheitweisen" eines Transzendenzverhältnisses hin ansprechbar sind. Für das Christentum kann die strikte Korrelation zwischen dem Offenbarungsinhalt, der Struktur, Logik und Verlaufsform des Offenbarungsgeschehens und dem Moment der Unbedingtheit unschwer angenommen werden:

Unbedingt ist die Zuwendung Gottes zur Welt, weil sie am Bedingten nicht Maß nimmt. Nichts Innerweltliches kann die Zuwendung Gottes begründen, herstellen, begrenzen oder mindern. Sie ist weder dem Selbstverhältnis noch dem Weltverhältnis des Menschen inhärent; sie kann daher nicht an seinen weltimmanenten Lebensverhältnissen „abgelesen" werden, sondern bleibt an ihnen verborgen. Sie wird nur dadurch offenbar, dass dem Menschen „aufgeht", dass seine weltimmanenten Lebensverhältnisse hineingenommen sind in das Menschenverhältnis Gottes und er sich deswegen als Adressat einer unbedingten Zuwendung verstehen darf.

Die Verlaufsform bzw. originäre Gegebenheitsweise dieser Erfahrung ist das Geschehen unbedingter *personaler* Zuwendung, d.h. einer Erfahrung, in der sich der Mensch im Kern seines Selbstseins von einem Anderen angesprochen, geachtet und anerkannt weiß – und zwar unabhängig von allen Kriterien der Brauchbarkeit und Nützlichkeit. Die Überzeugung, dass das unüberbietbare Erschließungsgeschehen von Gottes Menschenverhältnis im Sterben und Auferstehen Jesu von Nazareth offenbart hat, dass Gott jedem Menschen im Leben und Sterben bleibend zugewandt ist, findet im Christentum ihren Ausdruck in der Nachfolge Jesu, d.h. in der Praxis unbedingter personaler Zuwendung, welche die Gemeinschaft mit Gott bezeugt. Wer als unbestreitbar bedingter Mensch einen ebenso unbestreitbar bedingten Mitmenschen unbedingt anerkennen will, kann dies nur rechtfertigen durch die Berufung auf ein unbedingtes Ja, das beiden „zugesprochen" und von beiden „mitgesprochen" wird. Das Ja eines bedingten Menschen zu einem bedingten Anderen ist als ein unbedingtes insofern nur möglich als

Mitvollzug einer unbedingten Zuwendung. Gottes unbedingte Zuwendung zum Menschen ereignet sich hier in „vermittelter Unmittelbarkeit“.

Im Christentum können somit Vollzug und Sache hinsichtlich dessen, was als Heilsweg und -inhalt erschlossen wird, nicht voneinander getrennt werden, da es hier um die Erschließung material unüberbietbarer, unbedingter (personaler) Zuwendung geht. Mit dieser Feststellung scheint allerdings für das Projekt einer Theologie der Religionen eher ein Rückschritt als ein Fortschritt verbunden zu sein. Denn der eben skizzierte materiale „Unüberbietbarkeitsanspruch“ des Christentums lässt offenkundig kaum mehr die Möglichkeit zu, anderen Religionen eine vom Christentum unableitbare Bedeutung zuzuerkennen. Auf den ersten Blick stehen gegenüber der vom Christentum reklamierten „originären“ Gegebenheitsweise des Heilswillens Gottes alle übrigen Religionen allenfalls in einem Verhältnis der Hinführung oder der Bestätigung (Inklusivismus). Oder alle Religionen sind jeweils nur „abgeleitete, sekundäre“ und insofern einander ebenbürtige „Vermittlungen“ für die Begegnung mit dem Unbedingten (Pluralismus) - eine These, für die es aber aus christlicher Sicht auf der Basis des bisher Ausgeführten keine stringente Begründung gibt. Erneut erweist sich die materiale Bestimmung des genuin Christlichen als stärkster Einwand gegen die Pluralitätsfähigkeit des Christentums.[257]

In diese Verlegenheit gerät eine christliche Theologie der Religionen jedoch nur dann, wenn sie derart eine „vergleichende“ Perspektive einnimmt, dass sie lediglich die Glaubensinhalte der anderen Religionen mit der Dogmatik des Christentums abgleicht, um dann Teilmengen oder Schnittmengen des Geglaubten zu ermitteln. Dieser religionswissenschaftlich und theologisch längst überholte Ansatz[258] lässt die Beziehung zwischen diesen Gehalten und ihrer originären Gegebenheitsweise völlig außer Acht. Für das Christen-

---

[257] Vor diesem Hintergrund erklärt sich auch die lehramtliche Kritik, mit der sich im Ansatz bereits jedes Konzept einer christlichen Thelogie des religiösen Pluralismus konfrontiert sieht. Vgl. exemplarisch das Lehrbeanstandungsverfahren gegen J. DUPUIS, Toward a Christian Theology of Religious Pluralism, Maryknoll 1997. Zur Verteidigung seines Ansatzes siehe DERS., Gesammelte Aufsätze aus den letzten Lebensjahren, Salzburg 2006; H. WALDENFELS, Unterwegs zu einer christlichen Theologie des religiösen Pluralismus, in: StZ 217 (1999) 597-610.

[258] Vgl. N. HINTERSTEINER, Dialog der Religionen, in: J. FIGL (Hg.), Handbuch der Religionswissenschaft, Darmstadt 2003, 834-852 (Lit.); K. v. STOSCH, Komparative Theologie – ein Ausweg aus dem Grunddilemma jeder Theologie der Religionen?, in: ZKTh 124 (2002) 294-311.

tum besteht lediglich in dem Sinne eine materiale Unüberbietbarkeit, dass im Vollzug *(inter)personaler* Zuwendung das Unbedingte bzw. das Menschenverhältnis Gottes dem Menschen originär gegeben ist. Die Denkfigur der „originären Gegebenheitsweise" bzw. der strikten Korrelation von Vollzug und Gehalt lässt gerade vom christlichen Standpunkt aus eine Würdigung anderer Religionen zu, die exklusivistische und inklusivistische Ansätze überwindet, anstatt sie zu repristinieren. Gerade im Blick auf die Rede vom allgemeinen Heilswillen Gottes ist dem Christentum von der „Sache" und ihrer „Logik" her ein (Selbst-)Überstieg auf andere Gegebenheitsweisen möglich.

Wer sich nach entsprechenden neutestamentlichen „Belegstellen" für diese These erkundigt, findet eine entsprechende Denkfigur in Röm 2,12-16 angedeutet, wo Paulus auf eine dreifache Gegebenheitsweise des Willens Gottes verweist: 1. in der Weise des Evangeliums, 2. in der Weise des Gesetzes für die Juden und 3. in der Weise des Gewissen für die Heiden: „Wenn Heiden, die das *Gesetz* nicht haben, von Natur aus das tun, was im Gesetz gefordert ist, so sind sie, die das Gesetz nicht haben, sich selbst Gesetz. Sie zeigen damit, daß ihnen die Forderung des Gesetzes ins Herz geschrieben ist; ihr *Gewissen* legt Zeugnis davon ab... - an jenem Tag, an dem Gott, wie ich es in meinem *Evangelium* verkünde, das, was im Menschen verborgen ist, durch Jesus Christus richten wird" (Röm 2,14-16). Im Blick auf das Alte Testament ist an die Tatsache zu erinnern, dass der Bund Gottes mit Noah eine unkündbare Heilszusage an die gesamte Menschheit impliziert (Ex 9,1-17), so dass auch hier die Universalität des Heilswillens Gottes jene Sphäre darstellt, in der jeder Mensch „coram deo" existiert.[259]

[259] Zur Frage, ob und inwieweit man vom Schöpfungs- und Bundesgedanken her eine Theologie der Religionen biblisch „grundieren" kann, vgl. etwa G. ODASSO, Bibbia e religioni. Prospettive bibliche per la teologia delle religioni, Rom 1998.

4. Der Heilswille Gottes – in allem (ganz und anders): Religionstheologie transversal

Wenn es zutrifft, dass das Christentum Ereignis und Konsequenz der Zuwendung Gottes zu den Menschen ist, die unbedingt ist und daher auch nicht an den Grenzen der Christenheit endet, dann vergegenwärtigt das Christentum eine Wirklichkeit, die in ihm unüberbietbar präsent ist und sie zugleich übersteigt. Für den interreligiösen Dialog kommt es nun entscheidend darauf an, dieses Zugleich von „Realpräsenz" und „Überstieg" zu bedenken. Dass die Wirklichkeit von Gottes Heilswillen genuin und originär in der Weise unbedingter personaler Zuwendung gegeben ist, impliziert nicht Beziehungslosigkeit und auch nicht Exklusivität oder Inklusivität im Blick auf andere Religionen.[260] Es ist vielmehr ein dialogisch-kritisches Verhältnis denkbar, das gerade mit der originär christlichen Gegebenheitsweise von „Transzendenz" und „Offenbarung" im Einklang steht. Zwar impliziert diese originäre Gegebenheitsweise eine Unableitbarkeit von anderen Religionen bzw. ihnen gegenüber eine Eigengesetzlichkeit. Aber diese „Autonomie" impliziert nicht Beziehungslosigkeit.

Zur Verdeutlichung des Sachverhalts, dass eine „originäre Gegebenheitsweise" bestimmter Gehalte nicht mit einer „Selbstabschließung" dieser Vollzug/Gehalt-Einheit einhergeht, kann erneut eine Reflexion auf die Struktur und Logik des Verhältnisses von „Noesis" und „Noema" weiterhelfen.[261] Hierbei zeigt sich: Es gibt Akte, zu deren Eigenart es gehört, diese ihre eigene Bezüglichkeit als ihre Verwiesenheit auf andere, anders strukturierte Akte zu er-

---

[260] Damit kommt noch einmal das zu überwindende Grunddilemma einer jeden Theologie der Religion in den Blick: „Zum einen geht es ihr darum, als konfessorische Theologie dem eigenen Wahrheits- und Unbedingtheitsanspruch treu zu bleiben, der sich für Christen vor allem im Bekenntnis zu Jesus von Nazareth als dem Christus, Erlöser und Sohn Gottes festmacht. Zum anderen strebt sie danach, Andersgläubige in ihrer Andersheit zumindest nicht negativ einschätzen zu müssen. (...) Das Grunddilemma ... besteht ... darin, daß dem (der christlichen Glaubenslogik immanenten) Wunsch nach Festhalten am Eigenen bei möglicher Anerkennung des Fremden in keinem der denkbaren religionstheologischen Modelle entsprochen werden kann", K. v. STOSCH, Komparative Theologie, 294.

[261] Vgl. zum Folgenden R. SCHAEFFLER, Orientierungsaufgaben der Religionsphilosophie, 212-215.

fassen. Solchen Akten zeigt sich ein Gegenstand auf solche Weise, dass zugleich deutlich wird, welchen anderen Akten er sich in derjenigen Weise zeigt, in der er sich dem soeben vollzogenen Akt gerade entzieht.

Man kann diesen Sachverhalt experimentell illustrieren, indem man etwa einen großen Würfel auf einen gläsernen Tisch legt und den Versuch unternimmt, ihn „komplett" wahrzunehmen. Man erkennt dabei sehr rasch, dass man zwar stets den „ganzen" Würfel vor Augen hat, ihn aber niemals „ganz" sieht. Es bleibt stets mindestens eine Würfelseite „unsichtbar", man mag als Betrachter noch so viele Positionen und Perspektiven wählen. Wer hierbei sieht, wie sich die Rückseite eines gesehenen Würfels seinem Blick entzieht, nimmt gleichwohl mehr wahr, als er/sie sieht. Man „sieht" dabei zugleich ein, dass man die Perspektive wechseln, um den Würfel herumgehen muss, um das, was sich einem verbirgt, zu entdecken. Und wenn man das getan hat, „sieht" man, dass es keine Perspektive gibt, die alle Seiten des Würfels zugleich zeigen könnte. Vielmehr muss man nun den Tastsinn gebrauchen, um zu erfahren, was man nicht sehen kann, obwohl man es vor Augen hat. So gehört es zur Eigengesetzlichkeit der optischen Wahrnehmung, dass sie ihre eigene Nicht-Autarkie, ihre Verwiesenheit auf Wahrnehmungen anderer Art wahrnimmt. Und wenn auch die Weise, wie der Gegenstand sich anderen Wahrnehmungen zeigt, sich stets von seiner (Selbst)Darstellung vor dem sehenden Auge unterscheidet (der ertastete Würfel ist als solcher ohne Farbe und Helligkeitswert), so wird doch in der optischen Wahrnehmung selber deutlich, dass der Würfel, der eine für das Auge verborgene Rückseite hat, der gleiche ist wie der, dessen sechs Seiten gleichzeitig ertastet werden können. Wäre es nicht so, dann könnte man nicht „sehen", dass der optische Eindruck durch den „taktilen" Eindruck ergänzt werden muß.

Wenn nun Entsprechendes auch gilt vom religiösen Grund-Akt des Christentums – der Erschließung und Wahrnehmung des Heilswillens Gottes im Widerfahrnis unbedingter personaler Zuwendung – dann lässt sich hier eine religionstheologische Denkfigur jenseits von Exklusivismus, Inklusivismus und Pluralismus modellieren. Im Blick auf die (religiöse) Grunderfahrung des Christentums im Modus der unbedingten Zuwendung als originärer (interpersonaler) Gegebenheitsweise des Heilswillens Gottes verbietet sich vor diesem Hintergrund eine exklusivistische Position. Denn diese originäre Gegebenheitsweise besagt zwar „Unverrechenbarkeit“ und „Originalität“ gegenüber anderen Religionen, aber nicht selbstgenügsame Beziehungslosigkeit.

Das Geschehen unbedingter personaler Zuwendung erschließt eine Wirklichkeit, die durch keinen anderen Akt originär erschlossen werden kann: die Sphäre des unbedingten Angenommenseins. Aber dieses Geschehen erschließt das Moment der Unbedingtheit nicht derart, dass es den Bezug auf andere Akte bzw. Gegebenheitsweisen des grenzenlosen und unbedingten Heilswillens Gottes ausschließt. Die Weise und ebenso der Inhalt des (inter-)personalen Gegebenseins von Gottes Heilswillen offenbaren nämlich sowohl die ungeteilte „Realpräsenz“ von Gottes Gemeinschaftswillen als auch dessen Grenzenlosigkeit und „Uneingrenzbarkeit“. Wer die Erfahrung unbedingter und unendlicher Zuwendung macht, erfährt gleichsam „mit“, dass das Unbedingte und Unendliche dieser Zuwendung darin besteht, nicht auf das „hier und jetzt“ begrenzt zu sein, sondern dieses zu übersteigen. Gerade wenn es um die Offenbarung und Erfahrung der *Un*endlichkeit und *Un*bedingtheit von Gottes Zuwendung geht, dann muss in dieser Offenbarung und Erfahrung zugleich auch das Moment der Negation jeglicher Endlichkeit und Bedingtheit gegeben sein – aber auch das Moment des Überstiegs alles Endlichen und Bedingten.

Unter dieser Rücksicht besteht die Möglichkeit, eine Theologie der Religionen aus christlicher Sicht *„transversal“*[262] zu konzipieren: im Überwinden und Übersteigen einer sowohl exklusivistischen als auch inklusivistischen und pluralistischen Position, indem das jeweilige Moment, das in diesen Positionen zu Recht betont wird, jeweils gegen seine programmatische Absolutsetzung

---

[262] Vgl. ausführlich zu diesem Begriff W. WELSCH, Vernunft. Die zeitgenössische Vernunftkritik und das Konzept der transversalen Vernunft, Frankfurt 1995; DERS., Vernunft und Übergang. Zum Begriff der transversalen Vernunft, in: K.-O. Apel/M. Kettner (Hg.), Die eine Vernunft und die vielen Rationalitäten, Frankfurt 1996, 139-165. Dieses Konzept geht davon aus, dass das moderne Feld der Rationalität gekennzeichnet ist durch das Hervortreten einer Mehrzahl eigensinniger Rationalitätsformen, die jeweils eine eigenständige Festlegung ihres Gegenstandstypus und Geltungsbereichs vornehmen sowie ein spezifisches Set von Methoden, Kriterien und Zielbestimmungen vertreten. Zugleich sind die Rationalitätsformen durch Verflechtungen gekennzeichnet, d.h. sie weisen in ihrer Binnenstruktur Verbindungen mit Elementen anderer Paradigmen und Bereiche auf. Allerdings führt diese Verflechtung nicht zu einer Meta-Ordnung; ihre Pluralität und Diversität bleiben unabstreifbar und unabschließbar. Mit dieser Verabschiedung einer „archimedischen“ oder vertikalen Konzeption wird Vernunft zu einem Vermögen von „Übergängen“, zum dynamischen „hin und her“, zum Aufsprengen von Exklusionen, das dem jeweils Ausgeschlossenen wieder zu seinem Recht verhilft.

gewendet wird (lat. „transvertere“).[263] Jeweils „richtig“ erkannt wird (1) im Exklusivismus das Moment der „materialen Unüberbietbarkeit“ der personalen Gegebenheitsweise von Gottes Zuwendung zum Menschen, (2) im Inklusivismus die Möglichkeit, ein dem Eigenen zugehöriges „Anderes“ bei den Anderen zu finden, indem auch in ihnen der Heilswille Gottes am Werk gesehen wird, und (3) im Pluralismus die Möglichkeit, dass in jeder Religion der Heilswille Gottes präsent sein kann, der zugleich aber jede Religion und alle Religionen zusammen übersteigt, sofern er auch „außerhalb“ jeder Religion am Werk ist. Gegen den (1) Exklusivismus wird geltend gemacht, dass die Unüberbietbarkeit einer personalen Gegenheitsweise des Unbedingten nicht die Möglichkeit anderer Gegebenheitsweisen (mit jeweils eigener Unverrechenbarkeit und Originalität gegenüber dem Christentum) ausschließt. Gegenüber dem (2) Inklusivismus wird bestritten, dass das bei den Anderen zu Findende eine Dublette, Teilmenge oder materiale Ergänzung des bis dato bekannten Eigenen darstellt. Gegen den (3) Pluralismus wird geltend gemacht, dass die Anerkennung eines möglichen Heilswirkens Gottes in anderen Religionen bzw. außerhalb der Religionen nicht bedeutet, dass er im Christentum nicht unüberbietbar präsent ist.

Wer nun daraus folgert, in anderen Religionen ließe sich die Grunderfahrung des Christentums wegen ihres „Überstiegscharak-

[263] Im Projekt einer Komparativen Theologie, die ihre Methodik und Kriteriologie sowohl philosophisch als auch theologisch an der Spätphilosophie Wittgensteins ausrichtet, wird ebenfalls nach einer Alternative zu den bekannten religionstheologischen Modellen gesucht. Vgl. hierzu K. v. STOSCH, Das Problem der Kriterien als Gretchenfrage jeder Theologie der Religionen, in: R. Bernhardt/P. Schmidt-Leukel (Hg.), Kriterien interreligiöser Urteilsbildung, Zürich 2005, 37-57. Wesentliches Kennzeichen dieses Ansatzes ist seine „mikrologische“ Vorgehensweise, wobei keine großflächigen Vergleiche des Bestandes und möglicher Schnittmengen von religiösen Überzeugungen angestellt werden. Vielmehr soll die Bedeutung religiöser Sätze durch die Beachtung jener Praxis erschlossen werden, die sie jeweils regeln bzw. mit der sie korreliert sind. Eine transversale Theologie der Religionen sieht ebenfalls auf den „grammatischen“ Status von Glaubenssätzen, beschränkt sich aber nicht darauf, verborgene „Familienähnlichkeiten“ mit der Grammatik anderer religiöser Sprachspiele aufzuspüren. Darin sieht sie nur ein formales Indiz für eine dialogbereite und dialogfähige Hinwendung zu anderen Religionen. Stattdessen arbeitet sie transversale Konstellationen in der Korrelation von Offenbarung, Erfahrung und Glaube heraus und entwickelt nicht bloß grammatisch-formal, sondern auch vom materialen Gehalt des christlichen „Sprachspiels“ her Motive und Kriterien der Offenheit des Christentums für andere Religionen. Vor allem aber macht sie dabei das transversale Moment am materialen Gehalt des Evangeliums fest: am universalen Heilswillen Gottes.

ters" in Form und Gehalt als solche wiederfinden, verkennt das Transzendierende an diesem Überstieg. Das Überstiegsmoment in der christlichen Grunderfahrung wäre missverstanden, würde man darin die Aufforderung sehen, einfachhin das Eigene im Anderen zu entdecken und es auf einen simplen „Spiegelungseffekt" zu reduzieren. Vielmehr kommt es darauf an, auch diese Auffassung zu übersteigen und sich dafür offen zu halten, das Eigene im Anderen anders (!) zu finden als bei sich selbst und dabei sich das Eigene übersteigende Andere (von den Anderen) zeigen zu lassen.

Zu diesem Überstieg fordert bereits das christliche Gottesverständnis auf: Es gehört zum Vollzug des christlichen Gott-Denkens, dass ihm sein Gegenstand als derjenige erschlossen ist, der „größer" ist als die Weise, wie er sich dem Denken zeigt und dieses Sich-Zeigen gedacht werden kann. Der anselmianische Gottesbegriff „id quo maius cogitari non potest" bezieht darum das „maius" (größer als) sowohl auf den Inhalt des Denkens („id") als auch auf den Vollzug des Denkens („cogitari"). Insofern gehört es zum Akt des Gott-Denkens, dass ihm Gott bzw. Gottes Heilswille als derjenige erschlossen ist, der dieses Denken und die Erschließungsweise seines Inhaltes stets überschreitet. So wie der Würfel in der optischen Wahrnehmung derart gegeben ist, dass er als derjenige gesehen wird, dessen Rückseite nicht gesehen wird,[264] so ist Gottes Heilswille im Christentum so gegeben, dass er als derjenige geglaubt und gedacht wird, dessen Wirklichkeit sich diesem Den-

[264] Gleichwohl darf hierbei nicht vergessen werden, dass dieses „negative" Moment keineswegs die Tatsache aufhebt, den Würfel schon in seiner „Ganzheit" und nicht bloß fragmentarisch hinsichtlich einiger „Einzelteile" wahrgenommen zu haben. So wenig die unbedingte Zuwendung Gottes zum Menschen aus addierbaren Teilen besteht, so wenig ist sie auch nur „teilweise" oder additiv wahrnehmbar. Hier lautet die Alternative: ganz oder gar nicht! Unter dieser Rücksicht besteht auch ein entscheidender Unterschied zum berühmten „Elefantengleichnis", das sich im Udana (6,4), einer Schrift des Pali-Kanon, findet. Auf die Frage nach dem Grund für die Vielzahl religiöser Lehren und dem Streit, der immer wieder unter ihren Vertretern ausbricht, erzählt der Buddha, wie ein König einige Blindgeborene erstmals mit einem Elefanten in Berührung bringt. Jeder Blinde muss das Tier an einer anderen Stelle berühren und anschließend beschreiben, wie ein Elefant aussieht. Derjenige, der ihn am Stoßzahn berührt, vergleicht ihn mit einer Pflugschar. Der ihn an einem Bein berührt, vergleicht ihn mit einem Baumstamm, und der ihn am Schwanz angefasst hat, vergleicht ihn mit einem Seil oder einem Besen. Darauf geraten die Blinden in einen heftigen Streit um die „wahre" Beschreibung eines Elefanten, zu der keiner von ihnen gelangen kann, solange er nur eine bruchstückhafte Erkenntnis gewinnt. Zu den verschiedenen Traditionslinien dieser Parabel vgl. etwa U. TWORUSCHKA, Glauben alle an denselben Gott?, in: Ch. Danz/U. H. J. Körtner (Hg.), Theologie der Religionen, 35-39.

ken und Glauben ebenso real erschließt wie sie dieses übersteigt, so dass es ihm hinsichtlich dieses „Übersteigenden“ entzogen ist. Erst dann hat man verstanden, dass zur Eigengesetzlichkeit (Autonomie) des christlichen religiösen Grundaktes gehört, seine Gegenstandssphäre als eine solche zu erfassen, auf die auch anders strukturierte Akte sich richten können, denen dann freilich die gleiche Wirklichkeit (d.h. der Heilswille Gottes) sich so zeigt, dass das dem Eigenen übersteigend-zugehörige Andere nicht als Dublette des Eigenen erscheint.

Kaum anders ist es auch möglich, das Problem der historischen Partikularität des Christentums und der Universalität seiner Botschaft zu lösen. Partikular, einmalig und unwiederholbar ist die Offenbarung seiner Botschaft in der Gegebenheitsweise unbedingter (inter-)personaler Zuwendung mitsamt ihrer materialen Unüberbietbarkeit. Universal ist der in dieser Zuwendung offenbar werdende unbedingte Wille Gottes zur Gemeinschaft mit allen Menschen, d.h. auch mit jenen, die niemals in Kontakt mit dem Christentum kamen oder kommen werden. Ihnen wird daher das Moment seiner Unbedingtheit als in einer anderen, mit der christlichen unverrechenbaren (d.h. „a-personalen“) Gegebenheitsweise erschlossen gedacht werden müssen.

Angesichts der nichtchristlichen Religionen, die zum großen Teil älter sind als das Christentum, wird daher zu fragen sein, ob sie sich einer solchen Gegebenheitsweise verdanken. Diese tritt keineswegs in Konkurrenz zur christlichen Grunderfahrung und relativiert diese auch nicht, da der Heilswille Gottes dort, wo er in der Weise unbedingter (inter)personaler Zuwendung gegeben ist, materialiter nichts „außen vor“ lässt. Auf diese Weise bleibt für das Christentum die Unverrechenbarkeit, Einmaligkeit und Besonderheit des ihm Eigenen gewahrt, ohne dass daraus ein dialogunfähiger Fundamentalismus entstehen kann.[265] An der Unüberbietkarkeit der christlichen Grunderfahrung von Gottes Heilswillen sind darum keinerlei Abstriche zu machen, wohl aber an der Gleichsetzung von „Unüberbietbarkeit“ mit „Exklusivität“ (im Sinne von „Beziehungslosigkeit“).

Die Skizze einer transversalen Religionstheologie kann und muss an dieser Stelle nicht weitergeführt werden. Denn alle offen gebliebenen Fragen lassen sich nur in der konkreten Begegnung

[265] Erst in dieser Lesart lassen sich auch die „exklusivistischen“ Passagen im NT (z.B. Mk 16,15f.; Joh 3,5; 14,6; Apg 4,12) widerspruchsfrei mit der Rede vom universalen Heilswillen Gottes in Einklang bringen.

der Religionen beantworten. Für das Verhältnis der „abrahamitischen" Religionen hängt viel davon ab, ob Juden, Christen und Muslime bei den jeweils „Anderen" eine Gegebenheitsweise des universalen Heilswillens Gottes identifizieren können, die sie nicht erkennen, wenn sie immer nur sich selber im Blick haben. Ihre Gemeinsamkeit, die darin besteht, dass sich alle als Erben Abrahams und als „Besitzer der Schrift" achten können, erübrigt nicht die Reflexion darüber, in welcher jeweils eigenen Weise dieses Erbe und der Besitz der Heiligen Schrift(en) auf sie gekommen ist und welche Gehalte mit dieser jeweiligen originären Gegebenheitsweise koinzidieren. Denn es gehört zur Logik von Gottes Offenbarung, dass man sie erst dann „ganz" wahrnimmt, wenn man auf das Moment des Überstiegs und der Überschreitung des Eigenen ins Unbekannte und Fremde achtet.

Vor diesem Hintergrund wird man an die nicht-theistischen Religionen natürlich nicht die Frage richten können, ob es ihrem Selbstverständnis entspricht, Ort und Ereignis einer mit dem Christentum unvergleichlichen originären Gegebenheitsweise eines göttlichen Heilswillens zu sein. Vielmehr wird zu sondieren sein, ob sie auch über ein „transversales" Moment verfügen, das es ihnen ermöglicht, an sich selbst eine „offene Stelle" des Selbstüberstiegs zu entdecken, der sie nicht einfach das Eigene im Anderen entdecken läßt, sondern einander wechselseitig das Eigene im Anderen anders zu zeigen erlaubt, als sie es bei sich selbst wahrnehmen.[266] So wäre etwa die buddhistische Frontstellung zu allen anthropomorphen Bestimmungen einer „letzten" Wirklichkeit ein möglicher Ansatz für den Selbstüberstieg in die christliche theologia negativa mit ihrer Einsicht, dass die Eigenschaft der Eigenschaften Gottes die Unbegreiflichkeit ist.[267]

Eine transversale Religionstheologie wäre jedoch missverstanden, wenn das transversale Moment die „Aufhebung" (im dreifa-

---

[266] Vgl. hierzu A. GRÜNSCHLOSS, Der eigene und der fremde Glaube. Studien zur interreligiösen Fremdwahrnehmung in Islam, Hinduismus, Buddhismus und Christentum, Tübingen 1999.

[267] Vgl. hierzu M. v. BRÜCK/W. LAI, Buddhismus und Christentum, München ^{2}2000, 431-461. Unter dieser Rücksicht sind die Texte einer christlichen „theologa negativa" allerdings verkürzt gedeutet, wenn man aus ihnen das Recht zur Relativierung des christlichen Geltungsanspruchs und zur Favorisierung eines religionstheologischen Pluralismus ableitet, der letztlich nicht mehr von einem Relativismus unterscheidbar ist. Zu einem solchen Vorgehen siehe etwa P. SCHMIDT-LEUKEL, Gott ohne Grenzen, 200-209, 228f. Liest man diese Texte mit der Logik des Transversalen, ist es möglich, einen Relativismus (und ebenso einen Agnostizismus wie einen Indifferentismus) hinter sich zu lassen.

chen Sinne Hegels) religiöser Pluralität in einen höheren Einheitsgrund anzielen würde. Vielmehr geht es um die Möglichkeit des Überstiegs der von einer bestimmten Religion repräsentierten Gegebenheitsweise des Unbedingten als „Quereinstieg“ in eine andere Gegebenheitsweise. Auch wird nicht ein „God’s eye view“ beansprucht, indem das transversale Moment zu einer jenseits der Religionen liegenden Position führen soll, von der aus die Kontext- und Perspektivengebundenheit jeder einzelnen Religion in einer panoramahaften Gesamtschau überwunden wäre. Transversales Denken führt nicht zu einer privilegierten Metaperspektive, sondern nur zur Verflechtung partikularer Selbst- und Fremdwahrnehmungen, Innen- und Außenansichten. Dabei drängt es die Religionen dazu, das Faktum ihrer Pluralität und Partikularität derart ernst zu nehmen, dass sie eine Haltung der gegenseitigen Wertschätzung aus ihren jeweils eigenen Quellen und normativen Traditionen entwickeln.

Die Annahme einer Vielfalt originärer Gegebenheitsweisen des Unbedingten wird hier somit nicht aus einer die religiöse Pluralität letztlich absorbierenden oder nivellierenden „Metaperspektive“ heraus möglich, sondern bereits aus den jeweiligen religiösen Eigenperspektiven, sofern sie willens sind, ihre Perspektivität und ihren Status als Geschehen einer stets nur vermittelten Unmittelbarkeit des Unbedingten wahrzunehmen. Kaum anders lassen sich genuin religiöse Motive und Gründe für einen Dialog der Religionen identifizieren, bei dem die Beteiligten auch tatsächlich etwas voneinander lernen können.

V. Vernunft annehmen! Plädoyer für eine postsäkulare Tugend

In der Sozial- und Geistesgeschichte beginnt eine neue Epoche in der Regel nicht mit dem ersten Tag eines neuen Jahrhunderts. Historische Zäsuren richten sich nicht nach einem Kalender, der Anfang und Ende auf den Tag genau datierbar macht. Zwar gilt auch hier, dass das Aufhören vor dem Anfangen kommt. Erst muss etwas Altes enden, ehe etwas Neues beginnen kann. Aber ein solches Ende kommt selten abrupt; es kann sich lange hinziehen. Das Ende beginnt, wenn der Gestus der Verabschiedung einsetzt. Der Abschied vom 20. Jahrhunderts setzte ein, als in den 1980er Jahren in allen Zeitdiagnosen die Präposition „post" auftauchte: postmetaphysisch, posttraditional, postmodern. Das Lebensgefühl war bestimmt von dem Eindruck, an dem Endpunkt einer Entwicklung angelangt zu sein. Ein Jahrhundert, das so vieles überwinden wollte, wurde nun selbst mit dem Gestus der Verabschiedung bilanziert. Als Stichtag für diese Abrechnung wird man den 9. September 2001 angeben können. Der Terrorangriff auf das World Trade Center in New York hat Mächte und Gewalten zurück auf die Weltbühne gebracht, die auf brutale Weise mit den säkularistischen Annahmen westlicher Gesellschafts- und Geschichtsvorstellungen abrechnen.

Dass vor diesem Hintergrund die Kategorie „postsäkular" Karriere macht, hat zum einen mit diesem singulären Ereignis zu tun. Zum anderen bringt die Kennzeichnung „postsäkular" ein Unbehagen an der Moderne zum Ausdruck, das auch im Westen schon länger schwelte und in zahlreichen kulturkritischen Studien der letzten 20 Jahre artikuliert wurde, nun aber eine spezifische Zuspitzung erfährt. Offensichtlich hat die säkularisierunsbedingte Destruktion religiöser Gewissheiten nicht zugleich auch alle Fragen aus der Welt schaffen können, auf die religiöse Auskünfte die – vielleicht unzeitgemäße – Antwort waren. Vielleicht hat die Moderne sogar die Berechtigung religiöser Fragen im Augenblick der Destruktion ihrer metyphischen und dogmatischen Antworten ans Licht gebracht. Die Glaubwürdigkeit religiöser Daseinsdeutungen aufzuheben, ohne die Nöte zu beseitigen, die sie hervorgebracht haben, ist daher nur noch für wenige Zeitgenossen ein attraktives

Vorhaben. Dass man nunmehr jene Momente der Religion vermisst, deren Berechtigung lange Zeit bestritten wurde, bedeutet eine doppelte Irritation – für die Verfechter der klassischen Säkularisierungsthese, aber auch für die Verteidiger religiöser Weltdeutungen.

Dass die Theorien von der baldigen Verkümmerung der Religion in den letzten Jahren verkümmert sind, hat in der Theologie eine gewisse Verblüffung hervorgerufen. Für geraume Zeit lebte man unter dem beschwerlichen Eindruck, mit dem Eintreten für Religion und Glaube die Verteidigung eines Unternehmens zu übernehmen, das der Geist der Zeit längst als veraltet und überflüssig abgetan hatte. War diesem Geist bereits der Gegenstand der Theologie - Gott, Glaube, Gnade - fremd und suspekt geworden, so galt dies erst recht für eine sich wissenschaftlich nennende Beschäftigung mit diesem Gegenstand, wenn sie etwas anderes beabsichtigte als Ideologiekritik. Die Frage „Wozu noch Theologie?" drohte jeden „positiven" Antwortversuch zu einer platten Apologie oder zu einem aufdringlichen Verkaufsgespräch zu machen, wobei säkularen Zeitgenossen etwas aufgeschwatzt werden sollte, was sie eigentlich nicht wollten. Mit dieser Situation hatten sich etliche Vertreter der theologischen Zunft bereits abgefunden. Die Zeiten scheinen sich jedoch geändert zu haben.

Die unerwartete Hochschätzung religiöser Traditionen durch J. Habermas, obwohl dieser sich persönlich als „religiös unmusikalisch" bekennt, hat in Theologie und Kirche die Hoffnung genährt, bei den Gebildeten unter den bisherigen Verächtern der Religion wieder intellektuell satisfaktionsfähig zu werden. Papst Benedikt XVI., der sein Pontifikat eher mit intellektuellem als mit pastoralem Charisma angetreten hat, spricht das Thema „Glaube und Vernunft" in seinen zahlreichen Facetten immer wieder an und unterstreicht dabei die Notwendigkeit, dass die Religion nicht weniger zur Vernunft kommen muss, wie sich auch die Vernunft für das religiöse Andere ihrer selbst zu öffnen hat. Man mag daraus ableiten, dass damit auch die Relevanz theologischer Kopfarbeit innerkirchlich von „höchster Stelle" bestätigt und bekräftigt werde. Dennoch bleiben bei einem Plädoyer, dass auch in postsäkularen Zeiten Religion und Glaube (die) Vernunft annehmen sollen, Irritationen nicht aus.

Das Insistieren auf der Vernunftgemäßheit von Religion als einer Grundregel religiöser Praxis und auch des interreligiösen Dialogs kann als Abkehr von der als besonders „fromm" erscheinenden Überzeugung gewertet werden, der Glaube sei „höher" als jede

Vernunft. Aus dieser Überzeugung wird nicht bloß in religiös fundamentalistischen Kreisen geschlossen, dass der Glaube sich über die Vernunft als Instanz der Verantwortung und Rechenschaft hinwegsetzen könnte. Neben den Nachdenklichen unter den Verächtern der Religion gibt es besonders fromme unter ihren Liebhabern, die der Meinung sind, sich gegenüber den nachdenklichen Religionsverächtern andere Sorgen und andere Ideale leisten zu können, als sich um den Nachweis der rationale Verantwortbarkeit des Glaubens zu kümmern. Die Beschäftigung mit der Vernunft ins Zentrum zu rücken, bedeutet für sie ein Abrücken von ihrem eigentlichen Anliegen, den Glauben nicht bloß zu denken, sondern zunächst zu tun. Sie sehen die Sache des Glaubens als eine Angelegenheit, die besser getan als gedacht werden sollte. In der Tat kann über den Glauben nur so nachgedacht werden, dass sein Inhalt nicht bloß ein Gedanke bleibt. Allerdings nimmt sein Inhalt bald Schaden, wenn er unbedacht oder gedankenlos praktiziert wird. Dies gilt auch für jene Zeitgenossen, für die der Glaube eine Sache des Gefühls, der emotionalen Ergriffenheit oder eine Angelegenheit ästhetischer Expressivität darstellt.

Wenn für die Rede von der „Wiederkehr der Religion" als empirische Belege lediglich der Weltjugendtag 2005 in Köln, die Wirren um die „Mohammed-Karikaturen" im Frühjahr 2006 und die Aufregung um die islamkritischen Anspielungen Benedikts XVI. während in seiner Vorlesung an der Universität Regelensburg im-Hernst 2006 vorliegen würde, könnte der Dauerstreit um eine angemessene Religionsdefinition vielleicht sehr rasch beigelegt werden. Man hätte reichliches Anschauungsmaterial für die These: Religion ist die Sache von Menschen, die außer sich sind! Religiöse Menschen sind „außer sich" im Zustand schwärmerischer Begeisterung und euphorischer Verzückung, aber ebenso im Gestus der Empörung, der Wut und des Zornes über die Verletzung religiöser Gefühle (wobei sie offensichtlich diese Empörung selbst als religiöses Gefühl erleben). In der Tat trifft das „außer sich sein" den Kern dessen, was Religion ausmacht. Religion ist ein Vollzug der Selbsttranszendenz; hier geht der Mensch aus sich heraus und über sich hinaus. Er kreist nicht mehr um sich selbst, lässt sich dezentrieren, gewinnt eine Ahnung von etwas Größerem, Höherem, Anderem. Allerdings ist das „außer sich sein" ein ambivalentes Phänomen. Wer nicht „ganz bei sich" ist, entrückt scheint, könnte auch nicht ganz bei Verstand und „verrückt" sein. Wer wie „von Sinnen" ist, tut selten etwas Sinnvolles. Die Erfahrung zeigt zwar, dass dem Menschen kaum etwas Besseres widerfahren kann, als über sich hinauszuwachsen, als Grenzen zu überschreiten (auch die Grenzen der Vernunft!), um Neues und Unbekanntes zu entdecken. Die Erfahrung lehrt aber auch, dass dabei jeder Zugewinn an Einsicht und persönlicher Reife verspielt werden kann, wenn es dabei nicht vernunftgemäß zugeht. Jenseits der Vernunft beginnt nicht nicht nur, was „höher" ist als alle Vernunft. Dort lauern auch das Un- und Widervernünftige, Willkür und Beliebigkeit, Lug und Trug. Wer auf religiöse Ekstasen aus ist, muss auch damit rechnen, dass Religiöses angeboten wird, das als Exstacy für's Volk in Umlauf gebracht wird. Die Nachdenklichen unter den Liebhabern der Religion kommen darum nicht an der Frage vorbei, ob man auf vernunftgemäße Weise die Vernunft übersteigen kann, um das vernunftgemäße Andere der Vernunft zu entdecken.

Was dem Glauben selbstverständlich ist, erscheint jedoch vielen Zeitgenossen als unverständlich, die sich an den Plausibilitäten einer „postreligiösen" Weltsicht orientieren. Sie halten nicht nur Aussagen über Gott, sondern auch die Wirklichkeit Gottes für unmöglich und darum auch für undenkbar. Folglich erscheint auch der Glaube an Gott als ein „Ding der Unmöglichkeit", da der Bezug auf etwas Unmögliches selbst wiederum unmöglich ist und allenfalls als Illusion oder Projektion zu betrachten ist. Was sich für den Nicht-Glaubenden nicht von selbst versteht oder unmöglich erscheint, muss dem Denken mit den Mitteln des Denkens verständlich gemacht und als denkmöglich aufgewiesen werden. Erst dann kann jede/r Denkende dem vom Glauben für selbstverständlich Gehaltenen mit Verständnis begegnen und es zumindest als nicht-unvernünftig anerkennen. Es bedarf daher einer rationalen Argumentation, um das dem Glauben Selbstverständliche dem Denken verständlich zu machen.[268] Das dem Glauben Selbstverständliche wird am ehesten durch jene Argumente einsichtig gemacht werden können, die unabhängig von jedem Glauben rational nachvollziehbar sind. Solche Bemühungen der Vernunft haben für den Glauben jedoch nur eine verifikative und nicht eine konstitutive Funktion. Sie wollen nicht generieren, wovon er überzeugt ist, sondern die Berechtigung und Verantwortbarkeit dieser Überzeugung erweisen bzw. zumindest ihre Nicht-Unvernünftigkeit demonstrieren. Sofern der Gottesglaube für eine existenzielle Gewissheit steht, wird diese ohnehin nicht durch rationale Beweise hergestellt. Das rational Zwingende ist nicht deckungsgleich mit dem existenziell Gewis-

---

[268] Vgl. I. U. DALFERTH, Die Wirklichkeit des Möglichen. Hermeneutische Religionsphilosophie, Tübingen 2003.

sen. Anders formuliert: Auf das, worauf wir nichts kommen lassen, kommen wir nicht allein auf Wegen stringenter rationaler Argumentation. Das Leben kennt noch andere Lehrmeister und Lehrpfade als die der Vernunft. Gleichwohl muss man die Lehren, die man von ihnen bezieht, rational vertreten können. Es gibt zwar einen Unterschied zwischen der Genese und der Geltung von Überzeugungen. Wozu man aber auf Wegen gekommen ist, die nicht die Wege der Vernunft sind, muss man dennoch auf vernünftige Weise stehen können. Überzeugungen, die im Widerspruch zu Prinzipien der Rationalität stehen, können auf Dauer niemanden überzeugen und bringen sich um ihre Geltungsfähigkeit.

Was „ad intra" anzumelden ist, gilt ebenso „ad extra": Aus theologischer Sicht stellt es keinen Fortschritt dar, wenn unter Berufung auf die Dialektik von Aufklärung und Säkularisierung auch von der Gesellschaft nicht mehr verlangt wird, sie solle endlich Vernunft annehmen, und ihr stattdessen die Rückkehr zum Mythos als Sinnlieferant vorgeschlagen wird oder als Erkenntnisproduzent die Gnosis empfohlen wird. Zweifellos bedarf es einer Aufklärung über die Aufklärung und über die Grenzen der Vernunft, wobei aber das Aufgeklärtsein über die sozialgeschichtlichen Grenzen der Aufklärung nicht gleichzusetzen ist mit einer Aufklärung über das Ende der Vernunft.[269] Rationalitätskritik ist die Sache der um Vernunft Bemühten. Vernünftig sind gleichwohl heute nur noch diejenigen, die um die Grenzen der Moderne und der Vernunft wissen. Wenn aber die Aufklärung über die Aufklärung zum Ergebnis hat, dass sich kein aufgeklärter Geist mehr für ihre Fortsetzung einsetzen will, mutet dies sehr befremdlich an. Eine Aufklärung über die Grenzen der Moderne und der Vernunft muss wesentlich daran interessiert sein, das Kritik- und Emanzipationspotential der neuzeitlichen Vernunft nicht wieder preiszugeben. Sich einer rigorosen Vernunftskepsis hinzugeben, ohne zugleich auch die Gründe zu erwägen, die ihrerseits an dieser Skepsis selbst zweifeln lassen, entspricht zudem keiner philosophischen Tugend. Auf diese Weise entsteht leicht ein intellektuelles Vakuum, in das die unüberprüften Wahrheiten von Mythos und Gnosis und die unüberprüfbaren Unwahrheiten religiöser Sekten gleichermaßen und ungeschieden einströmen können. Eine solche „Wiederkehr der Religion" führt in

[269] Vgl. nach wie vor aktuell J. RÜSEN u.a. (Hg.), Die Zukunft der Aufklärung, Frankfurt 1988.

die kulturelle Regression.[270] Zwar lässt sich das ethische, politische und ökonomische Projekt der Moderne, d.h. die Sicherung von Freiheit und Solidarität, von Frieden und Gerechtigkeit wohl nur vollenden, indem man über sie hinausgeht. Über sie hinauszugehen, kann aber rechtens nur bedeuten, angesichts ihrer Pathologien, Blockaden und Brüche noch einmal durch die Aufklärung hindurchzugehen und ihren Vernunftpostulaten zum Durchbruch zu verhelfen.[271]

Einfachhin an vorneuzeitliche Formen der Realitätsbewältigung anzuknüpfen, käme einem Anachronismus gleich. Der Vorschlag, Diskursivität zugunsten irgendeiner Spiritualität, zugunsten des Mythischen oder Esoterischen abdanken zu lassen, verspielt das Erbe der Aufklärung und unterbietet das Anspruchsniveau des christlichen Glaubens. Er ist stets „fides quaerens intellectum", d.h. ihm geht es um den Aufweis, dass man das, was man glaubt, auch denken kann. Der Nachweis der Vernunftgemäßheit ist nicht bloß eine Forderung der Vernunft, sondern auch ein Anliegen des Glaubens selbst.[272] In Zeiten, die nicht weniger „postreligiös" als „postsäkular" sind, bedarf es ebenso der Ermutigung zur „Neuevangelisierung" wie der nachdrücklichen Erinnerung, dass es dem Glauben zum Nachteil gereicht, wenn man meint, sich der Verpflichtung zur vernunftgemäßen Rechenschaft über das, was und wie man glaubt, entziehen zu können.[273]

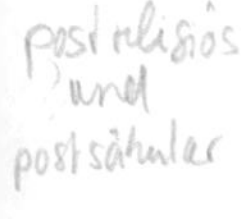

Dass ein der Vernunft verpflichtetes Denken kein Fremdkörper in einem lebendigen Gottesverhältnis ist, sondern darin vielmehr einen festen Platz einnehmen muss, besagt bereits ein Hauptgebot im Judentum und im Christentum: „Du sollst den Herrn, deinen Gott lieben mit ganzem Herzen und ganzer Seele, mit *all deinen Gedanken* und all deiner Kraft" (Mk 12,30; vgl. Dtn 6,5). Auch im

[270] Vgl. hierzu kritisch und informativ A. FRANZ (Hg.), Glaube – Erkenntnis – Freiheit. Herausforderungen der Gnosis in Geschichte und Gegenwart, Paderborn/München/Wien 1999 sowie L. DI BLASI, Antizipationen des *religious turn*. Postmoderne Anknüpfung an die Gnosis, in: P. Koslowski (Hg.), Philosophische Religion, München 2006, 207-222.

[271] Vgl. hierzu H.-J. HÖHN, Dezentrierte Vernunft. Fundamentalethische Konsequenzen der aktuellen Rationalitätskritik, in: A. Holderegger (Hg.), Fundamente der Theologischen Ethik, Freiburg i. Ue./Freiburg i. Br. 1996, 74-94.

[272] Vgl. hierzu den geistesgeschichtlichen Längsschnitt von H. VERWEYEN, Philosophie und Theologie. Vom Mythos zum Logos zum Mythos, Darmstadt 2005.

[273] Es ist bedauerlich, dass diese Thematik gänzlich unberücksichtigt bleibt in dem ansonsten sehr instruktiven Neuansatz einer „Missionstheologie" bei M. SELLMANN (Hg.), Deutschland – Missionsland. Zur Überwindung eines pastoralen Tabus, Freiburg/Basel/Wien 2004.

Denken und mit dem Denken soll Gott die Ehre gegeben werden. Christlicher Glaube kann aber nur dann seiner Sache entsprechend gelebt werden, wenn diese Praxis zugleich zeitgemäß ist. Dafür stehen angesichts einer aktuellen postsäkularen Offenheit für alles Religiöse die Chancen vielleicht besser als in der Vergangenheit. Aber die Standards einer intellektuell redlichen Glaubenspraxis haben sich nicht verändert. Ebensowenig gibt es Nachlässe für die Aufgabe der intellektuellen Verantwortung des Glaubens.[274]

Eine kulturwissenschaftliche Neuorientierung der Theologie, welche eine Spurensuche des Religiösen im Säkularen unternimmt, wäre kein Fortschritt, wenn sie dabei auf ihre „geisteswissenschaftlichen" Prägungen keinen Wert mehr legen und das Projekt einer diskursiven Prüfung religiöser Geltungsansprüche vernachlässigen würde.[275] Das Thema „Glaube und Vernunft" muss auf ihrer Tagesordnung bleiben – um des Glaubens willen. Es wäre eine religiöse Illusion, wollte sich der Glaube als Gegenkraft zur Vernunft behaupten, ohne zu realisieren, dass er nur zugleich mit ihr bestehen kann. Insofern gibt die moderne Vernunftkultur trotz ihrer Brüche und Krisen weiterhin die Bedingungen vor, unter denen religiöse Sinnsysteme öffentlich geltungsfähig werden können.[276] Dabei bedarf es nicht nur einer kritischen Aufklärung über die Ambivalenz der Aufklärung, sondern auch einer ebenso kritischen Aufklärung über den Fortbestand der Religion. Ob sie in postsäkularen Konstellationen stets *als* Religion fortbesteht, lässt sich - wie ausführlich demonstriert - mit guten Gründen bezweifeln. Und selbst dort, wo sie nicht ökonomisch, medial oder politisch instrumentalisiert wird, bleibt zu diskutieren, was ihre sozio-kulturelle Persistenz ausmacht: Ist sie Kompensat von Mängeln, welche Wissenschaft und Technik produzieren, die einst Religionsmängel kompensieren wollten? Ist sie Verweis auf etwas, das nur in der Weise des Vermissens gegenwärtig ist? Regt sich in ihr nur eine melancholische Stimmung angesichts der Unmöglichkeit, ein richtiges Leben im falschen führen zu können?

[274] Zur notwendigen Qualitätssicherung theologischen Denkens siehe etwa C. SEDMAK (Hg.), Was ist gute Theologie?, Innsbruck/Wien 2003.

[275] Vgl. hierzu auch M. KNAPP, Verantwortetes Christsein heute. Theologie zwischen Metaphysik und Postmoderne, Freiburg/Basel/Wien 2006.

[276] Vgl. zum aktuellen Diskussionsstand K. MÜLLER, Vernunft und Glaube. Eine Zwischenbilanz zu laufenden Debatten, Münster 2005; M. DELGADO/G. VERGAUWEN (Hg.), Glaube und Vernunft. Theologie und Philosophie, Fribourg 2003.

In diesen Fragen kommt jene Skepsis zur Sprache, die viele Zeitgenossen auf Distanz zur Religion hält. Sie entdecken in sich ein Interesse an Religion, wissen aber auch um viele Gründe, es sich nicht zu erlauben, diesem Interesse nachzugehen. Es ist für das Christentum wenig gewonnen, wenn seine Vertreter nur für das Interesse an Religion resonanzfähig werden, nicht aber für die Skepsis an diesem Interesse.[277] Die Sache des Evangeliums kann heute nur dann überzeugend vertreten werden, wenn Christen zugleich verstehen, was es schwierig macht, diese Skepsis zu überwinden. Sofern diese Skepsis auf Vernunftgründen basiert, ist die Theologie gut beraten, ihr diskursives Vermögen unter Beweis zu stellen. Zwar dürften sich unter den Leichtgläubigen raschere Missionserfolge einstellen, von nachhaltiger Wirkung sind Bekehrungen jedoch erst dann, wenn die einstmaligen Skeptiker in Sachen Religion in Zeiten der Anfechtung auf triftige Vernunftgründe zurückgreifen können.

Indem sich die Glaubenden die Sache der Vernunft zu eigen machen, unterstellen sie den Glauben scheinbar einer Fremdmacht. Offenkundig gerät der Glaube hierbei unter die Vormundschaft rationalen Denkens. Allerdings ist der Gedanke der Vormundschaft der Vernunft fremd. Die einzige Nötigung, die sie kennt, besteht in der unnachgiebigen Forderung, dass Behauptungen in Begründungen umgewandelt werden und Geltungsansprüche von Argumenten gestützt werden. Die Einlösung dieser Forderungen dient der Aufhebung von Unmündigkeit und Unaufgeklärtheit. Sie führt dazu, dass man am Ende sagen kann, warum etwas für vernunftgemäß und glaubwürdig gehalten werden kann und worin es sich von religiösen Eskapaden unterscheidet (vgl. Apg 26,25: „Ich bin nicht verrückt, erlauchter Festus, was ich sage, ist wahr und vernünftig!“). Sie verhindert, dass man sich die Frage gefallen lassen muss: „Habt ihr den Glauben vielleicht unüberlegt angenommen?“ (1 Kor 15,2). Wenn jemand etwas glauben soll, was er/sie nicht denken kann, bringt dies ihn/sie um den Verstand und führt dazu, dass sich die Glaubenden selbst nicht mehr verstehen. Ein derart unverständlicher und unverständiger Glaube mag behaupten, er vertrete etwas, das „höher“ sei als jede Vernunft. Er wird aber nicht mehr verständlich machen können, wovon er wirklich und in Wahrheit spricht. Was „höher“ als alle Vernunft ist, muss aber keineswegs eo ipso wider jede Vernunft sein. Wird kein Wert mehr

[277] Als ein Exempel dieser Denkungsart siehe A. U. SOMMER, Die Kunst des Zweifelns. Anleitung zum skeptischen Denken, München 2005.

auf den Nachweis der Vernunftgemäßheit bzw. Nichtunvernünftigkeit des Glaubens gelegt, verliert er jede lebenspraktische Orientierungsfunktion.

Auf diesem Nachweis zu insistieren, ist Kernaufgabe der Theologie und Ausweis ihrer lebenspraktischen Relevanz.[278] Sie hat sich dafür einzusetzen, dass Christen nicht nur ihren Glauben praktizieren, sondern dabei auch wissen, was sie tun. Es mag sein, dass ein Christ der Zukunft – nach einem viel zitierten Wort K. Rahners – ein „Mystiker" sein muss, der erfahrungsgesättigt von seinem Glauben reden kann. Er wird aber nicht nur ein Mystiker sein dürfen, sondern auch in der Lage sein müssen, mit den Mitteln der Vernunft Rede und Antwort stehen zu können. Zum Christsein bedarf es somit nicht nur der „theologischen" Tugenden (Glaube, Hoffnung, Liebe), sondern auch jener Tugenden, ohne die es keinen reifen und mündigen Glauben gibt: Nachdenklichkeit, Dialogbereitschaft, Kritikfähigkeit. Wo diese Haltungen eingeübt werden, kann auch „gute" Theologie entstehen, deren Qualität darin besteht, dass sie sowohl dem Denken als auch dem Glauben dient.

(1) Theologie, die etwas „taugt", hat gegenüber den Glaubenden die Sache der Vernunft zu vertreten und dient auf diese Weise der Sache des Glaubens. Ihr liegt primär an der Verständlichkeit und Mitteilbarkeit dieser Sache über den Kreis der Glaubenden hinaus. Auch ihre ungläubigen Zeitgenossen sollen wissen, was sich Christen dabei denken, wenn sie für ihren Glauben eintreten. Darum leitet sie die Glaubenden an, dass sie „lieber fünf Worte mit Verstand reden als 10.000 Worte in Zungen stammeln" (1 Kor 14,19). Die Sache der Vernunft besteht sodann vor allem im Eintreten für Widerspruchsfreiheit, d.h. im Aufdecken von Selbstwidersprüchen und im Sichern der Freiheit zum Widerspruch, zum Nachfragen, zur Prüfung und Kritik. Die Vernunft lässt nichts gelten, was gedankenlos getan oder unbedacht gesagt wird Auf diese Weise ins Nachdenken zu kommen, gehört auch zur Sache des Glaubens, der das Denken „erneuert" (vgl. Röm 12,2). Das Denken lebt davon, dass man sich Fragen stellen lässt – der Glaube nicht minder. Wer auf die Frage, wer oder was in Wahrheit „Gott" genannt werden

[278] Zum Folgenden vgl. auch H.-J. HÖHN, Was heißt: »Sich im Glauben orientieren«? Über die Unverzichtbarkeit theologischen Denkens, in: H.-L. Ollig/O. Wiertz (Hg.), Reflektierter Glaube, Egelsbach 1999, 29-47.

darf und welche Praxis dieser Wahrheit entspricht,[279] „mit Vernunft antwortet“ (Mk 12,34a) und den einzigen Gott, seinen Nächsten mit ganzem Herzen, ganzem Verstand und ganzer Kraft ebenso liebt wie sich selbst, ist nach dem Zeugnis des Neuen Testamentes „nicht fern vom Reich Gottes“ (Mk 12,34b).

(2) Die Theologie erweist ihre Tauglichkeit zum Dienst am Glauben, indem sie sich um die Unterscheidung zwischen seiner authentischen Praxis und den Spielarten des Aberglaubens, des Irrglaubens und des Unglaubens bemüht. Dies impliziert, dass sie gegen jede religiöse Gedankenlosigkeit vorgeht, die nicht Rechenschaft ablegen will über die Gründe, die den Vollzug des Glaubens rechtfertigen (vgl. 1 Petr 3,15: „Seid stets bereit, jedem Rede und Antwort zu stehen, der nach der Hoffnung fragt, die euch erfüllt.“). Es ist nicht die Aufgabe der Theologie, die Menschen glauben zu machen, sie sollten glauben. Was vielmehr von ihr erwartet werden kann, ist die Angabe guter Gründe für ein Interesse am Vollzug und Gehalt religiöser Hoffnung. Wenn Menschen etwas glauben sollen, was sie nicht denken können und wofür es keine guten Gründe gibt, bringt sie das um den Verstand und führt dazu, dass sich die Glaubenden selbst nicht mehr verstehen. Ein derart unverständiger Glaube lässt sich nicht mehr von Willkür, Aberglaube und Beliebigkeit unterscheiden. Er gerät in die Nähe solcher Fehlhaltungen, wenn er nicht mehr daran interessiert ist, den Verstand der Glaubenden zu wecken.

(3) Die Theologie steht auch dann im Dienst des Glaubens, wenn sie Denkverbote kritisiert, die im Namen des Glaubens erhoben werden. Wenn es zutrifft, dass der christliche Glaube eine Wahrheit vertritt, die befreit (vgl. Joh 8,23), dann ist die Förderung der Gedankenfreiheit eines seiner ureigenen Motive. Der Glaube selbst wird unfrei, er wird zum „Kleinglauben“, sobald er sich der Mittel des Denkverbotes bedient. Denkverbote sind ein tätlicher Angriff auf die Freiheit des Glaubens. Die Theologie steht nur so lange im Dienst des Glaubens und seiner Freiheit, wie sie es nicht aus dem falschen Respekt vor der vermeintlichen Intimität religiöser Überzeugungen unterlässt, den Streit um die Verantwortbarkeit religiö-

[279] Vgl. hierzu etwa I. U. DALFERTH, Gott. Philosophisch-theologische Denkversuche, Tübingen 1992; DERS., Gedeutete Gegenwart. Zur Wahrnehmung Gottes in den Erfahrungen der Zeit, Tübingen 1997, 99-132 .

ser Überzeugungen auch öffentlich zu führen.[280] Eine Theologie, die nicht in Frontstellung zu allen Formen des Aberglaubens, der religiösen Bedenken- und Gedankenlosigkeit steht, wird zur Ideologie.

Eine dem Glauben dienende Theologie, die aus Kopfarbeit besteht und ihr Selbstverständnis derart von der Vernunft mitbestimmen lässt, wird nicht nur die Naiven und Arroganten unter den Frommen, sondern vielleicht auch die Frommen unter den Gebildeten vor den Kopf stoßen. Protestieren werde jene Zeitgenossen, die den Glauben in der Gefahr der „Verkopfung“ sehen und seine Krisen dem fehlgeleiteten Versuch anlasten, das in eine Buchreligion und in ein Schriftgelehrtentum verwandelt zu haben, wovon man sich nur existentiell betreffen lassen könne und was sich allein dem Wehen des Heiligen Geistes verdanke. Die Asymmetrie, die hier zwischen Denken und Glauben, zwischen Erfahrung und Reflexion, zwischen Ratio und Charisma errichtet wird, ist jedoch schon im Ansatz prekär. Es kann nicht ernsthaft bestritten werden, dass jede dogmatische Begriffskombinatorik, die das religiöse Fühlen, Spüren und (Er-)Leben disziplinieren will, in die Gefahr der Lebensferne gerät und in ihren Texten Gott selbst nicht mehr zu Wort kommen lässt. „Nun dürfen religiöses Erleben, ... und Mystik in ihrer positiven Bedeutung sicher nicht unterschätzt werden. Ohne wenigstens anfängliche Erfahrungen in diesem Bereich wird ein gefestigter persönlicher Glaube kaum möglich sein. Die Frage ist jedoch, was hier wirklich *unmittelbar* erfahren und was menschliche und folglich geschichtliche *Deutung* ist.“[281]

Zu vieles ist dem menschlichen Denken und dem Erleben, aber auch dem Reden von und über Gott beigemischt, was bloß menschliche Zutat ist. „Nicht jeder religiöse Schauder ist Furcht vor Gott, nicht jede emotionale Erregung geistgewirkt, nicht jede Stimmung eine Stimme aus der Transzendenz und nicht jedes krampflösende Entspannungsgefühl Erlösungsgewißheit“[282]. Nicht überall, wo viel Wind um Religion gemacht wird, ist der Heilige Geist am Werk. Bisweilen handelt es sich nur um heiße Luft. Wo

[280] Daraus folgt, dass der bevorzugte Ort der Theologie in der modernen Wissenschaftskultur jene Orte und Institutionen sind, an denen die diskursive Vernunft ihrerseits öffentlich wird. Vgl. in diesem Kontext etwa R. LANGTHALER (Hg.), Theologie als Wissenschaft, Frankfurt 2000; G. KRAUS (Hg.), Theologie in der Universität, Frankfurt 1998.

[281] E. KUNZ, Offenbarung Gottes in der Geschichte, in: Diakonia 3 (1972) 77.

[282] I. U. DALFERTH, Gott, 3.

dies der Fall ist, wird die theologische Berufung auf den Heiligen Geist zu einer äußerst windigen Sache.

Wer den Schwierigkeiten vernunftgemäßer Rede von Gott ausweicht, ist entweder naiv oder arrogant. An beidem kann der Glaube nur Schaden nehmen - an einer frommen Einfältigkeit, die Denkfaulheit mit Gottesfurcht verwechselt, und an einer überheblichen Selbstzufriedenheit, die Gedankenlosigkeit mit Glaubensgewissheit verwechselt. Theologie zu treiben, d.h. im Glauben Vernunft anzunehmen, ist vor diesem Hintergrund eine Maßnahme der Prophylaxe. Sie dient der Verhinderung von negativen Folgen gedankenloser religiöser Praxis. Insofern wird die erste Konsequenz kritischer Theologie nicht darin bestehen, dass sie ihre Adressaten gläubiger macht. Sie wird sie zunächst nachdenklicher machen.

AUSWAHLBIBLIOGRAPHIE

Die Bibliographie verzeichnet nicht alle zitierten Beiträge, sondern nur solche Titel, welche für die methodischen und inhaltlichen Aspekte einer Theorie der Dekonstruktion von Religion in postsäkularen Konstellationen relevant sind.

ALBRECHT, H.: Die Religion der Massenmedien, Stuttgart 1993.

ARENS, E.: Zwischen Konkurrenz und Komplementarität. Zum Verhältnis von Theologie und Religionswissenschaft, in: Orientierung 70 (2006) 116-120.

BACHMANN-MEDICK, D.: Cultural Turns. Neuorientierungen in den Kulturwissenschaften, Reinbek 2006.

BAECKER, D. (Hg.): Kapitalismus als Religion, Berlin 2003.

BARTH, U.: Religion in der Moderne, Tübingen 2003.

BARZ, H.: Religion ohne Institution? Eine Bilanz der sozialwissenschaftlichen Forschung, Leverkusen ³1995.

BAUMAN, Z.: Moderne und Ambivalenz. Das Ende der Eindeutigkeit, Frankfurt 1996.

BERGER, P. (Hg.): The Desacularization of the World: Resurgent Religion and World Politics, Washington 1999.

BECKER, D. (Hg.): Kapitalismus als Religion, Berlin 2003.

BIELEFELDT, H./HEITMEYER, W. (Hg.): Politisierte Religion. Ursachen und Erscheinungsformen des modernen Fundamentalismus, Frankfurt 1998.

BÖCKENFÖRDE, E.-W.: Kirche und christlicher Glaube in den Herausforderungen der Zeit, Münster 2004.

BÖHM, Th.: Religion durch Medien – Kirche in den Medien und die „Medienreligion", Stuttgart 2005.

BOLZ, N./BOSSHART, D.: Kultmarketing. Die neuen Götter des Marktes, Düsseldorf 1995.

BOURDIEU, P.: Das religiöse Feld. Texte zur Ökonomie des Heilsgeschehens, Konstanz 2000.

BROSE, Th. (Hg.): Gewagter Glaube. Gott zur Sprache bringen in säkularer Gesellschaft, Berlin 1998.

BRUCE, St.: Politics and Religion, Oxford 2003.

BRUCE, St.: God is Dead. Secularization in the West, Oxford 2002.

CAMPICHE, R. J.: Die zwei Gesichter der Religion. Faszination und Entzauberung, Zürich 2004.

CASANOVA, J.: Chancen und Gefahren öffentlicher Religion, in: O. Kallscheuer (Hg.), Das Europa der Religionen, Frankfurt 1996, 181-210.

CASANOVA, J.: Der Ort der Religion im säkularen Europa, in: Transit 27 (2004) 86-107.

CASANOVA, J.: Public Religions in the Modern World, Chicago/London 1994.

DALFERTH, I. U./GROSSHANS, H.-P. (Hg.): Kritik der Religion. Zur Aktualität einer unerledigten philosophischen und theologischen Aufgabe, Tübingen 2006.

DALFERTH, I. U.: Theologie im Kontext der Religionswissenschaft, in: ThLZ 126 (2001) 4-20.

DAVIE, G.: Religion in Britain since 1945. Believing without Belonging, Oxford 1994.

DAVIE, G.: Europe: The Exceptional Case. Parameters of Faith in the Modern World, London 2002.

DEUTSCHMANN, Ch.: Die Verheißung des absoluten Reichtums. Zur religiösen Natur des Kapitalismus, Frankfurt/ New York [2]2001.

DIERKEN, J.: Ist die Säkularisierung am Ende?, in: ThLZ 130 (2005) 128-140.

DREHSEN, V. u.a. (Hg.), Kompendium Religionstheorie, Göttingen 2005.

DREHSEN, V./SPARN, W. (Hg.): Im Schmelztiegel der Religionen. Konturen des modernen Synkretismus, Gütersloh 1996.

DUBACH, A. /CAMPICHE, R. J. (Hg.): Jede(r) ein Sonderfall? Religion in der Schweiz. Ergebnisse einer Repräsentativbefragung, Zürich/Basel [2]1993.

DUPUIS, J.: Toward a Christian Theology of Religious Pluralism, Maryknoll 1997.

EBERTZ, M. N.: Erosion der Gnadenanstalt. Zum Wandel der Sozialgestalt von Kirche, Frankfurt 1998.

EBERTZ, M. N.: Forschungsbericht zur Religionssoziologie, in: International Journal of Practical Theology 1 (1997) 268-301.

EDER, K.: Europäische Säkularisierung – ein Sonderweg in die postsäkulare Gesellschaft?, in: Berliner Journal für Soziologie 12 (2002) 331-343.

ENDERS, M./ZABOROWSKI, H. (Hg.): Phänomenologie der Religion. Zugänge und Grundfragen, Freiburg/München 2004.

ESSEN, G.: Sinnstiftende Unruhe im System des Rechts. Religion im Beziehungsgeflecht von modernem Verfassungsstaat und säkularer Zivilgesellschaft, Göttingen 2004.

FAILING, W.-E. u.a. (Hg.): Religion als Phänomen. Sozialwissenschaftliche, theologische und philosophische Erkundungen in der Lebenswelt, Berlin/New York 2001.

FEIL, E. (Hg.): Streitfall »Religion«. Diskussionen zur Bestimmung und Abgrenzung des Religionsbegriffs, Münster 2000.

FRANZMANN, M. u.a. (Hg.): Religiosität in der säkularisierten Welt, Wiesbaden 2006.

GABRIEL, K.: Christentum zwischen Tradition und Postmoderne, Freiburg/Basel/Wien [7]2000.

GABRIEL, K. (Hg.): Religionen im öffentlichen Raum: Perspektiven in Europa (JCSW 44), Münster 2003.

GABRIEL, K. (Hg.): Religiöse Individualisierung oder Säkularisierung, Gütersloh 1996.

GABRIEL, K./REUTER, H.-R. (Hg.): Religion und Gesellschaft. Texte zur Religionssoziologie, Paderborn 2004.

GÄRTNER, CH. u.a. (Hg.): Atheismus und religiöse Indifferenz, Opladen 2003.

GLADIGOW, B.: Religionswissenschaft als Kulturwissenschaft, Stuttgart 2005.

GOERLICH, H./HUBER, W./LEHMANN, K.: Verfassung ohne Gottesbezug? Zu einer aktuellen europäischen Kontroverse, Leipzig 2004.

GRÄB, W.: Sinnfragen. Transformationen des Religiösen in der modernen Kultur, Gütersloh 2006.

GRÄB, W.: Sinn fürs Unendliche. Religion in der Mediengesellschaft, Gütersloh 2002.

GRÄB, W. (Hg.): Religion als Thema der Theologie, Gütersloh 1999.

GRAF, F. W.: Die Wiederkehr der Götter. Religion in der modernen Kultur, München 2004.

GROSSE KRACHT, H.-J.: Selbstbewusste öffentliche Koexistenz. Überlegungen zum Verhältnis von Religionen und Republik im Kontext moderner Gesellschaften, in: JCSW 44 (2003) 225-272.

GROSSE KRACHT, H.-J.: Zwischen Zivilreligion und Zivilgesellschaft?, in: J. Wiemeyer u.a. (Hg.), Der Öffentlichkeitsauftrag der Kirche, Münster 1999, 7-27.

GUTMANN, H.-M./GUTWALD, C. (Hg.): Religiöse Wellness. Seelenheil heute, München 2005.

HABERMAS, J.: Zwischen Naturalismus und Religion, Frankfurt 2005.

HABERMAS, J.: Glauben und Wissen. Frankfurt 2001.

HABERMAS, J.: Nachmetaphysisches Denken, Frankfurt [2]1988.

HABERMAS, J./RATZINGER, J.: Dialektik der Säkularisierung. Über Vernunft und Religion, Freiburg/Basel/Wien 2005.

HASE, Th.: Zivilreligion, Würzburg 2001.

HAUSSIG, H.-M./SCHERER, B. (Hg.): Religion – eine europäisch-christliche Erfindung?, Berlin/Wien 2003.

HAUSSIG, H.-M.: Der Religionsbegriff in den Religionen, Berlin/Bodenheim 1999.

HEMPELMANN, R. (Hg.): Panorama der neuen Religiosität. Sinnsuche und Heilsversprechen zu Beginn des 21. Jahrhunderts, Gütersloh [2]2005.

HERBERT, D. (Hg.): Religion and Civil Society. Rethinking Public Religion in the Contemporary World, Hampshire/Burlington 2003.

HERMS, E.: Kirche für die Welt, Tübingen 1995.

HERMS, E.: Zivilreligion. Systematische Aspekte einer geschichtlichen Realität, in: ThQ 183 (2003) 97-127.

HERVIEU-LÉGER, D.: Religion as a Chain of Memory, Cambridge 2000.

HERVIEU-LÉGER, D.: Pilger und Konvertiten. Religion in Bewegung, Würzburg 2004.

HILDEBRANDT, M. u.a. (Hg.): Säkularisierung und Resakralisierung in westlichen Gesellschaften, Wiesbaden 2001.

HILDEBRANDT, M.: Politische Kultur und Zivilreligion, Würzburg 1996.

HOCHSCHILD, M.: Religion in Bewegung. Zum Umbruch der katholischen Kirche in Deutschland, Münster 2001.

HÖHN, H.-J.: Zeit-Diagnose. Theologische Orientierung im Zeitalter der Beschleunigung, Darmstadt 2006.

HÖHN, H.-J.: Postreligiös oder postsäkular?, in: Renaissance der Religion (Herderkorrespondenz spezial), Freiburg/Basel/Wien 2006, 2-6.

HÖHN, H.-J.: Renaissance der Religion. Klärendes zu einer umstrittenen These, in: Herderkorrespondenz 60 (2006) 605-608.

HÖHN, H.-J.: Eins in allem: ganz und doch anders?! Skizze zu einer „transversalen“ Theologie der Religionen, in: G. Gäde (Hg.), Hören – Glauben – Denken, Münster 2005, 115-130.

HÖHN, H.-J.: In der Welt und für die Welt. Ort und Auftrag der Kirche in der Zivilgesellschaft, in: H. Krysteczko (Hg.), Europa christlich gestalten, Kattowitz 2005, 188-203.

HÖHN, H.-J.: Unverbindliche Bindungen. Zur Pluralisierung und Individualisierung von Religion, in: J. G. Piepke (Hg.), Einheitsglaube oder Einheit im Glauben?, Nettetal 2001, 93-124.

HÖHN, H.-J.: Zerstreuungen. Religion zwischen Sinnsuche und Erlebnismarkt, Düsseldorf 1998.

HÖHN, H.-J.: GegenMythen. Religionsproduktive Tendenzen der Gegenwart, Freiburg//Basel/Wien [3]1996.

HÖHN, H.-J. (Hg.): Krise der Immanenz. Religion an den Grenzen der Moderne, Frankfurt 1996.

HONER, A. u.a. (Hg.): Diesseitsreligion. Zur Deutung und Bedeutung moderner Kultur, Konstanz 1999.

HÖRISCH, J.: Gott, Geld, Medien. Studien zu den Medien, die die Welt im Innersten zusammenhalten, Frankfurt 2004.

HURTH, E.: Zwischen Religion und Unterhaltung. Zur Bedeutung der religiösen Dimension in den Medien, Mainz 2001.

HÜTTENHOFF, M.: Der religiöse Pluralismus als Orientierungsproblem, Leipzig 2001.

IANNACCONE, L. R.: Introduction to the Economics of Religion, in: Journal of Economic Literature 36 (1998) 1465-1495.

IANNACCONE, L. R.: Religious Markets and the Economics of Religion, in: Social Compass 39 (1992) 123-131.

IMHOF, K.: Die Diskontinuität der Moderne, Frankfurt/New York [2]2006.

ISENBERG, W./SELLMANN, M. (Hg.): Konsum als Religion?, Mönchengladbach 2000.

JACOB, W. u.a. (Hg.): Die Religion des Kapitalismus. Die gesellschaftlichen Auswirkungen des totalen Marktes, Luzern 1996.

JÄGER, W./QUARCH, Ch.: »...denn auch hier sind Götter«. Wellness, Fitness und Spiritualität, Freiburg/Basel/Wien 2004.

JOAS, H.: Braucht der Mensch Religion? Über Erfahrungen der Selbsttranszendenz, Freiburg/Basel/Wien 2004.

JÖRNS, K. P.: Die neuen Gesichter Gottes. Was die Menschen heute wirklich glauben, München 1997.

JÜNGEL, E.: Religion, Zivilreligion und christlicher Glaube, in: Essener Gespräche 39 (2005) 53-82.

KALLSCHEUER, O. (Hg.): Das Europa der Religionen. Ein Kontinent zwischen Säkularisierung und Fundamentalismus, Frankfurt 1996.

KAUFMANN, F.-X.: Gegenwärtige Herausforderungen der Kirchen durch die Säkularisierung, in: Essener Gespräche zum Thema Staat und Kirche 38 (2004) 103-129.

KAUFMANN, F.-X.: Religion und Modernität. Sozialwissenschaftliche Perspektiven, Tübingen 1989.

KAUFMANN, F.-X.: Wo liegt die Zukunft der Religion?, in: M. Krüggeler u.a. (Hg.), Institution, Organisation, Bewegung. Sozialformen der Religion im Wandel, Opladen 1999, 71-97.

KLEGER, H./MÜLLER, A. (Hg.): Religion des Bürgers. Zivilreligion in Amerika und Europa, München 1986.

KNOBLAUCH, H.: „Jeder sich selbst sein Gott in der Welt" – Subjektivierung, Spiritualität und der Markt der Religion, in: R. Hettlage/L. Vogt (Hg.), Identitäten in der modernen Welt, Opladen 2000, 201-216.

KNOBLAUCH, H.: Populäre Religion. Markt, Medien und die Popularisierung der Religion, in: ZfR 8 (2000) 143-161.

KNOBLOCH, St.: Mehr Religion als gedacht! Wie die Rede von Säkularisierung in die Irre führt, Freiburg/Basel/Wien 2006.

KOCHANEK, H. (Hg.): Ich habe meine eigene Religion. Sinnsuche jenseits der Kirchen, Zürich/Düsseldorf 1999.

KÖRTNER, U. H. J.: Wiederkehr der Religion?, Gütersloh 2006.

KRECH, V.: Götterdämmerung. Auf der Suche nach Religion, Bielefeld 2003.

KRÜGGELER, M./STOLZ, F. (Hg.): Ein jedes Herz in seiner Sprache... Religiöse Individualisierung als Herausforderung für die Kirchen, Zürich/Basel 1996.

KÜENZLEN, G.: Die Wiederkehr der Religion. Lage und Schicksal der säkularen Moderne, München 2003.

LEDERHILGER, S. J. (Hg.): Christliche Ethik und die Religion des Geldes, Frankfurt 2001.

LEHMANN, H.: Säkularisierung. Der europäische Sonderweg in Sachen Religion, Göttingen 2004.

LEHMANN, H. (Hg.): Multireligiosität im vereinten Europa, Göttingen 2003.

LÜBBE, H.: Säkularisierung. Geschichte eines ideenpolitischen Begriffs, Freiburg/München [3]2003.

LÜBBE, H.: Religion nach der Aufklärung, Graz/Wien/Köln 1986.

LÜBBE, H.: Theologie als christliche Religionskulturwissenschaft, in: M. Krieg/M. Rose (Hg.), Universitas in theologia – theologia in universitate, Zürich 1997, 43-50.

LUCKMANN, Th. (Hg.): Moral im Alltag. Sinnvermittlung und moralische Kommunikation in intermediären Institutionen, Gütersloh 1998.

LUHMANN, N.: Die Religion der Gesellschaft, Frankfurt 2000.

MALY, S.: Die Rolle der Religion in der postsäkularen Gesellschaft, in: ThPh 80 (2005) 546-565.

MARRAMAO, G.: Die Säkularisierung der westlichen Welt, Frankfurt/Leipzig 1999.

MEYER, Th.: Die Ironie Gottes. Religiotainment, Resakralisierung und die liberale Demokratie, Wiesbaden 2005.

MILBANK, J.: Theology and Social Theory. Beyond Secular Reason, Oxford 1990.

MINKENBERG, M./WILLEMS, U. (Hg.): Politik und Religion (PVS Sh 33), Wiesbaden 2002.

MÖRSCHEL, T. (Hg.): Macht Glaube Politik?. Religion und Politik in Europa und Amerika, Göttingen 2006.

MORGENROTH, M.: Weihnachts-Christentum. Moderner Religiosität auf der Spur, Gütersloh 2002.

MÜLLER, F./MÜLLER, M. (Hg.): Markt und Sinn, Frankfurt/New York 1996.

NORRIS, P./INGLEHART, R.: Sacred and Secular. Religion and Politics Worldwide, Cambridge/Mass. 2004.

OEVERMANN, U.: Ein Modell der Struktur von Religiosität, in: M. Wohlrab-Sahr (Hg.), Biographie und Religion, Frankfurt 1995, 27-102.

OEVERMANN, U.: Strukturelle Religiosität und ihre Ausprägungen unter Bedingungen der vollständigen Säkularisierung des Bewußtseins, in: Ch. Gärtner u.a. (Hg.), Atheismus und religiöse Indifferenz, 340-399.

OEVERMANN, U.: Strukturmodell von Religiosität, in: K. Gabriel (Hg.), Religiöse Individualisierung oder Säkularisierung, 29-40.

PLATVOET, J. G./MOLENDIJK, A. L. (Hg.): The Pragmatics of Defining Religion, Leiden/Boston/Köln 1999.

POLAK, R.: Religion kehrt wieder. Handlungsoptionen in Kirche und Gesellschaft, Ostfildern 2006.

POLAK, R. (Hg.): Megatrend Religion? Neue Religiositäten in Europa, Ostfildern 2002.

POLLACK, D./PICKEL, G.: Individualisierung und religiöser Wandel in der Bundesrepublik Deutschland, in: ZfS 28 (1999) 465-483.

POLLACK, D.: Säkularisierung – ein moderner Mythos?, Tübingen 2003.

RECKWITZ, A./SIEVERT, H. (Hg.): Interpretation, Konstruktion, Kultur. Ein Paradigmenwechsel in den Sozialwissenschaften, Opladen 1999.

RECKWITZ, A.: Die Transformation der Kulturtheorien, Weilerswist 2000.

REICHERTZ, J.: Die Frohe Botschaft des Fernsehens, Konstanz 2000.

RENDTORFF, T.: Civil Religion, in: G. Mertens u.a. (Hg.), Markierungen der Humanität, Paderborn 1992, 265-280.

RENTSCH, Th.: Religiöse Vernunft: Kritik und Rekonstruktion. Systematische Religionsphilosophie als kritische Hermeneutik, in: H.-J. Höhn

(Hg.), Krise der Immanenz. Religion an den Grenzen der Moderne, Frankfurt 1996, 235-262.

RIESEBRODT, M.: Die Rückkehr der Religionen. Fundamentalismus und der »Kampf der Kulturen«, München ^{2}2001.

RÖHRICH, W.: Die Macht der Religionen, München ^{2}2006.

RORTY, R./VATTIMO, G.: Die Zukunft der Religion, Frankfurt 2006.

RUH, U.: Säkularisierung als Interpretationskategorie, Freiburg/Basel/ Wien 1980.

SCHAEFFLER, R.: Auf dem Weg zu einem philosophischen Begriff der Religion, in: HFTh^{2} I, 33-45.

SCHAEFFLER, R.: Orientierungsaufgaben der Religionsphilosophie, in: P. Koslowski (Hg.), Orientierung durch Philosophie, Tübingen 1991, 196-224.

SCHAEFFLER, R.: Religionsphilosophie, Freiburg/München ^{2}1997.

SCHIEDER, R.: Wieviel Religion verträgt Deutschland?, Frankfurt 2001.

SCHIEDER, R.: Civil Religion. Die religiöse Dimension der politischen Kultur, Gütersloh 1987.

SCHIEDER, R. (Hg.): Religionspolitik und Zivilreligion, Baden-Baden 2001.

SCHILSON, A.: Medienreligion. Zur religiösen Signatur der Gegenwart, Tübingen/Basel 1997.

SCHMIDT, Th. M./LUTZ-BACHMANN, M. (Hg.), Religion und Kulturkritik, Darmstadt 2006.

SCHMIDTCHEN, D.: Ökonomik der Religion, in: ZfR 8 (2000) 11-43.

SCHNÄDELBACH, H.: Wiederkehr der Religion?, in: Universitas 60 (2005) 1127-1135.

SCHRAMM, M.: Das Gottesunternehmen. Die katholische Kircher auf dem Religionsmarkt, Leipzig 2000.

SCHÜLE, A.: Kultur, Lebenswelt und christlicher Glaube. Perspektiven kulturtheologischer Forschung, in: Verkündigung und Forschung 49 (2004) 3-31.

SCHWÖBEL, Ch.: Christlicher Glaube im Pluralismus, Tübingen 2003.

SECKLER, M.: Der theologische Begriff der Religion, in: HFTh^{2} I, 131-148.

SEIWERT, H.: Religion in der Geschichte der Moderne, in: ZfR 3 (1995) 91-101.

STOSCH, K. v.: Komparative Theologie – ein Ausweg aus dem Grunddilemma jeder Theologie der Religionen?, in: ZKTh 124 (2002) 294-311.

TANNER, K.: Theories of Culture. A new Agenda für Theology, Minneapolis 1997.

THOMAS, G.: Implizite Religion. Theoriegeschichtliche und theoretische Untersuchungen zum Problem ihrer Identifikation, Würzburg 2001.

THOMAS, G.: Medien - Ritual - Religion. Zur religiösen Funktion des Fernsehens, Frankfurt 1998.

THOMAS, G. (Hg.): Religiöse Funktionen des Fernsehens?, Wiesbaden 2000.

TIMM, H.: Die Kanalisierung des Heiligen. Zur Ästhetik postmoderner Medienreligiosität, in: S. v. Kortzfleisch/P. Cornehl (Hg.), Medienkult – Medienkultur, Hamburg 1993, 105-120.

TYRELL, H. u.a.(Hg.): Religion als Kommunikation, Würzburg 1998.

UHL, F./BOELDERL, A. R. (Hg.): Rituale. Zugänge zu einem Phänomen, Düsseldorf/Bonn 1999.

VATTIMO, G.: Jenseits des Christentums. Gibt es eine Welt ohne Gott?, München 2004.

VÖGELE, W.: Zivilreligion in der Bundesrepublik Deutschland, Gütersloh 1994.

WAGNER, F.: Geld oder Gott? Zur Geldbestimmtheit der kulturellen und religiösen Lebenswelt, Stuttgart 1984.

WERBICK, J./BRÜCK, M. V. (Hg.): Der einzige Weg zum Heil? Die Herausforderung des christlichen Absolutheitsanspruchs durch pluralistische Religionstheologien, Freiburg/Basel/Wien 1993.

WEYEL, B./GRÄB, W. (Hg.): Religion in der modernen Lebenswelt, Göttingen 2006.

WITHÖFT, R.: Civil Religion und Pluralismus, Frankfurt 1998.

WULF, Ch./ZIRFAS, J. (Hg.): Die Kultur des Rituals. Inszenierungen, Praktiken, Symbole, München 2004.

ZINSER, H.: Der Markt der Religionen, München 1997.

ZULEHNER, P. M. (Hg.): Spiritualität – mehr als ein Megatrend, Ostfildern 2004.

ZULEHNER, P. M. u.a.: Kehrt die Religion wieder? Religion im Leben der Menschen, Ostfildern 2001.